ROUXING GONGZUO QINGJINGXIA
YUANGONG GONGZUO SUZAO XINGWEI YANJIU

柔性工作情境下
员工工作塑造行为研究

李珲 ◎ 著

中国财经出版传媒集团
经济科学出版社
Economic Science Press

图书在版编目（CIP）数据

柔性工作情境下员工工作塑造行为研究/李珲著．
—北京：经济科学出版社，2020.9
ISBN 978 – 7 – 5218 – 1720 – 1

Ⅰ. ①柔… Ⅱ. ①李… Ⅲ. ①企业管理 – 人力资源
管理 – 研究 – 中国 Ⅳ. ①F279.23

中国版本图书馆 CIP 数据核字（2020）第 126434 号

责任编辑：崔新艳 胡成洁
责任校对：王苗苗
责任印制：李 鹏 范 艳

柔性工作情境下员工工作塑造行为研究
李 珲 著
经济科学出版社出版、发行 新华书店经销
社址：北京市海淀区阜成路甲 28 号 邮编：100142
经管中心电话：010 – 88191335 发行部电话：010 – 88191522
网址：www. esp. com. cn
电子邮箱：expcxy@ 126. com
天猫网店：经济科学出版社旗舰店
网址：http://jjkxcbs. tmall. com
北京季蜂印刷有限公司印装
710×1000 16 开 16 印张 290000 字
2020 年 9 月第 1 版 2020 年 9 月第 1 次印刷
ISBN 978 – 7 – 5218 – 1720 – 1 定价：68.00 元
（图书出现印装问题，本社负责调换。电话：010 – 88191510）
（版权所有 侵权必究 打击盗版 举报热线：010 – 88191661
QQ：2242791300 营销中心电话：010 – 88191537
电子邮箱：dbts@ esp. com. cn）

　　本书受国家自然科学基金面上项目《中国企业雇佣柔性与技能柔性的战略适配机制及实施效果研究》（项目编号：71372095）、天津市教育科学"十三五"规划课题《高校青年教师工作塑造行为的影响因素与作用机制研究》（项目编号：HE4054）和全国教育科学"十三五"规划课题《高校新入职教师工作塑造行为研究》（项目编号：DIA160342）资助。

序 言
PREFACE

　　在日益激烈的竞争环境下，越来越多的公司引入柔性管理理念和战略，把它作为获取竞争优势的新形式。

　　柔性工作情境触发员工表现出更多的工作塑造行为。工作塑造是积极组织行为学的一个新兴构念，是指员工在工作场所中所做出的任务、关系和认知等方面的改变。从组织工作设计的视角看，在不确定性、复杂性不断增加的工作环境中，管理者越来越难以设计规范且固化的工作描述，而是更寄希望于员工表现出更多积极主动的调整行为。从个体员工的立场看，随着社会经济发展和物质上的充裕，个体员工越来越重视工作过程的充实、工作意义的找寻以及工作中的成长，并表现出更多的主动性与创造性工作行为。

　　尽管员工工作塑造行为在柔性工作情境下的实践意义显得极为重要，但是目前学术界对这一问题的关注仍显不够。一者，已有工作场所柔性研究多集中在概念界定、类型划分、对组织层面结果变量的影响等方面，对员工个体层面的影响研究则相对较少。二者，已有工作塑造研究既鲜有关注企业层面，又鲜有直接关注工作场所柔性这一典型情境。事实上，柔性工作情境所带来的工作地点分散化、工作边界模糊化、工作结构的柔性化等变化，会直接影响到员工对工作及工作情境的感知，而这种感知又会直接投射到员工具体的工作态度与行为之中。换言之，柔性工作情境是员工工作塑造行为的重要前提背景和情境因素。因此，探讨柔性工作情境下的员工工作塑造行为成为本研究的核心主题。

本书以柔性工作情境为研究情境，尝试挖掘柔性工作情境下工作塑造行为的内涵和维度，识别影响员工个体工作塑造的关键因素，并通过对各变量之间关系的分析，揭示出其中的作用机制。具体而言，本书尝试回答以下研究问题：（1）柔性工作情境下员工工作塑造行为的内涵与结构特征；（2）柔性情境下员工工作塑造行为的影响因素及作用机制；（3）柔性工作情境下员工工作塑造行为的影响结果。

针对上述研究问题，本书依循"情境驱动－需要（动机）－认知（行为）－工作产出"的逻辑链条，综合运用文献研究、深度访谈、扎根理论、问卷调查等方法展开研究。通过文献研究，回顾了柔性工作情境和工作塑造的相关研究进展，并简要介绍本研究所依托的理论基础，包括工作设计理论、工作要求－资源模型、ERG需要理论等。通过深度访谈，获取18份质性资料，利用扎根理论开放性编码、主轴性编码、选择性编码等编码方法，挖掘出柔性工作情境下工作塑造行为的内涵、维度、影响因素与结果，并形成概念模型。进一步结合文献分析，形成实证研究框架，并提出一系列研究假设。通过预调研与正式调研获取数据，运用SPSS、AMOS统计软件对假设进行检验。主要研究结论如下。

质性研究的结果包括：（1）柔性工作情境下员工工作塑造行为，包括五个方面的内容：增加心理性资源、增加结构性资源、增加社会性资源、寻求工作挑战、降低工作要求；（2）工作不安全感、内部人身份感知、组织地位是影响工作场所柔性中员工工作塑造行为的重要因素；（3）柔性工作情境下员工工作塑造行为对其工作产出、个人能力、工作倦怠等产生影响。

　　本书选择较为成熟的工作塑造行为量表，并结合质性研究结果对量表进行了修订。量表由增加工作资源（包括心理性资源、结构性资源、社会性资源）、寻求工作挑战、降低工作要求三个维度构成，共 22 个题项。通过探索性和验证性因素分析检验了量表质量，显示修订后的量表具有良好的信度和效度。

　　方差分析结果表明，不同年龄、工作年限、教育程度、职位等级的员工表现出不同的工作塑造行为。概言之，高资历、高学历、高职级的员工表现出更多的工作塑造行为。

　　实证结果发现，工作不安全感、内部人身份感知和组织地位感知影响员工工作塑造行为。具体来说：（1）工作不安全感（包括数量型和质量型）与增加工作资源、寻求工作挑战呈现 U 型关系，数量型工作不安全感与降低工作要求正相关；（2）内部人身份感知与增加工作资源、寻求工作挑战行为正相关，与降低工作要求负相关；（3）组织地位感知与增加工作资源、寻求工作挑战正相关。

　　实证结果表明，员工工作塑造行为影响其工作绩效、创新行为与可雇佣能力。具体来说：（1）增加工作资源、寻求工作挑战与工作绩效正相关，降低工作要求与工作绩效负相关；（2）增加工作资源、寻求工作挑战与创新行为正相关；（3）增加工作资源、寻求工作挑战与员工的可雇佣能力（包括内外部可雇佣能力）正相关。

　　上述研究结论对组织管理实践的启示在于，组织应通过多种途径激发员工的工作塑造行为，并引导其与组织目标相一致。典型策略包括：通过合理设计工作，为员工提供相应的工作资源；关注员工需要，为员工创设支持性组织情境；重视员工差异，引导员工实施积极工作塑造等。

　　本书的创新点体现在：（1）提炼了柔性工作情境下

员工工作塑造行为的内涵，归纳出新的维度，并在此基础上修订了员工工作塑造行为量表，拓展了工作塑造内涵与内容研究；（2）识别出柔性工作情境下员工工作塑造行为的影响因素，深化了基于中国企业的工作塑造行为的情境化研究；（3）聚焦于柔性工作情境下的员工工作塑造行为，发展了柔性管理理论，尤其是人力资源柔性理论在员工层面的研究。

希望本书的出版能够抛砖引玉，启发更多学者关注柔性工作情境下员工工作行为的变化，为未来工作塑造行为的研究做出更多贡献。

CONTENTS 目 录

第一章　绪　　论

作为全书的导论部分，本章在柔性工作情境下员工工作塑造行为研究背景分析的基础上，提出本书的研究问题与研究内容，阐明研究的理论与现实意义，介绍研究方法、研究思路与技术路线，概括可能的理论创新点，并简要介绍本书的结构安排与章节内容。

第一节　研究背景和问题提出

一、研究的现实背景

（一）柔性工作情境引致员工工作塑造行为

柔性是组织应对内外部环境快速变化的一种能力。在日益激烈的市场竞争环境下，越来越多的公司引入柔性管理理念和战略，把它作为获取竞争优势的新形式（Upton，1995）。柔性公司在保持专注、协调和控制的基础上，将更多的注意力放在迅速反应、学习和创新等方面，以应对瞬息万变的市场竞争和对变革做出稳定而长期的策划与行动。

柔性渗透于组织内部各职能和各层次，使得员工工作环境发生极大变化。柔性工作情境是组织柔性在员工具体工作场所的体现和反映，其核心目标是关注在工作场所中，如何柔性地组织工作，或柔性地获取、配置和协调组织中的各种工作资源，从而使得组织和员工都能从中获益，并最终为组织带来持续的优良绩效，这也是组织柔性管理的重要组成部分。柔性工作情境要求组织在结构、流程和人员等方面保持与环境的动态适应，使得组织的任务目标、工作流程、工作方式可以经常性变化，如工作地点的分散化、工作安排的柔性化、工作职责的模糊化等。相应地，柔性组织对其成员的工作要求也经常发生变化。一方面，要求员工能够具有更加多样化的技能和更为开放性的心态;另一方面,要求员工具有更高的主动性,能够更加富有创造性地工作,从而能够从基础和核心层面推动组织变革,使组织适应环境变化。

在一定意义上可以认为,工作塑造是现代企业工作再设计的核心与精髓。在传统的工作设计中,员工的主动性未能得到充分发挥。而随着工作环境不确定性及复杂性的增加、柔性工作情境的发展,组织越来越难设计出对多方适用的规范性工作描述,组织也越来越希望员工能够表现出更多的积极主动的调整行为(Grant and Ashford,2008)。员工如何将自身的需要和诉求融入工作设计当中,通过塑造他们的工作任务、工作环境和雇用条件等来应对各种柔性所带来的工作场所新变化,成为管理者和员工都十分关注的焦点问题。员工工作塑造的本质是改变员工的工作行为,促使员工能够主动地以一种自下而上的方式对工作做出积极的行为改变;而工作情境柔性化所带来的工作内容变动和工作要求提高,会引导员工表现出更多的工作塑造行为。

(二) 个体对工作幸福感的追求引致工作塑造行为

工作塑造是一个内涵丰富却尚未获得共识的概念。目前,学术界比较倾向于认为其是指员工在不断变化的工作场所中做出任务、关系和认知等方面的改变,是员工谋求个人福祉与自我发展的一种主动性行为。工作塑造概念提出伊始,就侧重于从员工个人利益出发,强调增进员工个人的工作幸福感。通过工作塑造,员工能够在复杂多变的工作场所中调整并重构工作认知,实现个人与工作的良好匹配,这有利于提高员工的工作满意度,发现和实现工作的意义。

个体满意感逐渐成为工作中一个不可或缺的要素。伴随着科学技术和生产力的高速发展,社会财富日趋丰富,人们的物质生活水平日益提高,精神世界的诉求不断凸显。人们经常会叩问工作的本源或意义。工作的目的在发生根本性的转变——不再仅仅是寻求金钱或物质上的收获,而是更加注重工作所带来的个体心理效应或社会价值,如个人成长和工作成就感、工作满意感等。

工作塑造有助于员工发现和实现自己工作的意义,是人们在现代工作背景下获得意义感的一条重要途径(Wrzesniewski and Dutton,2001)。它有助于员工发现和实现自己工作的意义,进而与自己所从事的工作产生更强的联结,取得更好的工作产出。更进一步地,工作意义的发现也为其生活意义感的提高创造基础(Tims and Bakker,2010)。

综上所述,伴随着市场竞争的加剧和工作场所趋于柔性的背景,加之员工自身对于工作意义和认同的追求,组织中的员工会表现出越来越多的工作塑造行为。因此，探究员工工作塑造行为的动力作用机制，是员工－组织关系研究领域的新兴议题，也是人力资源柔性的重要研究领域之一。

二、研究问题的提出

尽管员工工作塑造行为在柔性工作情境下的现实意义显得极为重要，但是学术界对这一问题的关注仍很不够。现有的柔性工作情境相关研究多集中在概念界定、类型划分、对组织层面结果变量（如组织学习、组织能力、组织绩效等）的影响等方面，涉及对员工个体层面的影响相对较少。而有限的研究多关注柔性工作情境对员工工作绩效、离职意愿、组织中的人际关系等方面的影响，对员工个体层面影响的研究亟待拓展。事实上，柔性工作情境所带来的工作地点分散化、工作边界模糊化、工作结构柔性化等方面的变化，会直接影响到员工对工作及工作情境的感知，而这种感知又会直接或间接投射到员工具体的工作态度和工作行为中，而作为员工自发地对工作各方面做出改变的员工工作塑造行为，尽管概念自提出以来仅有十多年时间，却引起学者们的广泛关注。已有研究在探讨员工工作塑造的内涵界定、结构维度、影响因素及作用机制等方面，取得了诸多研究成果。但如何界定员工的工作塑造行为、工作塑造具体包含哪些内容、何种测量工具更为适合和有效，工作塑造会受到哪些因素，特别是组织内部情境因素的影响等问题，学术界尚未得出一致的结论。而且，现有研究多基于西方企业和文化背景，而对国内员工工作塑造行为的相关研究还非常薄弱。

为此，本书旨在结合中国企业现状，以柔性工作情境为研究情境，尝试挖掘出柔性工作情境中工作塑造行为的内涵和维度，识别出影响员工工作塑造行为的因素，并揭示出其中的作用机制。具体而言，尝试探索和回答以下问题。

（一）柔性工作情境下员工工作塑造行为的内涵与结构特征

瑞斯尼斯基和达顿（Wrzesniewski and Dutton，2001）首次提出工作塑造时将它定义为"员工在其工作任务或关系边界中所做出的实体上和认知上的改变"，而蒂姆斯和贝克尔（Tims and Bakker，2012）则认为工作塑造是员工为了使得工作要求和工作资源与个人的能力和需求相平衡而做出的改变。那么，在柔性工作情境中，员工工作塑造行为的内涵为何、涵盖哪些结构维度、与现有研究相比有何不同之处？本书尝试以中国企业员工为样本，通过质性研究深入挖掘柔性工作情境下员工工作塑造行为的内涵与维度。

（二）柔性工作情境下员工工作塑造行为的影响因素及作用机制

社会认知理论认为，环境影响个体的内部因素，进而限制人的行为。由此引发的问题是：柔性工作情境给员工工作环境带来哪些变化，这些变化又会如何具体地影响员工的情境感知，进而影响其工作塑造行为呢？本书将以质性研究结果为依据，通过收集数据和实证检验来研究员工感知的情境因素对工作塑造行为的影响。

（三）柔性工作情境下员工工作塑造行为的影响结果

组织主要关注员工工作塑造行为是否有利于组织绩效的提高和组织目标的实现；而员工则更加注重工作塑造行为对自身工作意义和工作能力的影响。因此，柔性工作情境下员工工作塑造行为会给工作产出和个体能力带来什么样的影响则是本书的又一关注点。本书将以质性访谈结果为基础，通过收集数据和实证检验来探讨员工工作塑造行为的影响结果。

第二节　研究意义

一、研究的理论意义

本书聚焦于柔性工作情境下的员工工作塑造行为，通过对相关理论的深度挖掘，探讨和赋予其新的内涵与结构维度，并检验工作塑造与影响因素、结果变量之间的关系，得出相应的研究结论，以期进一步推动相关理论的发展。本书的理论意义在于以下方面。

（一）挖掘出我国企业员工工作塑造行为的内容，丰富对员工工作塑造的研究

现有研究对于员工工作塑造内涵的界定与结构的探讨，多是基于西方文化背景。国内也有学者尝试探索中国文化中的员工工作塑造行为，[①] 但是是针对高校教师这一特定群体的研究。本书将研究对象拓展至组织中的各类员工，尝试挖掘出中国文化背景下员工工作塑造行为的内涵与结构，进一步丰富对员工工作塑造的研究。

---

① 郑昉．高校教师工作形塑的实证研究［D］．开封：河南大学，2009．

（二）完善员工工作塑造行为的测量工具，推动相关实证研究

员工工作塑造的测量工具或是以内容为基本结构，或是以工作要求－资源模型为依据，本书将结合两种观点，尝试将"认知"维度融入该模型中，以此为依据，通过质性研究，挖掘和提炼出柔性工作情境中的"增加心理资源"这一新的维度，对工作塑造量表进行修订，为后续中国文化背景下的工作塑造测量工具提供参考，有助于推动相关的实证研究。

（三）将员工工作塑造行为置于柔性工作情境中，拓展工作塑造的情境化研究

工作塑造行为尽管是由员工个体做出的工作改变行为，但发生在工作场所，必然会受到工作情境因素的影响。现有研究多聚焦某一特定群体或者是一般性的研究，本书将员工工作塑造行为嵌入在特定的情境——柔性工作情境中来研究，识别相关的影响因素及对工作塑造的影响机制，拓展对员工工作塑造行为的情境化研究。

（四）聚焦于柔性工作情境下的员工工作塑造行为，深化柔性理论的微观基础性研究

柔性工作情境会给员工带来一系列影响，现有研究多关注柔性工作情境对员工离职倾向、同事关系、上级关系、工作绩效等方面的影响。本书聚焦于员工的工作塑造行为，认为这一行为是受到特定的外在环境变化影响，并置身于具体的工作过程中而反射出的具体行为变化。通过工作塑造行为，柔性工作情境对员工的影响和要求才可能转化为实际工作产出，这为将来继续深入探讨柔性工作情境在员工层面的影响机制打开了思路，有利于发展柔性理论在微观层面的研究。

二、研究的实践意义

本书的实践意义在于三个方面。

（1）有利于员工进行积极工作塑造，应对柔性工作情境。本书对柔性工作情境中工作塑造行为的内涵进行挖掘，明确工作塑造行为的具体内容与结构，帮助员工积极主动地采取相应的行为去改变工作态度，寻求工作的意义，提升能力，以适应工作情境柔性的变化，应对新的工作要求。

（2）识别影响员工工作塑造行为的因素，有利于组织采取相应的管理措施，鼓励员工进行积极的工作改变。柔性工作情境给员工带来的影响有的是直接的，有的是间接的，通过识别出具体的影响因素，可以实施有针对性的管理实践，减少柔性给员工带来的消极影响。

（3）探讨员工工作塑造对工作产出和个体能力的影响，有利于组织了解能够带来绩效提升的员工工作塑造行为，也有利于个体明确如何通过工作塑造行为提升个人能力。组织需要对员工塑造行为进行积极的正向引导，诱发员工做出有利于组织目标实现的积极塑造行为，实现个人和组织的双赢。

第三节　研究对象与核心概念界定

一、研究对象

已有的工作塑造相关研究文献既有对某类具体职业从业者进行的专门研究，如对幼儿园教师、高校教师、医生、护士、出租车司机、清洁工等职业群体的研究，也有对组织中的各类职业从业者进行的宽泛研究。

本书考察在柔性工作情境下员工的工作塑造行为，可能涉及临时工、派遣人员、合同工等不同编制身份的组织成员；也可能涉及工作扩大化、工作轮换等不同方式的工作安排，因此，本书并不针对某一特定的职业群体，而是将组织中的各类成员都纳入研究范畴，组织中的普通员工、各级管理者皆是本书的研究对象。

二、相关概念

本书主要围绕工作塑造行为这一核心概念展开论述，具体包括工作塑造行为；工作塑造行为的前因类变量，如工作不安全感、内部人身份感知、组织地位感知；工作塑造行为的结果类变量，如工作绩效、创新行为、可雇佣能力；工作塑造与前因变量间的调节变量，如工作常规性、尽责性等。

（一）核心概念：工作塑造行为

本书在梳理已有概念的基础上，将工作塑造行为界定为员工在外部环境压力或个体特征驱动下，为了寻求工作资源和工作要求之间的平衡，而所做出的与工作相关的任务、关系和心理（或认知）等方面的改变。

（二）情境变量

1. 柔性工作情境

借鉴组织柔性以及组织视角下柔性工作情境的定义，在本书中，柔性工作情境是指在工作场所中,如何柔性地组织工作,或柔性地获取、配置和协调组织中的各种工作资源,以应对环境的变化,进而使得团队和员工都能从中获益,并最终为组织带来持续的优良绩效。

2. 人力资源柔性

人力资源柔性本质上是组织根据内外部环境变化调整其员工的"质"和"量"的能力,借鉴孟繁强等(2007)对人力资源柔性的界定:人力资源柔性是面对外部环境变化时,组织调整与配置人力资源的数量、技能及行为等的能力。

(三)工作塑造行为的前因类变量

1. 工作不安全感

借鉴学者(Greenhalgh and Rosenblatt,1984)的定义,界定工作不安全感为:员工在受到威胁的工作环境中,对工作本身或重要工作特征丧失的认知与担忧。

同时,采用二维观(Hellgern,Sverke and Isaksson,1999),将工作不安全感划分为两个维度,即数量型工作不安全感和质量型工作不安全感。其中,数量型不安全感是指对目前工作未来存续的担忧;质量型不安全感是指雇佣关系质量受损的感知威胁,如工作条件的恶化,职业发展机会的丧失,薪酬的降低等,也即对工作重要特征丧失的担忧。

2. 内部人身份感知

内部人身份感知来自员工对其与所属组织之间雇佣关系的认知,具体是指员工对于自己在特定组织作为内群体成员的感知程度(Stamper and Masterson,2002)。

3. 组织地位感知

组织地位感知是员工对自己在组织中的威望与影响力以及所获得组织支持程度的认知(Anderson,2001)。

4. 工作常规性

工作常规性被描述为工作者每天所从事的工作任务的重复性程度(Bacharach,Bamberger and Conley,1990;Parasuraman and Alutto,1981)。

5. 尽责性

尽责性是指个体管理、控制和调节自身冲动的方式,包括胜任力、条理性、责任心、追求成就、自律和谨慎六个方面。由此界定为,尽责性高的员工相信自己的能力,做事有计划、有条理,有责任感、可靠、值得信赖,有明确目标、追求成功,专注目标、能克服困难完成任务,沉着冷静、不冲动等。

（四）工作塑造行为的结果变量

1. 工作绩效

工作绩效是指员工在绩效周期内完成工作任务的程度。其中，任务是指组织明确规定的工作职责，包括与履行职责相关的行为规范。

2. 创新行为

员工创新行为是指将有益的创新观点予以产生、导入以及应用于组织中任一层次的所有个人行动（Kleysen and Street，2001）。

3. 可雇佣能力

可雇佣能力的内涵有多种，本书将其界定为个体保持目前工作或获取自己理想的工作的能力（Rothwell and Arnold，2007），并运用二维结构模型，将其分为内部可雇佣能力和外部可雇佣能力两种。其中，内部可雇佣能力反映的是员工在内部劳动力市场的竞争力，即员工被目前组织持续雇用的意愿与可得到雇用的能力；外部可雇佣能力反映了员工在外部劳动力市场上的竞争力，即员工在其他组织中获得新工作的意愿与能力。

第四节　研究方法、技术路线和结构安排

一、研究方法

本书主要运用文献研究、访谈、问卷调查、扎根理论等研究方法，通过理论研究与实证研究相结合、文献查阅与访谈调查相结合来探讨企业员工工作塑造行为议题。

（一）文献研究法

文献研究法是科学研究中最基础的手段和途径。在文献搜集与获取方面，本书一方面利用纸质出版物及读秀、超星等电子出版平台，搜集与"工作塑造"主题相关的图书资料；一方面利用网络数据库，如 Springer Link、EBSCO、PQDT、Wiley 等外文期刊、学位论文数据库，中国知网（CNKI）、中国台湾博硕士论文知识加值系统等，搜索和收集与本书研究主旨相关的论文；此外，也利用网络资源，搜集涉及工作塑造的企业案例、个人传记等资料。

在文献整理与评析方面，通过文献阅读和分析，对本书所涉及的研究情境、理论基础以及核心构念进行梳理。通过回顾柔性工作情境的相关研究，

明确本书的具体情境；通过对工作设计理论、工作资源要求－模型理论、ERG 理论等研究的整理与归纳，选取合适的理论框架和研究视角，为研究模型构架提供理论支撑。通过梳理国内外关于工作塑造的内涵、维度、测量工具、影响因素、结果产出等研究现状，找出现有研究的不足，发现本书的切入点和突破口，并在此基础上形成本书的逻辑框架。

（二）访谈法

访谈法是定性研究最主要的方法，主要是通过与受访者面对面直接交谈来搜集事实材料，具有较好的灵活性和适应性。本书主要在两个节点采用了该方法。第一个节点是在发现和凝练研究问题的时候，对企业员工进行的半结构化访谈，帮助明晰研究的问题与主旨。第二个节点是在调查问卷的设计过程之中，通过与专家、调研对象的访谈，发现问卷中存在的问题，并据此修订和完善问卷量表具体题项。

（三）扎根理论方法

扎根理论（grounded theory）是非常重要的一类质性研究的方法，其目的在于建构和发展能够真实反映社会现象的理论。本书在对受访者进行访谈的基础上，采用该方法处理访谈资料和数据。在收集完访谈数据之后，运用扎根理论开放性编码、主轴性编码、选择性编码等编码方法，发现员工工作塑造行为的结构维度，识别工作塑造的前因及结果变量，为后续的实证研究奠定基础。

（四）问卷调查法

问卷调查法是管理学研究中最为普及的一类定量研究方法，其优点在于成本较低、回收速度较快。本书采用问卷调查方法进行数据收集。在问卷设计阶段，本书首先形成初始的调查问卷，然后进行了小样本施测及校验修订初始问卷，从而形成正式的调查问卷。在问卷统计分析阶段，本书主要利用了SPSS、AMOS 等软件进行统计分析，运用相关分析、方差分析、探索性因子分析、验证性因子分析、回归分析等统计分析方法对研究假设进行分析和验证。

二、研究思路与技术路线

基于上述研究问题与研究方法，本书的研究思路如下。

第一，通过研究背景的分析与阐释，运用文献研究方法，系统梳理相关研究与理论基础，归纳与总结研究进展，发现研究的不足，明确研究问题；第二，通过与相关人员的半结构化访谈，观察现象，收集事实资料，运用扎根理论，对资料进行编码整理，进一步界定研究的主要问题，并再次对比文献，凝练研究主题，构建研究模型。第三，在理论框架下，结合相关理论，通过逻辑推演，提出本书的一系列假设。第四，经由严谨的问卷设计程序形成本书的调查问卷，再经由科学的取样过程发放和回收问卷，获取本书的第一手数据。然后，在数据统计分析的基础上验证本书的理论模型和相关假设。最终，本书依据实证分析结果展开讨论，提炼研究创新与局限，并提出相关管理对策。据此，本书的技术路线如图 1 - 1 所示。

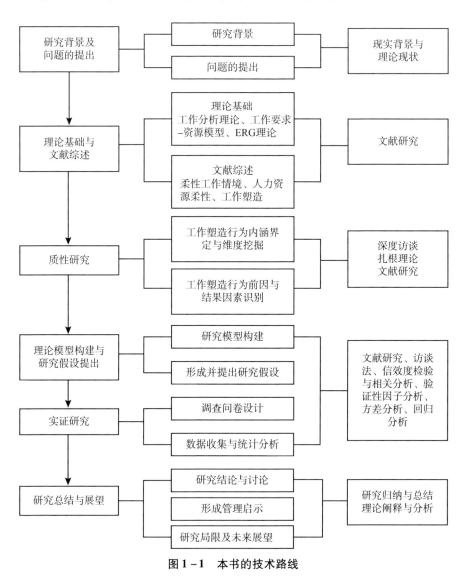

图 1 - 1　本书的技术路线

三、研究内容

围绕所确定的研究问题和技术路线，本书旨在探讨在企业柔性工作情境中，员工工作塑造行为的内涵、结构、影响因素与作用结果等问题。本书共设计七章，各章的结构安排及主要内容如下。

第一章为绪论。本章将从柔性工作情境与员工工作塑造行为的现实背景出发，结合理论背景分析，提出研究问题。主要介绍本书的研究背景、研究问题、研究意义、研究对象、研究方法和研究创新点等内容。

第二章是理论基础与文献综述。主要介绍工作塑造、柔性工作情境相关研究进展、理论基础等。首先，梳理了柔性工作情境的内涵、内容以及人力资源柔性的相关研究；接着，回顾了工作塑造的概念与内涵、内容与维度、测量工具、影响因素及结果变量等相关研究，并进行小结；最后对本书所涉及的理论基础 – 工作设计理论、工作要求 – 资源模型、ERG 理论等进行综述。

第三章为柔性工作情境下员工工作塑造行为的质性研究。本章通过对相关人员的半结构化访谈，收集资料，并运用扎根理论进行资料编码和分析，归纳出柔性工作情境中员工工作塑造行为的具体内容，并识别出员工工作塑造的影响因素及结果，在此基础上初步搭建了柔性工作情境中员工工作塑造行为研究的概念模型。

第四章是实证研究框架与研究假设。本章首先在质性研究归纳的概念模型基础上，结合相关理论，将概念模型转化为实证研究模型；然后基于相关理论，从柔性工作情境中员工工作塑造行为的影响因素和结果两个方面提出系列研究假设。

第五章为实证研究设计与方法。该章主要确定变量的测量工具、形成初始问卷，实施预调研，并在此基础上形成正式的调研问卷。

第六章是数据分析和假设检验。本章主要说明正式调研过程、分析量表的信度和效度、变量间的相关分析以及运用层级回归检验所提出的假设。

第七章为研究总结与展望。本章主要对本书的核心内容：柔性工作情境中的员工工作塑造行为的质性研究和实证研究发现进行总结和讨论。在此基础上，提炼出本书的创新之处及管理启示，并对研究局限和未来研究进行展望。

第二章　理论基础与文献综述

本章的研究任务为：通过相关的文献回顾，厘清相关研究脉络、明晰研究现状，找寻研究的薄弱点，发现研究突破口。在此基础上，确定本书的切入视角和重点，构建研究的框架和模型。研究思路为：围绕研究主题，沿着研究情境——理论基础——核心构念的逻辑，对已有研究进行系统梳理。本章的具体内容包括四部分。第一部分将对柔性工作情境的相关研究进行介绍，确定研究的具体情境；第二部分回顾员工工作塑造的现有研究，明确构念的内涵、结构与研究现状，找出研究的入口；第三部分追溯员工工作塑造研究的理论基础，即工作设计与再设计理论，以及本书研究视角的选择基础，找寻研究的理论支撑与依据；第四部分进行小结并构建研究的理论模型。

第一节　柔性工作情境的相关研究

一、组织柔性的内涵与层次

柔性工作情境是组织柔性在员工具体工作场所的体现，是组织柔性的一个重要组成部分，回顾组织柔性的相关研究有助于更好地理解柔性工作情境的本质，更准确地界定柔性工作情境的内涵。

（一）组织柔性的定义

学术界对于组织柔性的界定目前并未形成一致观点，主要有两种主要观点。一是环境观，着眼点在于环境变化，强调组织应对外部环境变化的能力，一般沿着由外到内的逻辑去思考体现在工作场所层面上的组织能力的变化。格温（Gerwin，1987）提出柔性是有效应对环境变化的能力；戈尔登和鲍威尔（Golden and Powell，2006）从环境容忍力视角，将柔性界定为组织对内外部环境变化的容忍力、吸收力、承受力或生产力等；也有学者将柔性看作企业通过组织管理活动使生产活动最大程度适应市场环境变化的能力。[①] 二是资源观，聚焦于组织的内部资源，强调组织资源与环境变化的结合，沿着一种由内向外的逻辑探讨工作场所变化问题。有学者认为，短期看，柔性是指利用现有的设备和资源适应变化的能力；从长期来看，它反映出组织运用新发明、新资源、新方法并整合到当前生产系统的一种能力。傅博达（Volberda，1997）从战略管理的角度提出，柔性是组织的管理控制能力（管理者的战略决策能力）和组织控制能力相互作用的结果。有学者则从战略柔性角度提出，柔性是组织的一种战略能力，具备柔性的组织能够迅速捕捉环境的动态信息，并及时组织内部资源应对环境的变化；[②] 也有学者持类似观点，认为组织柔性是组织通过改变内部结构以使得组织资源与环境变化相匹配的能力。[③]

（二）组织柔性的层次

有学者提出，柔性组织或柔性公司（flexible firm）只有具备变革自身的能力，保持柔性，才能保持生存。[④] 柔性可以分为三个层次：（1）战略层次柔性。主要是基于组织战略考虑，通过重新定位组织的资源和结构，保持各种战略的一致性以应对环境变化的能力。（2）组织层次柔性。主要是指通过调整组织内部结构，实施一系列管理活动，提高组织资源与环境变化的匹配能力。（3）运营层次柔性。主要是指对组织的生产过程，根据外部市场的变化做出调整和反应。三个层次之间相互影响、相互促进。战略层次的柔性是基本出发点，其他层次应服务于战略柔性，同时战略柔性又是由其他层次所推动的；组织层次的柔性发挥承上启下的作用，将战略柔性传导至运营层面，同时又将运营柔性的需求反馈到战略层面；运营层面的柔性是最终的载体和实施层面。

组织层次的柔性，一般而言，由结构柔性、过程柔性和人员柔性三部分组成。

（1）结构柔性。组织结构主要涉及如何对工作任务进行分工、分组和

① PAGELL M，KRAUSE D R. Re-exploring the relationship between flexibility and the external environment〔J〕. Journal of Operations Management，2004，21（6）：629 – 649.

② SHIMIZU K，HITT MA. Strategic flexibility：Organizational preparedness to reverse ineffective strategic decisions〔J〕. The Academy of Management Executive，2004，18（4）：44 – 59.

③ ARAFAA，ELMARAGHY W H. Manufacturing strategy and enterprise dynamic capability〔J〕. CIRP Annals – Manufacturing Technology，2011，60（1）：507 – 510.

④ KRIJNEN H G. The flexible firm〔J〕. Long Range Planning，1979，12（2）：63 – 75.

协调合作，是依据各自职责权限、工作流程以及信息传递方式等要素所形成的组织内部各职能部门之间、组织成员之间相互关系的一种模式，是整个组织管理系统的框架，是一种动态化的结构体系，随外部环境变化和组织战略的变动而调整。结构柔性体现为组织结构的扁平化、工作单元团队化以及组织边界模糊化三个特征。

（2）过程柔性。主要是指分析决策、协调和执行过程。当组织所面临的不确定性越来越高时，就需要个体之间或部门之间进行横向沟通和共同决策，提高信息处理能力和跨职能工作能力；通过分权和授权提高工作群体的自治水平，减少协调成本，提高执行速度和效率。

（3）人员柔性。人是组织系统的基本元素，企业的一切活动、企业目标的实现都必须通过组织中的人得以实现。人员柔性，也称为人力资源柔性，是组织所拥有的人力资源数量和质量的结合，以及组织对人力资源的配置能力，以帮助组织应对外部环境的变化。

二、柔性工作情境的内涵

柔性工作情境可以从不同的视角来理解，不同视角的关注点各异。从员工视角来看，柔性工作情境更多强调组织文化和结构情境中的个体行为，指的是员工在何种程度上自主决策安排他们职业生活的核心部分，尤其是决定工作的时间、地点和时长。[①] 从组织视角来看，有学者立足于整个组织，强调柔性是组织的一部分，是组织特征所包含的柔性程度，是组织作为一个整体适应工作场所内外部环境的快速变化的能力。[②] 也有融合的观点，认为柔性工作情境包含了员工和组织双重视角，是大量的工作安排和形式，旨在使员工和雇主调整公司行动以适应工作生活和经济环境的要求。[③]

本书将柔性工作情境作为员工工作塑造行为研究的情境因素，故着眼于从组织视角来考察柔性工作情境的形成或影响等，且关注员工所处的具体工作情境的柔性。作为企业柔性管理的重要组成部分，柔性工作情境是组织柔性在员工具体工作场所中的体现和反映。借鉴组织柔性以及组织视角下柔性

---

① HILL E J, GRZYWACZ J G, ALLEN S et al. Defining and conceptualizing workplace flexibility [J]. Community, Work and Family, 2008, 11 (2): 149 – 163.

② MARTÍNEZ – SÁNCHEZ A, PÉREZ – PÉREZ M, DE – LUIS – CARNICER P et al. Telework, human resource flexibility and firm performance [J]. New Technology, Work and Employment, 2007, 22 (3): 208 –223.

③ WHYMAN P B, PETRESCU A I. Workplace Flexibility Practices in SMEs: Relationship with Performance via Redundancies, Absenteeism, and Financial Turnover [J]. Journal of Small Business Management, 2015, 53 (4): 1097 –1126.

工作情境的定义，柔性工作情境指在工作场所中，如何柔性地组织工作，或柔性地获取、配置和协调组织中的各种工作资源，以应对环境的变化，进而使得团队和员工都能从中获益，并最终为组织带来持续的优良绩效。

作为组织柔性的投射，柔性工作情境也涵盖结构柔性、过程柔性和人员柔性三个组成部分。结构柔性和过程柔性也只有通过组织中的人员才能得以实现。柔性制造系统也需要柔性的人员配合才能发挥最大作用。对员工而言，组织结构和过程的柔性都会通过人力资源柔性传递给员工，人力资源柔性对员工的影响最为直接，因此，本书重点关注和研究柔性工作情境的人力资源柔性，故下文将对人力资源柔性做详细介绍。

三、人力资源柔性的相关研究

人力资源柔性（human resource flexibility）的内涵极其丰富，涉及多个层面，如个体的职业柔性（career flexibility）、组织的员工队伍柔性（workforce flexibility）、宏观的劳动力市场柔性（labor market flexibility）和灵活就业（flexible employment）等。国内外学者围绕人力资源柔性这一主题进行了深入的探讨，并形成了诸多研究成果。本书聚焦于工作场所中的人力资源柔性。

（一）人力资源柔性的概念界定

英国学者艾金森（Atkinson，1984）提出经典的"柔性公司"模型，拉开了研究组织管理中人力资源柔性的序幕，建立了人力资源柔性研究的理论框架。[①] 依循此研究思路，学者们从各自的研究视角出发对人力资源柔性内涵进行了不同的界定，故出现了"人力资源弹性""战略人力资源柔性""人力资源系统柔性""人力资源柔性管理""灵活导向的人力资源管理""人力资源灵活性"等不尽相同的术语。不同术语的立足点虽有所不同，但其基本内涵较为一致，故为便于研究，本书统一使用"人力资源柔性"一词。

倡导"柔性公司"模型的学者们关注组织对于不同的人力资源柔性策略的运用。艾金森（1984）认为，人力资源柔性是组织应对动态竞争环境的各种需求的能力。布莱顿和莫瑞斯（Blyton and Morris，1992）将人力资源柔性界定为组织灵活地运用员工队伍结构与数量、工作的时间等人力资源要素以应对管理的规模以及组织内外环境的变化的能力。也有学者认为人力资源柔性指的是组织调整和改变人员结构、雇用模式、薪酬水平等所实施的

---

① ATKINSON J. Manpower strategies for flexible organizations [J]. Personnel Management，1984 (8)：28 – 31.

一系列策略。在一些学者的研究中，人力资源柔性被定义为了满足组织中不同管理模式、各种层次、不同水平的人力资源需求的一种人力资源管理策略。[①] 孟繁强等（2007）则将人力资源柔性视为面对外部环境变化时，组织调整与配置人力资源的数量、技能及行为等的能力。

战略人力资源管理（SHRM）学者们则倡导人力资源系统和过程的柔性，以帮助组织适应复杂动态的环境，提升组织的有效性。从这个角度出发，人力资源柔性可以认为是帮助组织适应变化环境的一种能力。有学者从人力资源实践柔性的角度将人力资源柔性界定为"能促进组织有效地适应和及时应对内外部变化和多样性需求的一种人力资源管理能力"（Milliman，Von Glinow et al.，1991）。施诺和斯奈尔（Snow and Snell，1993）强调通过招募拥有价值创造技能的人员来创建人力资源柔性。麦克达菲（MacDuffie，1995）则认为人力资源柔性源于宽泛的员工技能，是员工技能的产物。怀特和斯奈尔（Wright and Snell，1998）将人力资源柔性纳入战略人力资源管理框架，将人力资源柔性看作组织的人力资源所拥有的技能和行为总量，有助于组织进行战略选择，从而使这些人力资源的内在柔性最大化。威（Way，2005）将人力资源资源柔性较为系统地界定为"组织发展整合人力资源系统以获取、整合、重构与发展具有胜任力的人力资源，以此提高市场反应能力和创新能力，进而提高组织竞争优势的能力"。

国内学者则多基于人本管理思想，聚焦与刚性管理相对的"以人为中心"的柔性管理。郑其绪（1996）和钱肇基（1999）认为人力资源柔性管理是在尊重人的个性、依据人的心理与行为规律的基础上，采用感召而非强制性的方式，使人们在心目中感受到一种内在的说服力，激发员工的自我管理意识，从而把组织意愿与目标转化为员工的自觉行为和个人目标来达到组织目的。朱晓辉和凌文辁（2005）也认为柔性管理的本质是以人为本的管理，其最大的优势就在于依靠对人性的解放、民主管理、权利平等而不是依靠上级命令等外力来管理员工。人力资源柔性管理就是以尊重员工独立人格和个人尊严为基本前提，运用信任、指导、感化、自控的方法，激发员工内心深处的驱动力，提升企业的凝聚力、员工对企业的认同感和归属感，进而实现组织目标。谢琳和杜纲（2006）也认为，人力资源柔性突出人在组织中的作用和地位，实现较低人力成本的组织战略目标，是一种兼具柔性化与人性化的管理方式。

综上，学术界目前对于人力资源柔性尚缺乏相对一致的概念界定，在不

---

① 何如玉. 人力资源弹性策略与组织绩效、组织承诺之研究——以国内钢铁业为例［D］. 桃园：中原大学，2005.

同的研究视角下衍生出各自的内涵，这也反映出研究者的不同倾向。立足于现有文献对人力资源柔性的界定，考量研究的主题，本书认为，人力资源柔性本质上是组织根据内外部环境变化调整其员工的"质"和"量"的能力。

（二）人力资源柔性的类型划分

尽管在已有的研究中，人力资源柔性的类型划分未能得出统一的结论，但随着学者们对人力资源柔性研究的不断深入和拓展，人力资源柔性的分类也更加细致和具体。艾金森提出柔性公司模型，最早将人力资源柔性分为功能柔性（functional flexibility）、数量柔性（numerical flexibility）和财务柔性（financial flexibility）。

尔后，艾金森（1987）进一步修订了柔性公司模型，对人力资源柔性的类型划分也做了修改和补充，细分为功能柔性、数量柔性、薪酬柔性和距离柔性，构建了基本的类型分析框架。此后，学者们以此为基础对人力资源柔性的类型划分进行了深入研究，出现诸多的人力资源柔性类型。

艾金森提出四种人力资源柔性分别是功能柔性、数量柔性、财务或薪酬柔性、距离柔性。（1）功能柔性指的是快速而平稳地在各种活动和任务之间调配员工，这可能意味着多种技能的员工在不同职位之间进行配置，或是在直接工作和间接工作间的移动，或是类似于从国际象棋师到技术销售人员这样职业生涯的彻底改变。功能柔性暗含了随着生产和产品市场的变化，相应的员工队伍短期或中期变化。（2）数量柔性是指与组织短期需求变化相一致的员工总人数迅速且容易地变化。这可能意味着雇用和解雇更容易实施，雇用也让位于员工和管理者之间松散的契约关系，最终达到任何时候雇用人员的数量都能与需求的数量准确匹配。（3）财务柔性或薪酬柔性是指与前面两种柔性相对应的新的组织薪酬体系。一方面体现出员工群体（如熟练员工和不熟练员工）之间薪酬的相对性与差异性；另一方面，从长远来看，组织的薪酬构成体现着对功能柔性或数量柔性的支持与鼓励程度。（4）距离柔性（distancing flexibility）是组织将企业的部分业务或职能分包给外部的代理公司，用商业契约来替代永久的工作契约，通过距离来为组织服务，保证组织的经营运作。

也有学者将人力资源柔性分为内部柔性（internal flexibility）和外部柔性（external flexibility）。[①]（1）内部柔性与功能柔性的含义相似，是指组织

---

① LOOSIE J C, VAN RIEMSDIJK M. Globalization and human resource management: the end of industrial relations? [C]. Developing competitiveness and social justice: the interplay between institutions and social partners, Congress Proceedings, 11th World Congress of IIRA, Bologna: 1998 (1): 167 – 178.

融合并开发员工的能力和技能，以便于员工能安排在组织中的其他职位或部门。可以通过招募具备较高技能和知识的员工或者通过持续的培训提升已有员工的能力两种方式得以实现。（2）外部柔性类似于数量柔性，关注改变拥有员工数量的能力，从而迅速有效地根据需求的变化调整工作量，提高组织的适应能力并降低劳动成本。

布莱顿和莫瑞斯（1992）在柔性公司模型的基础上，提出数量柔性、功能柔性、薪酬柔性（pay flexibility）和时间柔性（temporal flexibility）。（1）数量柔性指为了应对生产投入及产出的变化而带来的人员数量或种类需求的变化，快速地调配组织的人力资源，以适应这种需要。其主要目的是平衡组织的人力资源需求与现有员工的数量，以降低人力成本，而不会受到长期雇用承诺的限制。（2）功能柔性则是员工在组织中完成一定范围内的任务或工作时的适应性（adaptability）、流动性（mobility）或通用性（versatility）。功能柔性意味着员工对工作内容的变化或技术要求的改变能够及时做出响应，能够迅速地适应不同的工作任务。（3）薪酬柔性是指改变传统的薪酬体系，实现薪酬结构和内容的多样化。薪酬柔性意味着员工的薪酬支付是以外部环境变化为参考，以员工个人能力与绩效为基础，更好地体现出公平性，以激励员工更积极更有效地工作。（4）时间柔性指组织根据经营需要、业务发展或为满足员工个人工作生活需要而实施灵活的工作时间安排，通常会运用增加或缩短工作时间、改变工作时段与休假时间等途径来实现。

怀特和斯奈尔（1998）首先从战略人力资源管理的角度出发，将人力资源柔性构念概念化，定位为帮助组织保持和发展竞争优势的一种战略柔性，并划分出员工技能柔性、员工行为指令体系柔性和人力资源实践柔性三种类型，每种类型又分别包含资源柔性和协调柔性。（1）技能柔性。资源柔性是指技能被运用的潜在可能性的数量，协调柔性是指拥有不同技能的个体如何在价值链中被重新配置。（2）行为柔性。资源柔性表示员工能获得适应情境要求的足够宽泛的行为脚本的可能性，协调柔性则是确保在相同的情境中不同成员做出相同的反应。（3）人力资源实践柔性。资源柔性指的是人力资源实践在各种不同情境中被采纳和运用的程度，而协调柔性指的是人力资源实践如何快速地重新整合、配置和运用。

李帕克和竹内弘高等（Lepak，Takeuchi et al.，2003）借鉴战略柔性分类，将人力资源柔性分为资源柔性（resource flexibility）和协调柔性（coordination flexibility）。协调柔性指组织调整人员的总体数量和技能类型以满足生产和服务需求波动的能力，反映了组织重新配置、组合和运用资源链的能力，与艾金森（1987）所提出的功能柔性类似。而资源柔性类似于数量柔性，是指资源本身作为不同用途能运用到更多其他范围的程度，反映出现有员工完成宽泛范围任务的技能多样性。同时，资源柔性也反映了资源从一种用途到另一种用途转移的成本、难度以及所花费的时间。

国内学者朱晓辉和凌文辁（2005）则立足于"以人为本"的管理理念，认为人力资源柔性涵盖了四个方面的内容：领导授权和员工参与管理柔性，这是人力资源柔性的关键；柔性的工作设计；员工的培训与发展柔性以及激励柔性。李杰（2009）也提出，人力资源柔性可以分为人力资源工作环境的柔性、激励机制的柔性以及人力资源职业发展的柔性。

此外，也有学者给出其他的类型划分。研究者所依据的理论基础和研究目的不同，对人力资源柔性的分类也不尽相同。在"柔性公司"模型视角下，人力资源柔性类型的划分多基于人力资源具体实践的考量；战略人力资源管理则将人力资源柔性涵盖了人力资源实践在内的柔性系统；人本管理观念则拓宽了人力资源柔性的内涵，将其分类渗透到组织管理的更多方面。上述分类详见表 2 - 1。

鉴于本书人力资源柔性内涵的界定倾向，故以"柔性公司"模型视角下的分类为参考。通过上述人力资源柔性分类的研究回顾，可以看出，数量柔性和功能柔性是最基本的分类。[①] 薪酬柔性是从单纯以岗定薪转向以能力和绩效评价作为薪酬的基准，而能力和绩效的个体差异则恰恰是功能柔性在员工层面的直接产出，故可以看作是从功能柔性衍生出来的派生柔性。而时间柔性和距离柔性则可视作宽泛意义上数量柔性的具体表现形式。因此，结合研究主题，本书将重点探讨数量柔性与功能柔性这两种最基本也是最核心的人力资源柔性形式。

表 2 - 1　　　　　　　　　　人力资源柔性的类型划分

作者（年份）	类型	理论视角
艾金森（1984，1987）	功能柔性、数量柔性、薪酬柔性、距离柔性	"柔性公司"模型
路易斯等（1998）	内部柔性和外部柔性	
布莱顿和莫瑞斯（1991）	功能柔性、数量柔性、薪酬柔性、时间柔性	
雷利（Reily，1998）	数量柔性、功能柔性、财务柔性、时间柔性、地点柔性	
莫纳斯提瑞尔提斯（Monastiriotis，2002）	内部数量柔性、内部功能柔性、外部数量柔性、外部功能柔性	

———————————

① 在特定研究中人力资源的内部柔性与外部柔性的内涵，类似于功能柔性与数量柔性。

续表

作者（年份）	类型	理论视角
怀特和斯奈尔（1998）	技能柔性、行为柔性、人力资源实践柔性	战略人力资源管理
李帕克等（2003）	资源柔性和协调柔性	
贝尔特兰-马丁等（Bel-tran-Martin et al.，2008）	功能柔性、行为的可延展性和技能柔性	
凯特卡尔和赛特（Ketkar and Sett，2009）	柔性引致人力资源、柔性化人力资源	
聂会平（2009）	人力资本柔性、人力资源系统柔性	
朱晓辉，凌文轮（2005）	员工参与柔性、工作设计柔性、培训与发展柔性、激励柔性	人本管理
邵瑞银（2005）	柔性员工系统、柔性人力资源管理职能、柔性企业文化	
李杰（2009）	人力资源工作环境的柔性、激励机制柔性、人力资源职业发展的柔性	

资料来源：笔者根据相关文献整理。

（三）人力资源柔性的实施动因

学术界对人力资源柔性实施动因的研究基本趋于一致，普遍认同环境动态性——组织柔性化——人力资源柔性的发生逻辑，外部环境的动态变化是根本原因，通过组织结构的变化这一传导机制，诱发人力资源柔性。

艾金森（1984）指出，英国企业面临的最主要的压力来自四个方面。（1）市场萧条。当时世界经济不景气，英国陷入更加深入而持久的衰退，英国企业普遍缺乏在全球市场中全面有效竞争的能力，导致管理者不得不进行持久的劳动力成本缩减。（2）工作机会减少。事实上，所有英国公司不得不大幅地减少岗位，因为雇用在成本方面是昂贵的，和劳动关系一样让企业感到头痛。（3）不确定性。尽管当时英国国家财政乐观估计会以3%的速度增长，很多公司私下却对上升速度更为警觉，更重要的是不再依赖现有的增长。结果，这些公司便不再过多地投入雇用或投资中。（4）技术变革。技术变革的加速和不断降低的成本，意味着公司（尤其是其员工）需要在产品线或（和）生产方法方面做出快速响应。（5）工作时间。由于基本工作时间持续缩短，雇主们不得不更多地考虑如何最有效率地利用工作时间。这就导致雇主们普遍认为，只能通过非传统的方式重新安排工作时间。所有这些新的市场变化和现实，带来的结果便是，公司发现自身处于很大的压力之下，不得不寻求更为柔性的人员配备方式即人力资源柔性，来快速、便捷且低成本地应对变化。

也有英国学者指出，欧洲的研究报告表明，国内外经济环境变化引起的全球劳动力市场波动，加大了核心资源获得的不确定性，加快了科学技术的迅速变革等。面对由此带来的竞争压力，为了保持组织的核心竞争力，企业只能通过缩减成本、雇用外部员工、提升核心员工能力作为应对方式。由此可见，经济波动（衰退或上升）时期，组织的雇用需求会发生变化，人力资源柔性可以看作组织为应对此变化的缓解之道（Hakim，1998）。马尔托奇奥（Martocchio，2014）也认为在面临经济低迷时，为了应对压力、降低成本，企业一般会雇用各种形式的临时性外部人员、调整内部员工的工作时间等。也有学者通过对新加坡建筑行业雇主对劳动力市场柔性需求的调查，发现雇主普遍地更加依靠劳动力市场的外部员工来应对经营环境的不确定性。[①]

国内学者李艳萍和吴欢伟（2003）将人力资源柔性的动因分为外在和内在两方面。外在动因涵盖了技术发展和动态竞争环境带来的挑战，一方面使人力资源柔性成为企业的必然选择，另一方面也提供了实施柔性管理的可能性；内在动因则源于组织管理智力资本的要求，如管理知识型员工的必然选择；流程再造的实施也直指柔性，组织结构的变革也要求柔性化。

中国台湾学者柯志忠（2002）指出，组织考虑运用人力资源柔性策略，主要是由于所面临的外部竞争压力加大，组织为了降低人工成本、提高员工的工作绩效、增加企业的经营利润，希望通过这种策略来获取并维持组织的竞争优势。此外，经济发展缓慢，引发失业率的不断增加，组织的投资意愿也更加低落，这些都使得组织不得不采取柔性的人力资源措施。

（四）人力资源柔性的影响效应

人力资源柔性对组织的影响体现在多个层面。组织层面的影响主要涉及组织绩效、组织学习、创新能力等方面；员工层面的影响则具体到员工的工

---

① GEORGE O，YAW A D. Flexible management of workers：Review of employment practices in the construction industry in Singapore ［J］. Construction Management and Economics，1998，16（4）：397 – 408.

作绩效、工作投入、心理契约、离职率等方面。

1. 人力资源柔性对组织层面的影响

战略人力资源管理理论认为，人力资源柔性是组织的一种动态能力，有助于组织对外部经济环境变化迅速做出反应，进而为组织创造价值。因此，人力资源柔性对组织产出的影响首先体现在组织绩效方面，而且，人力资源柔性的不同维度或类型对组织绩效的影响不完全相同。米雷娅等（Mireia et al.，2000）认为，尽管学者们将人力资源柔性视为通过降低劳动力成本及更有效地利用人力资源来为组织带来财务上的成功，但是却缺少实证方面的验证来支持这一观点。作者将数量柔性分为兼职契约、临时或非正式契约、固定期限契约、分包契约、年工作时间数量五种不同类别，分别探讨了每种类别与组织财务绩效之间的关系。研究发现，只有临时契约这一种形式对企业财务绩效有显著影响，而其他四种则均未显示出与绩效有显著关系。不过，也有学者的研究支持了越高比例和广泛的临时雇用，销售增长越快的观点。

李帕克、竹内弘高和斯奈尔（Lepark，Takeuchi and Snell，2003）则分别探讨了四种不同雇用柔性（基于知识的雇用、基于工作的雇用、契约和联盟）和企业绩效的关系。其中，基于知识的雇用和契约两种方式的使用程度越高，企业绩效越好。

怀特和斯奈尔（1998）将人力资源柔性划分为员工的技能柔性、行为柔性和人力资源实践柔性三个维度。有学者分别检验了三个维度各自与组织绩效的潜在关系，结果发现，技能柔性、行为柔性和人力资源实践柔性仅仅与组织财务绩效这一个指标显著相关，而只有技能柔性有助于组织提高成本效率。[①]

有学者选择印度的 98 家制造企业和 103 家服务企业为样本，开发出一个多层次模型来探讨人力资源柔性与组织层面人力资源绩效、运营绩效和财务绩效之间的关系。研究结果表明，人力资源柔性的四个组成部分（技能柔性、行为柔性、柔性人力资源实践以及引致性人力资源实践）与企业的财务绩效、运营绩效及人力资源绩效均显著正相关。同时，人力资源绩效在人力资源柔性与运营绩效、财务绩效之间起中介作用。[②]

---

① BHATTACHARYA M，GIBSON D E，HAROLD DOTY D. The effects of flexibility in employee skills，employee behaviors，and human resource practices on firm performance [J]. Journal of Management，2005，31（4）：1 – 19.

② KETKAR S，SETT P K. HR flexibility and firm performance：analysis of a multi-level causal model [J]. The International Journal of Human Resource Management，2009，20（5）：1009 – 1038.

　　国内学者聂会平（2009）以制造业和生物制药两个行业的企业为样本，检验了人力资源柔性的两个构面（人力资本柔性和人力资源系统柔性）对企业绩效的正向影响。严丹和司徒君泉（2013）通过对珠三角企业的调查研究，分别检验了在动态环境下人力资源资源柔性与协调柔性对企业绩效的影响。实证结果发现，协调柔性显著正向影响企业的长期绩效和短期绩效，而资源柔性则仅仅对企业长期绩效有显著正向影响，对企业短期绩效没有显著影响。

　　除了组织绩效，人力资源柔性对组织的影响还体现在其他方面。有学者检验了人力资源柔性对创新绩效的影响，发现内部功能柔性与创新绩效正相关，外部数量柔性和外包与创新绩效负相关。也有学者分析了组织雇佣关系模式与功能柔性、组织学习的关系，并运用西班牙食品行业的公司数据检验了功能柔性正向影响组织的利用式学习。也有学者得出结论，认为功能柔性策略对探索式和开发式战略创业均有显著的促进作用，同时，技能柔性策略亦对探索式战略创业有显著促进作用。韩洋（2010）基于大连软件外包产业的调查检验了人力资源柔性各维度对软件外包承接能力的影响。

　　也有学者认为人力资源柔性对组织产出的影响不是直接的，他们试图揭示出二者之间的作用机制，打开这一关系之间的"黑箱"。有学者基于高科技公司的样本发现，柔性导向人力资源系统显著正向影响组织的潜在和现实吸收能力，潜在吸收能力又正向影响组织的市场响应能力和组织创新。组织吸收能力的中介作用得到验证。[①] 也有学者运用香港跨国公司的样本，验证了人力资源柔性（员工技能柔性、行为柔性和人力资源实践柔性）的三个维度中，员工行为柔性和人力资源实践柔性通过适应性文化正向影响人力资源绩效和市场绩效。国内学者梅胜军（2010）以战略创业和人力资源柔性理论为基础，以168家高科技企业为样本，检验了功能柔性和技能柔性通过战略创业的中介作用于企业绩效。

　　人力资源柔性对组织产出的影响是否受到其他因素的影响也引起学者们的关注。组织间合作关系调节功能柔性、数量柔性、外包与创新绩效的关系，这一结论在制造业和服务业的公司中得到验证。李帕克等（2003）的研究也发现，基于知识的雇用与企业绩效间的关系，以及基于工作的雇用与企业绩效间的关系，随着技术水平的高低而不同。米基和希恩（Michie and Sheehan，2005）运用来自制造业和服务业的数据发现组织战略在劳动力柔

① CHANG S, GONG Y P, WAY S et al. Flexibility-oriented HRM systems, absorptive capacity, and market responsiveness and firm innovativeness [J]. Journal of Management, 2013, 39 (7): 1924 – 1951.

性与人力资源绩效之间的调节效应，即对于追求创新或质量提升的公司而言，外部柔性劳动力的运用将降低人力资源的有效性。

此外，人力资源柔性的中介作用与调节作用亦不可忽视。不同学者分别探讨了不同变量的中介效应和调节效应。凯特卡尔和赛特（Ketkar and Sett，2010）的研究表明，人力资源柔性在环境动态性与组织绩效的关系中发挥中介作用。有学者通过分析 226 家西班牙公司数据，得出结论：高绩效工作系统通过人力资源柔性这一中介作用于组织绩效（Beltrán - Martín et al.，2008）。也有学者聚焦于临时性员工的使用对高绩效工作系统结果的影响。他们运用不同行业的 229 家英国公司进行了检验，结果发现临时雇用调节了高绩效工作系统和组织绩效的关系，临时性员工使用越多，高绩效工作系统的绩效越低（Stirpe et al.，2014）。人力资源柔性还被验证了调节采用远程办公的程度与公司绩效的关系：还有学者运用 156 家西班牙公司的数据检验了人力资源发展实践不仅与组织采用远程办公的程度正相关，并且调节远程办公与公司绩效的关系（Martínez - Sánchez et al.，2008）。

2. **人力资源柔性对员工层面的影响**

人力资源柔性不仅影响组织层面的产出，也影响组织中的员工个体。卡普利和纽马克（Cappelli and Neumark，2001）通过研究发现，在制造业中，组织内部柔性工作系统（即功能柔性）与自愿和非自愿离职负相关，临时员工的使用与非自愿离职正相关。正式员工和非正式员工的比例也会对员工关系产生影响，如员工与上级的关系、与同事的关系、帮助他人的意愿以及离开组织的意愿等。有学者基于多数－少数群体关系的理论，发现非正式员工的比例越高，正式员工与上级和同事的友好关系程度越低，离职率越高，工作中的帮助行为越少。[①] 当然，这也取决于员工在组织中的位置，非正式员工的类型、正式员工和非正式员工的接触数量与类型等。但是也有学者得出不一样的结论。普菲佛（Pfeifer，2005）分析了灵活雇用形式（固定期限合同和临时工作）的决定因素及其对常规雇用员工的工作安全和工作稳定性的影响。结果发现，临时雇用并未降低解雇和离职的数量。也有学者通过分析中国台湾大型制造企业数据，发现人力资源范式和实践显著影响组织的员工队伍柔性以及员工的适应能力（Huang and Cullen，2001）。杨睿（2013）以组织认同为中介变量，构建了人力资源柔性影响员工个人工作绩效的模型，结果表明，人力资源柔性中的功能柔性、时间柔性和薪酬柔性显

---

① BROSCHAK J P, DAVIS - BLAKE A. Mixing standard work and nonstandard work deals: The consequences of heterogeneity in employment arrangement [J]. Academy of Management Journal, 2006, 49 (2): 371 - 393.

著正向影响员工工作绩效，而数量柔性仅仅正向影响任务绩效。实证结果也支持了人力资源柔性通过组织认同的中介影响员工工作绩效的假设。

（五）小结

综上所述，人力资源柔性作为一种借助人力资源调节手段帮助组织及时、有效地适应由环境变化所引起的一系列调整的组织能力（Milliman et al.，1991），已经得到学术界和实践者们的广泛关注，涌现出诸多的理论研究与实践成果。不难看出，已有研究呈现出如下特点及发展趋势。

1. 研究视角趋于多样

学者们从不同的现实问题出发，立足于不同的理论基础来研究人力资源柔性，研究的视角亦各不相同，如"柔性公司"模型、战略人力资源管理、人本管理等。基于各自的研究视角，学者们进行了深入的探讨，贡献出富有洞见的学术研究。未来学者们还可能从不同的视角，或不从单一视角出发而是融合多个视角来研究人力资源柔性，如战略人力资源管理与组织行为学视角的结合。

2. 研究内容愈发丰富

就人力资源柔性类型的划分而言，"柔性公司"模型视角下从最初的数量柔性与功能柔性两个维度，到数量柔性、功能柔性、时间柔性和薪酬柔性四个维度；战略人力资源管理视角下从资源柔性与协调柔性两个维度，到技能柔性、行为柔性和人力资源实践柔性三个维度，再到加入柔性引致人力资源的四个维度，人力资源柔性的类型划分越来越细致丰富。就人力资源柔性对组织的影响而言，亦从单纯的财务绩效、销售收入，到运营绩效、人力资源绩效，再到组织学习、组织创新等，结果变量逐渐扩展，凸显出人力资源柔性对组织愈加重要。

3. 研究层次更为立体

目前对人力资源柔性的研究聚焦于组织层面的居多，逐渐开始延伸到团队和个体层面。从前文可以看出，团队和个体层面的研究还非常有限。值得欣喜的是，已有学者开始关注团队层面的人力资源柔性。有学者认为创业组织需要对新业务面临的不断变化的挑战做出反应，他们研究了创业团队中人力资源柔性和强连接的关系。[①] 结果显示，强连接既可以增强也可以减少人力资源柔性，这因拥有强连接成员的加入和离开而不同。目前对于个体层面的研究，多停留在对员工的离职、工作绩效等结果变量的直接影响上，其间

---

① ZOLIN R，KUCKERTZ A，KAUTONEN T. Human resource flexibility and strong ties in entrepreneurial teams [J]. Journal of Business Research, 2011, 64: 1097 – 1103.

的影响机制或作用过程仍需进一步深入挖掘。这亦成为本书的基本出发点。

第二节　工作塑造的相关研究

自瑞斯尼斯基和达顿（2001）提出工作塑造的概念以来，研究者围绕工作塑造的本质，在概念界定、内容方式、测量工具、影响因素、作用机制等方面进行了深入的探讨，取得了较为丰富的成果。本节将简要回顾工作塑造已有的研究，以期为本书理论模型的建构奠定理论基础。

一、工作塑造的内涵

（一）工作塑造的提出

工作塑造并非员工对工作做出的任意改变，而是以特定的工作设计为基础。可以认为，工作设计是工作塑造的前提和依据。工作设计描述的是职位、任务及角色如何被组织、制定和改进，以及这一过程对个体、群体及组织产出的影响。传统的工作设计理论中，工作设计的主导者是组织和管理人员，是一个自上而下（top-down）的过程，即组织为员工创造并设计职位，组织中的每个职位都有详细的职位说明书，严格规定了工作的内容、职责和完成方式等。同时，组织也依循此标准通过招募来甄选出与工作要求相匹配的个体从事相应的职位。在这一过程中，员工通常处于被动角色，难以参与到工作设计中，亦无法影响到所从事职位的内容。即使组织为了激发员工的内在工作动机、提高员工的主观幸福感而对工作特征做出改变，这一改变也更多是管理者在评估工作内容的基础上做出的。员工参与自身工作再设计亦仅限于给管理者提供工作目前属性的信息以供管理者参考。①

多年的管理实践也显示，传统的工作设计理论和方式的确有助于规范和洞察员工的工作行为（Ambrose and Kulik, 1999）。然而，在复杂多变的环境中，传统的工作设计显然很难适应当前组织和员工的需要：一方面，从工作设计理论出现到现在，工作本质已经发生了很大的变化（Grant and Parker, 2009；Rousseau, 1997）。例如，传统的职位说明书越来越难以适用于当前的工作要求，工作设计难度加大，组织希望员工能展现出更多的自发性行为，积极主动地对其从事的工作做出调整和改变；另一方面，员工也意识

---

① OLDHAM G R, HACKMAN J R. Not what it was and not what it will be: The future of job design research [J]. Journal of Organizational Behavior, 2010, 31 (2-3): 463-479.

到应经常性地改变工作或工作组织形式，希望组织提供的工作能够满足他们自身的偏好、价值观、动机以及能力等。① 例如，员工发现了一种更好的工作方式，但这种创新的方式却受制于组织现有的结构和体系，这时就需要工作设计方式的改变。一些学者认为，在工作过程中，组织不仅决定员工如何运用他们的时间和经验，而且应当让员工自己决定做些超出职位说明书之外的事情。正如库里克、奥尔德姆和哈克曼所述，工作再设计的另一种测量就是参与变革过程，在这一过程中员工主动决定为了满足自身需求和提升技能匹配性而在工作中做出哪些改变……随着时间流逝，这种自发的改变将被所有人接受，成为个体对组织贡献的一部分②。因此，未来工作设计的研究重点应更多地关注自下而上的工作再设计过程，即员工积极主动参与再设计的过程。

沿袭这一思路，瑞斯尼斯基和达顿（2001）提出，员工也可以拥有界定与完成工作任务的自由，工作边界、工作意义以及工作认同并不完全由组织正式的职位说明所规定。即使在既定的规范与体系中，员工仍然有机会去发挥自己的能力完成任务，使得工作更加匹配自己的兴趣、能力与动机，进而获得自己的工作意义及认同感。瑞斯尼斯基和达顿通过对医院清洁工的研究，开发出一个创新过程模型，展现出员工塑造、成型和重新界定他们的工作，以创造和获得工作意义和工作认同的过程，并将这一过程命名为"工作塑造"（job crafting）。

（二）工作塑造的内涵

2001 年，瑞斯尼斯基和达顿首次提出了工作塑造这一构念，并将其定义为"员工在其工作任务或关系边界中所做出的实体上和认知上的改变。"英文"craft"一词做动词意为精巧制作、加工制作，做名词则指工艺、手艺。作者使用"crafting"一词来描述工作塑造的过程，有两层含义，其一暗含员工亲自动手对工作进行"精雕细琢"，强调员工的主动参与性；其二，使用现在进行时的动词时态，凸显这一过程的即时性和持续性。工作塑造是一个持续创造和改进的过程，包括改变工作的任务边界、关系边界以及对工作的认知。也就是说，员工能够改变工作的界定和执行方式、改变他们工作中互动的频率与对象以及改变工作意义和重要性的认知。在现有中文文

---

① ROUSSEAU D M, HO V T, GREENBERG J. I – Deals: Idiosyncratic terms in employment relationships [J]. Academy of Management Review, 2006, 31: 977 – 994.

② KULIK C T, OLDHAM G R, HACKMAN J R. Work design as an approach to person-environment fit [J]. Journal of Vocational Behavior, 1987, 31: 278 – 296.

献中，job crafting 被翻译成工作形塑、工作重塑、工作雕琢以及工作塑造等不同的术语。结合以上对 crafting 一词的解析，本书认为"工作塑造"更贴近概念本身的内涵，故使用"工作塑造"一词。

有学者认为工作环境及其变化在员工工作塑造过程中发挥重要作用，将工作中个人塑造工作任务或工作关系的方式界定为工作塑造（Ghitulescu，2006）。贝尔格和达顿（Berg and Dutton，2008）提出，工作塑造是员工为了使工作与其自身的选择、动机和偏好相一致而主动发起的改变行为。莱昂斯（Lyons，2008）将工作塑造界定为员工工作行为中的变化或修改。也有学者认为工作塑造是以任务为导向的一种主动的个体行为，员工通过改变工作内容或关系边界来增加工作意义，满足个人需求或影响员工关系的其他方面（Homung et al.，2010）。

蒂姆斯和贝克尔（2012）试图突破对工作塑造具体内容的关注，寻找一种具有普适性的、更为通用的工作塑造方式。他们基于工作要求－资源模型将工作塑造界定为，员工为了使得工作要求和工作资源与个人的能力和需求相平衡而做出的改变。显然，作者将工作塑造的关注点放在了工作要求与工作资源的平衡方面，当个体感知到所面临的工作要求和所拥有的工作资源与其自身的偏好和能力不相匹配时，员工会采取三种方式来降低这种不匹配性：增加工作资源、增加挑战性的工作要求以及降低阻碍性工作要求。以此来提高人与工作的匹配程度，提高工作投入度和工作满意度，实现员工的个人成长与幸福。

也有学者认为工作塑造是员工每天都会发生的，而且具有动态性，每天的改变可能都不相同。同样基于工作要求－资源模型，作者将工作塑造界定为员工寻求资源、寻求挑战和降低要求的主动性行为（Petrou，2012）。

（三）工作塑造相关概念的比较

在工作塑造概念提出之前，早已有研究对员工在工作中积极主动塑造和调整工作任务、工作环境及雇用条件的行为进行理论关注和概念探讨，但与工作塑造的侧重点和表达方式有所不同。下文将对这些与工作塑造相关的概念进行评价与比较。

1. 工作设计

工作设计（job design）是指为了提高员工的工作效率，有效地实现组织目标，系统地组织、设计和描述工作行为的过程，这些行为可能发生在组织的某个或多个层面，如整个组织系统、流程、群体、岗位和任务等①，工作设计的主体是组织和管理者，是一种自上而下的过程（Appelbaum et al.，2000），员工在这一过程中更多是被动接受的角色，很少有主动参与，也较少能改变工作内容和任务完成方式等。

前文已指出，无论从学术意义还是实践意义上讲，工作设计均是工作塑造的前提或基础，但工作塑造行为与工作设计下的行为相比，最本质的区别在于：工作塑造是由员工自发而来的主动性行为，员工可以结合工作要求，根据自身的能力与需求对工作任务、关系等做出改变，以获得工作意义和工作认同，其本质上是一种自下而上的过程，这一过程中融入了更多员工个体的意愿和要求。

2. 角色创新

施恩（Schein，1971）认为当员工无法运用其目前的角色去解决所面临的问题时，他们将会尝试以创新的方式重新界定其角色，这就是角色创新（role innovation）。在这一过程中，通过改变角色承担的使命或实践，员工积极主动地重新界定其整个工作角色（Van Maanen and Schein，1979）。尼克尔森（Nicholson，1984）则将角色创新界定为员工主动发起的关于任务目标、方法、材料、时间安排，以及与任务绩效相关的人际关系等方面的变革。这些变革目的在于将角色要求与员工的需要、能力和认同相匹配。

工作塑造与角色创新有着某些相似之处，二者的动因都是员工在工作中做出行为以提升个体与工作的匹配程度，但角色创新更多将个体的行为限制在被动式的问题解决行为方面。相较而言，工作塑造一是更多强调员工对工作边界所做出的主动改变，二是强调通过工作塑造来改变他们的工作认同或工作意义。换言之，工作塑造强调对客体塑造的同时，也在进行着自身行为的改变，因此，其的内涵和范围更加宽泛。

另一个与工作塑造相似的概念是角色形成（role making）。格莱恩和斯堪杜拉（Graen and Scandura，1987）提出角色形成模型，认为角色形成是指一系列有计划的有序行为，包括最开始分享标准的工作要素，然后将任务中紧急出现的新要素加入工作和员工角色中，最后使这些紧急的任务要素成为正式角色规范和工作内容的组成部分。不难看出，角色形成过程多指计划内的行为。相对而言，工作塑造的过程则不是很固定，更多是指一些即兴的创造或行为改变。

---

① TORRACO R J. Work design theory：A review and critique with implications for human resource development ［J］. Human Resource Development Quarterly, 2005, 16（1）：85 – 109.

3. 个体主动性

弗雷斯等学者（Frese et al.，1996）首次提出个体主动性（personal initiative）或个体首创性的概念，将它界定为个体在工作中自发和积极主动地去实施的超出正式工作要求的行为的综合，并指出个体主动性行为有如下特点：与组织的使命相一致、具有长期目标、目标引导和行动导向、遇到困难能继续坚持、是自发的主动行为。

与工作塑造相类似，具有主动性的员工会重新界定工作，将角色外工作目标涵盖到现有工作目标中。但弗雷斯等（2007）又认为，个体主动性主要指向员工所遇到的工作和组织问题，侧重于强调问题解决的维度，是工作环境诱发出的员工主动性。莫里森和菲尔普斯（Morrison and Phelps，1999）也描述了"掌管（taking charge）"行为，认为员工能够通过个人的努力改进工作实践，提高在组织中的工作效率。

本书认为，上述两个概念主要是指员工为了应对当前的工作需要而采取的一种主动或积极的行为，在内涵和外延上与工作塑造的关注点还是有所不同。

4. 任务修正

当工作角色定位不清晰或工作实践出现错误时，反角色行为（counter-role behavior）可能对组织而言是有价值的。任务修正（task revision）便是一种反角色行为，斯托和伯特格尔（Staw and Boettger，1990）将它定义为，员工采取行动来矫正工作中错误的工作程序、不准确的工作描述或不正常的角色期望。他们认为当员工自己负责其工作职责，或发现有其他更合适的完成任务的方式时，会采取更多的任务修正行为。

当然，即使没有问题存在，对工作任务做出改变亦能强化工作的意义，对组织也是有价值的，这一点与工作塑造是相同的。所不同的是，任务修正的焦点仍是对问题的解决方式或工作流程的矫正。另外，值得注意的是，任务修正是对现有程序、规范和社会期望的一种抵制（Staw and Boettger，1990），在组织和管理者看来可能是不恰当的做法，因此在组织中发生的可能性会比较低。而工作塑造则可能发生在各种各样的工作中，也更为普遍。

与任务修正相似的还有学者们（Worline，Wrzesniewski and Rafaeli，2002）提出的"勇敢行为"（courageous behavior）概念，意指在存在风险的情境中，若组织成员有选择的自主性，在对风险进行评估之后，确认行动目标是有价值的，进而采取行为打破现有的工作规范、惯例、角色任务及脚本（script）等。

5. 特别协议

一些员工会与组织协商个性化的工作安排，如更加灵活的工作时间和更多的发展机会。这种雇主和雇员之间的特殊的个别的工作安排被称作特别协议①（idiosyncratic deals，有时也简称作 I - deals）。特别协议旨在使组织和员工都能获益，尤其对于员工而言，有利于其实现工作生活平衡以及个人发展。在这一过程中，员工需告诉组织他们的需要，并通过与组织的谈判来实现这些需要，因此，也是一种主动性的行为方式。② 但是，特别协议通常仅仅应用在少数员工身上，这些员工对组织而言有非常大的价值，组织通过给予其更多的灵活性和发展空间来留住他们。并非所有员工都有机会参与特别协议的协商过程。工作塑造则不然，每位员工均有机会实现工作的改变。特别协议需要与组织进行协商，工作塑造则是员工自发的个人行为。

6. 组织公民行为

有学者将组织公民行为（organizational citizenship behavior）界定为一种员工自由决定做出的行为（Organ，1988），这种行为不被组织正式的奖励体系所直接或明确认可，但是这些行为汇集起来却可以推动组织有效运行。所谓自由决定的行为，主要是指这种行为是员工个人的自发自愿行为，而不是职位描述所强制规定的内容，这类行为往往超出员工与组织的雇用契约中清晰明确规定的条款范围。组织公民行为主要包括帮助行为、运动员精神、组织忠诚、组织顺从、公民美德和自我发展七个维度（Podsakoff et al.，2000）。

组织公民行为与工作塑造的相同之处在于，二者都是一种自主自发的个体行为，与组织的正式报酬体系均无直接关系。一些工作塑造行为可能会被看作是组织公民行为。但组织公民行为的主要目标在于帮助组织中的其他成员或组织本身，该行为对组织发展是有利的，也是组织所支持和鼓励的。而工作塑造的目标则主要是员工为了重新认识自身对工作意义和工作认同，不完全是为了促进他人或组织更好的发展，无关对他人的影响，可能与组织发展目标不一致。

7. 建言行为

建言行为（voice behavior），是一种非组织要求的行为，强调组织成员表达建设性的、有挑战性的意见，目的在于改进和提升工作或组织现状，而不仅仅是批判。③ 建言行为包含了员工的主动性和非顺从的意愿，采取的形式可能是主动给组织提供更有效的建议。在动态的组织中，变革和创新观念

---

① idiosyncratic deals 也有学者翻译作个别协议、个性化契约，本书遵循英文原意，采用特别协议的译法。

② HORNUNG S，ROUSSEAU D M，GLASER J. Creating flexible work arrangements through idiosyncratic deals［J］. Journal of Applied Psychology，2008，93（3）：655 - 664.

③ VAN DYNE L，LEPINE J A. Helping and voice extra-role behaviors：evidence of construct and predictive validity［J］. Academy of Management Journal，1998，41（1）：108 - 119.

关乎组织的生存和发展,因此,建言对组织和管理者而言尤为重要。建言行为的出发点是为了组织的发展,结果可能对个体不一定有利,有时甚至可能会损害员工的个人利益,但对组织却是有益的,尤其是员工提出能够带来更好组织产出的变革建议时更是如此。而工作塑造行为的出发点则是员工个人的需要,甚至可能无关组织,所以结果对组织而言不一定是有价值的,但对个体而言却是有益的。这是二者的最大区别。此外,建言行为发生在员工之间或员工与上级之间,即建言行为有一定的指向对象,会涉及组织中成员间以及上下级间的关系,这种关系直接影响到建言行为的结果。而工作塑造则完全是员工个人行为,可能会涉及与同事、上下级、客户等的关系,没有具体特定的对象,而且这些关系的改变更多是为了员工自己更好地工作。这种关系与建言行为全然不同。当然,建言和工作塑造行为都是员工积极主动实施的行为,而且是员工自主自发的行为。

二、工作塑造的维度及测量

(一) 工作塑造的维度

学者们基于不同的标准将工作塑造划分成不同的类型或维度,如按塑造的内容、方式、导向以及主体的不同进行划分,如表 2 - 2 所示。

1. 依据工作塑造内容进行的划分

美国学者瑞斯尼斯基和达顿 (2001) 在提出工作塑造概念的同时,也研究了人们如何进行工作塑造,即工作塑造的具体内容。她们认为工作塑造包含改变工作的任务边界 (task boundaries)、关系边界 (relational boundaries) 以及工作认知 (cognitive boundaries) 三方面内容。任务维度是指员工在工作中改变任务的数量、范围、类型和完成工作的方式,如员工可以选择完成比正式工作规定的更少、更多或不同的任务来塑造一个不同的工作。关系维度意味着员工在工作中改变人际互动边界,如改善人际交往的质量或改变交往的对象数量。通常员工能够决定在工作中期望与他人互动的频繁程度,也能帮助他们决定这些互动的质量。通过对这些人际关系的程度与性质的改变来改变工作。认知维度指员工改变对工作的看法和认识。认知方面的改变有很多形式,如将工作看成独立的还是一个完整的部分,认知的不同将改变员工执行工作的方式。可以看出,工作塑造是对工作任务范围内的某一特定方面所做出的有针对性的、具体的改变,而不是对工作整体的重新设计。员工在工作塑造中可能只是对任务、关系和认知的某方面做出改变,也可能三方面都做出改变。三个维度既各自独立,又相互关联、相互影响。可以认为，瑞斯尼斯基和达顿（2001）对工作塑造任务、关系和认知三维结构的论述为以后的研究奠定了基础。

莱昂斯（2008）通过对 109 位销售人员的深度访谈，运用 Q 分类法（Q - sort method）归纳出五种工作塑造形式，分别是个人技能开发（personal skill development）、任务职责（task function）、关系改善（advancing relation-ships）、策略选择（tactics choices）和关系保持（maintaining relationships）。

表 2 - 2　　　　　　　　　　　工作塑造类型划分

划分依据	类型	来源
工作塑造内容	任务边界、关系边界、工作认知	瑞斯尼斯基和达顿（2001）
	个人技能开发、任务职责、改善关系、策略选择和保持关系	莱昂斯（2008）
	拓展工作基本职责之外的角色，调整自己的服务来满足客户的特殊偏好，谴责或避开令人不快的客户，选择有意义的工作环境	格兰特等（Grant et al.，2007）
	任务强调、工作扩展、角色重构	伯格、格兰特和约翰逊（Berg, Grant and Johnson，2010）
	任务塑造、关系塑造、认知塑造、环境塑造、资源塑造	科奥（2011）
	任务塑造（增加任务、强调任务、重新设计任务）、关系塑造（建立关系、重构关系、调整关系）、认知塑造（拓展认知、集中认知、联结认知）	伯格等（Berg et al.，2013）
	任务塑造、认知塑造、环境塑造	郑昉（2009）
	任务塑造、角色塑造、关系塑造、技能塑造和认知塑造	齐亚静和伍新春（2014）

续表

划分依据	类型	来源
工作塑造方式	增加工作资源、提升工作要求水平、降低工作要求	蒂姆斯和贝克尔（2010）
	增加结构性资源、增加社会性资源、增加挑战性工作要求、降低阻碍性工作要求	蒂姆斯等（2012）
	寻求资源、寻求挑战、降低要求	彼得鲁等（Petrou et al.，2012）
	增加挑战性工作要求、降低工作要求、增加社会工作资源、增加数量化的工作要求、降低阻碍性工作要求	尼尔森和阿伯盖德（Nielsen and Abildgaard，2012）
工作塑造导向	扩展导向的工作塑造、收缩导向的工作塑造	劳伦斯（Laurence，2010）
工作塑造主体	个体的工作塑造、合作式工作塑造	莉娜等（Leana et al.，2009）

资料来源：笔者根据相关文献整理。

格兰特①通过对牙医、发型师和私人健身教练等服务行业工作人员的研究发现，该类员工会积极塑造他们与客户的互动，以使自己感觉自己的工作有更大和更有意义的影响。作者也描述了服务行业员工所运用的四种主要的工作塑造方式：拓展工作基本职责之外的角色（如发型师将自己看作老师，教顾客护理头发的窍门）；调整自己的服务来满足客户的特殊偏好（如牙科医生通过向病人解释就医过程的细节并提前告诉病人将会面对的情形以缓解病人的担心）；谴责或避开令人不快的客户（如发型师拒绝为不受欢迎的客户服务）；选择有意义的工作环境（如私人健身教练在青少年管教中心授课）。

贝尔格、格兰特和约翰逊②通过对 31 位不同职业的员工进行访谈，研究了员工如何体验和追求职业召唤。结果显示员工通过工作塑造的方式来追求其职业召唤，并得到工作塑造的三种途径。（1）任务强调（task emphasi-

① GRANT A M, ALEXANDER K, GRIESBECK A et al. Crafting task significance in service work: Meaning-making through difference-making [Z]. Manuscript submitted for publication, University of Michigan, 2007.

② BERG J M, GRANT A M, JOHNSON V. When callings are calling: Crafting work and leisure in pursuit of unanswered occupational callings [J]. Organization Science, 2010, 21 (5): 973 - 994.

zing），通过两种方式来强调作为正式工作组成部分的任务，一是改变所分配任务的性质，二是在现有任务中投入更多的时间、精力以及注意力。（2）工作扩展（job expanding），即额外增加工作任务，一是承担短期或临时性任务，二是员工期望持续增加任务数量。（3）角色重构（role reframing），即改变员工对角色的感知，对工作职责传统社会目标赋予新的认知。

科奥①在其博士论文中识别出五种类型的工作塑造。（1）任务塑造，包括改变任务的范围或性质来改变现有的任务，或增加新的任务。（2）关系塑造，包括改变现有工作关系的程度或性质、建立新的关系、暂时或永久性地缩减现有的关系。（3）认知塑造，包括改变工作任务或关系的类型或本质的认知，或改变工作态度。（4）环境塑造，主要指改变工作环境或工作条件。（5）资源塑造，主要指员工采取行动改变工作的任务或关系边界以获取更多的工作资源、技能和知识。

贝尔格等学者②则在之前研究的基础上将任务、关系和认知三种类型进一步具体化，归纳出九种工作塑造类型。（1）任务塑造，包含三种类型：增加任务，即员工可以将他们发现的有意义的任务或项目加入他们现有的工作；强调任务，员工可以通过分配更多的时间、精力和注意力到他们认为有意义的工作任务中，以更好地完成这些任务；重新设计任务，当员工发现增加或强调任务都很困难时，可以寻找途径重新设计现有任务以使它们更有意义。（2）关系塑造，包括三种类型：建立关系，员工可以通过与他人建立关系来获得工作意义，这些关系能够给他们带来自豪、自尊以及价值感；重构关系，员工可以通过改变关系的本质来实现新的、更加有意义的目标；调整关系，员工可以在他人完成工作中的过程提供有价值的帮助和支持，通过这种方式来建立意义感，这种方式亦鼓励互相伸出援手和提供支持，从而增加了相互的信任和真正的关心，深化和巩固了高质量的人际关系。（3）认知塑造，包括三种类型：拓展认知，即员工通过拓宽他们对工作影响力或工作目的的感知来获得意义感；集中认知，员工可以将他们工作目的的认知聚焦于他们认为很重要或很有价值的那些具体的任务和关系上；联结认知，员工可以在他们认为有意义的利益、结果或身份与工作中某些特定的任务或关系之间建立连接。

---

① KO I. Crafting a job: creating optimal experiences at work [D]. Claremont, CA: The Claremont Graduate University, 2011.

② BERG J M, DUTTON J E, WRZESNIEWSKI A. Job crafting and meaningful work [M]. DIK B J, BYRNE Z S, STEGER M F. Purpose and meaning in the workplace. Washington DC: American Psychological Association, 2013: 81 – 104.

郑昉①综合运用文献研究、访谈和开放式问卷调查的方法，归纳出高校教师工作塑造的三个维度：任务塑造，如听有经验的教师讲课并向其学习等；认知塑造，如认为自己的工作很有意义并且非常重要等；环境塑造，如和上下级建立良好的关系等。齐亚静和伍新春②则以 23 名中小学教师为访谈对象，探索出教师工作塑造的内容：任务塑造、角色塑造、关系塑造、技能塑造和认知塑造。

可以看出，上述对工作塑造类型的划分都是基于瑞斯尼斯基和达顿（2001）的任务、关系和认知三种基本分类，无论是将基本分类进行具体化和深入化，还是在基本分类基础上衍生出其他维度，其着眼点都在于工作塑造的具体内容上，即关注"塑造了什么"的问题。

2. 依据工作塑造方式进行的划分

蒂姆斯和贝克尔（2010）另辟蹊径，从工作要求－资源模型（JD－R）的视角出发，认为员工会改变他们的工作要求和工作资源的水平以使得工作与其自身的能力和偏好相匹配。蒂姆斯和贝克尔提出，员工可能通过三种方式来塑造工作。（1）增加工作资源，拥有较多工作资源能够给员工带来积极的工作结果，如工作投入、工作承诺和客户满意度。员工可以通过增加工作资源以便更有能力轻松应对工作的要求。（2）提升工作要求水平。当员工感觉到工作给其提供发挥技能的机会不足时，可以通过一些方式增加工作挑战，如增加额外的任务，自愿加入有兴趣的项目团队，或主动为上级主管分担任务等。（3）降低工作要求。当员工认为工作要求超出其能力范围，便可以寻求途径降低工作要求以更好地完成任务和保持身心健康，如向同事请求帮助，减少与客户或同事的互动等。

在后来的研究中，蒂姆斯等学者③进一步将增加工作资源细分为增加结构性资源（increasing structural job resources）和增加社会性资源（increasing social job resources）。结构性工作资源指的是多样性（variety）、发展的机会（opportunity for development）以及自主性（autonomy）等，而社会性工作资源指的是社会支持（social support）、上级的指导（supervisory coaching）以及反馈（feedback）等。二者的区别还是很显而易见的，增加结构性工作资源对工作设计的影响更大，因为这涉及工作责任以及工作知识的增加；而增

---

① 郑昉. 高校教师工作形塑的实证研究［D］. 开封：河南大学，2009

② 齐亚静，伍新春. 工作重塑对教师工作投入和职业倦怠的影响：一项交叉滞后设计［C］. 中国心理学会. 第十七届全国心理学学术会议论文摘要集. 北京，2014.

③ TIMS M，BAKKER A B，DERKS D. Development and validation of the job crafting scale［J］. Journal of Vocational Behavior，2012，8：173－186.

加社会性资源则更多影响工作的社会关系方面和人际关系水平的满意程度。同时，作者也将另外两种方式更加具体和明确化，增加挑战性工作要求（increasing challenging job demands）和降低阻碍性工作要求（decreasing hindering job demands）。蒂姆斯和贝克尔（2010）的工作要求 – 资源模型分类法也得到学者们的广泛认同和引用。

不难看出，瑞斯尼斯基和达顿（2001）关注工作塑造内容的分类，着眼于员工塑造什么的问题，涉及任务、关系和认知三个维度，内容更为宽泛。而蒂姆斯和贝克尔（2010，2012）则更聚焦于员工的行为层面，关注员工如何进行工作塑造的问题，更强调员工在任务和关系方面的塑造。后一种划分方式虽然较少涉及认知方面，但更具有操作性和实践意义。

3. 依据工作塑造导向进行的划分

除了上述两大主要的分类方式之外，也有学者从其他角度对工作塑造进行类型划分。劳伦斯（2010）根据工作塑造的导向不同，将工作塑造划分为两种：（1）扩展导向的工作塑造（expansionl oriented），指增加工作任务、拓展人际关系等；（2）收缩导向的工作塑造（contraction oriented），主要是指减少工作任务、降低人际关系的复杂性等。

4. 依据工作塑造主体进行的划分

莉娜等[1]认为在非正式的员工群体中工作塑造也能自发地进行，强调群体中各种雇用方式或社会身份的成员共同决定如何改变工作以满足他们共同的目标。于是，从工作塑造的实施主体角度，区别于之前的员工个体的工作塑造（individual job crafting），提出另一种工作塑造的方式——合作式工作塑造（collaborative job crafting），强调群体互动与非正式员工参与。个体工作塑造和合作式工作塑造并非相互排斥的，事实上，员工可以同时参与到这两种塑造过程中。合作式工作塑造在组织中可能更常见，因为员工单独进行工作塑造可能会违背现有的规则和期望（Berg，2010）。

学者们关于工作塑造类型的上述探讨，进一步深化了对工作塑造的理解，为后续的实证研究奠定了基础，同时也提供了相应的理论支撑。本书将借鉴蒂姆斯和贝克尔（2010）的划分方法，从工作要求与工作资源平衡的角度出发，将工作塑造划分为增加工作资源、寻求工作挑战和降低工作要求三个核心维度。

---

① LEANA C，APPELBAUM E，SHEVCHUK I. Work process and quality of care in early childhood education：the role of job crafting［J］. Academy of Management Journal，2009，52（6）：1169 – 1192.

（二）工作塑造的测量

在工作塑造类型划分的基础上，研究者尝试将工作塑造的构念具体化，相继开发出具有可操作性的测量工具，以衡量工作塑造行为。工作塑造的测量工具主要有两大类型：一类是注重测量工作塑造的内容，另一类则聚焦于测量工作塑造的方式。

1. 偏重工作塑造内容的测量工具

有学者在其博士论文中尝试编制工作塑造量表，并运用它来探讨影响工作塑造的因素以及工作塑造对工作产出带来的影响（Ghitulescu，2006）。该量表基于瑞斯尼斯基和达顿（2010）关于工作塑造的界定和类型划分，从任务、关系和认知三个维度来测量工作塑造。任务塑造由管理者对员工在任务方面的主动性进行评价，包括任务定制（tailoring tasks、customizing tasks）和扩展任务（expanding tasks）两个方面的 17 个条目。关系塑造用一个问题来衡量，让员工回答在工作中与他人的互动频率①，包括互动的强度（strength of interaction）和互动的范围（range of interaction）。关系塑造的测量采用其他学者（Smith，Collins and Clark，2005）开发的公式计算得出，该公式用来衡量个体与他人互动中的知识网络。认知塑造则用哈克曼和奥尔德姆（Hackman and Oldham，1976）工作特征量表中的任务重要性（task significance）维度来测量。可以说，该工作塑造量表为以后的研究，尤其是实证研究奠定了良好的基础。当然，该量表也并非完美。正如蒂姆斯和贝克尔（2010）所指出的，工作塑造通常甚至是在管理者不知情的情况下发生的，由管理者来评价员工的任务塑造是否合适值得商榷。此外，这些测量并未明确告诉我们员工塑造的内容是什么，如条目中让员工回答与他人互动的频率，但这并不能代表员工实际上改变的工作中人际关系的数量。

莉娜等学者②以 62 家幼儿园的 232 名幼儿园工作者为研究对象，结合已有的文献和笔者前期的访谈与调研小组所获的信息，编制出适用于幼儿园工作者的工作塑造量表。该量表由 6 个条目构成，其中自行编制开发 2 个条目，4 个条目改编自莫里森和菲尔普斯（1999）和瑞斯尼斯基（Wrzesniewski，2003）的研究。该量表分为员工个人工作塑造和合作式工作塑造两个版本。前者要求员工回答他们自己单独参与的工作塑造行为，后者要求员工回答与其他同事共同参与的工作塑造行为。两个量表的内容一致，具体条目如

① 这些互动不是正式工作职责的部分。

② LEANA C，APPELBAUM E，SHEVCHUK I. Work process and quality of care in early childhood education: the role of job crafting [J]. Academy of Management Journal，2009，52（6）：1169–1192.

"您经常自己（与同事一起）在教室中引入新的教学方法以提高工作水平吗？"合作式工作塑造量表的开发为研究员工群体参与工作塑造过程提供了可能。

上述两项研究限定于特定的行业，前者关注制造业员工，后者则以教师为研究对象，因此所开发的量表中包含的条目是针对这两个职业群体的，对实证研究而言，该量表推广到其他群体中不一定适用。

2. 聚焦于工作塑造方式的测量工具

基于内容测量工具的局限性，蒂姆斯等致力于开发出更加通用的工作塑造量表，以适用于不同职业的人员，更好地对员工塑造行为进行量化和实证研究。基于工作要求－资源模型及之前所述的概念界定和维度划分，蒂姆斯等编制了工作塑造量表（job crafting scale，JCS）[1]。该量表由 4 个维度构成：降低阻碍性工作要求（包括"我得确保我的工作精神压力较小"等 6 个条目）、增加结构性资源（包括"我尝试去发展我的能力"等 5 个条目）、增加社会性工作资源（包括"我邀请我的上级来指导我"等 5 个条目）及增加挑战性工作要求（包括"当我感兴趣的项目出现时，我会毛遂自荐成为项目的参与者"等 5 个条目）共 21 个条目。该量表具有良好的信度和效度，并被研究者大量引用到实证研究中来，为工作塑造的量化和实证研究提供了依据和指导。

有学者（Petrou，2012）将工作塑造放入具体的工作情境中，关注员工每天塑造他们工作时所作的具体内容。他们将蒂姆斯等（Tims et al.，2012）开发的量表进行了改编，最终形成一个包含三个维度、10 个条目的量表。该量表有两个版本，分别用于测量总体的工作塑造和每天的工作塑造。具体维度包括，增加资源［如"我（已经）向其他人寻求关于工作绩效的反馈"等 4 个条目］、寻求挑战［如"当我完成工作时我会（已经）要求更多任务"等 3 个条目］以及降低要求［如"我尽量（已经）使我的工作没太大压力"等 3 个条目］。[2] 该量表由于较为简洁，条目较少，为后续的实证研究广为运用。

尼尔森和阿伯盖德[3]提出，蓝领员工不好的工作环境和较低的幸福感使得工作塑造对他们而言更为重要。作者以蓝领工人为对象，运用纵向研究方

---

① TIMS M，BAKKER A B，DERKS D. Development and validation of the job crafting scale ［J］. Journal of Vocational Behavior，2012，80：173 – 186.

② 括号中的词汇是每天工作塑造量表中的表达。

③ NIELSEN K，ABILDGAARD J S. The development and validation of a job crafting measure for use with blue-collar workers ［J］. Work & Stress，2012，26（4）：365 – 384.

法，基于蒂姆斯、贝克尔和德克斯（Tims，Bakker and Derks，2012）的量表，开发出一套新的工作塑造量表。该量表包含 5 个维度，共 15 个条目。具体内容包括：（1）增加挑战性工作要求（如"我经常承担额外的任务，即使我不会因此收到额外收入"等 4 个条目）；（2）增加社会工作资源（如"我会向我的客户寻求工作绩效反馈"等 3 个条目）；（3）增加数量化的工作要求（如"当没有太多事情可做时，我会帮助我的同事"等 3 个条目）；（4）降低工作要求（如"我尽量避免与客户发生挑战情绪的情形"等 3 个条目）；（5）降低阻碍性工作要求（如"我确保我的工作承担最小压力"等 2 个条目）。

3. 综合性的测量工具

蒂姆斯等（2012）基于工作要求 – 资源模型开发的四维度量表，以及一些学者（Petrou et al.，2012；Hetland，2012；Nielsen and Abildgaard，2012）在此基础上改编而成的量表，较好地弥补了内容的局限，具有更好的普适性，适用各类员工。但是，这些量表的缺陷在于只涉及任务和关系的塑造，而将认知塑造排除在外。瑞斯尼斯基和达顿（2001）也提到，认知塑造是员工塑造工作体验的一种重要的方式，让员工意识到他们工作的更大作用以及工作在他们生命中的意义，对于员工而言尤为重要。基于此，有学者以瑞斯尼斯基和达顿（2001）的工作塑造三维结构为基础，借鉴莉娜等（2009）的个体工作塑造量表，编制了工作塑造量表（job crafting question-naire，JCQ），包括任务、关系和认知三个维度，共 15 个条目，每个维度由 5 个条目组成。任务维度如在工作中经常采用新方法来改进工作的程度，认知维度如经常思考工作带给你的生命意义，关系维度如努力在工作中与他人建立良好的关系。作者以澳大利亚大学、大型银行、金融公司和大型医疗保险公司的员工为样本进行实证检验，结果显示该量表具有良好的信度和效度（Slemp and Vella – Brodrick，2013）。

三、工作塑造的预测因素

学者们对工作塑造的预测因素也在不断地进行探索和研究，依据已有研究，预测因素主要可划分为员工个体、工作特征及组织情境三大类别。

（一）员工个体因素

工作塑造起源于员工的个体差异、改变工作的需要和兴趣。瑞斯尼斯基和达顿（2001）认为工作塑造的动机来源于三种个体需要。（1）确保对工作的控制权。控制权是人的基本需要。员工通过工作塑造实现对工作的控制或部分控制，改变工作的边界，避免产生工作疏离。（2）在工作中建立正面自我形象。人们通过构建正面的自我形象来进行自我提升，尤其是当员工所从事的工作很难建立正面自我形象时，员工改变自我形象的驱动力更强。（3）与他人建立联系以满足基本人际需要。通过与他人建立连接，人们可以更好地理解工作和生活的意义。

莱昂斯[①]在文献梳理的基础上发现 4 种个体特征与工作塑造相关：认知能力（cognitive ability）、感知到的控制（perceived control）、改变的意愿（readiness to change）以及自我形象（self-image）。通过 107 名销售人员的调查研究，发现了自我形象、感知到的控制和改变的意愿均与工作中的改变显著正相关。

研究者普遍将主动性人格（proactive personality）视作影响员工工作塑造重要的个性特征变量。具有主动性人格的个体会自发意识到环境改变，发现机会，并采取行动直到带来有意义的变革，因此他们更可能去改变工作中不利于个人目标实现的方面。蒂姆斯、贝克尔和德克斯（Bakker，Tims and Derks，2012）通过分析 95 对配对数据发现，具有主动性人格的员工最有可能调整其工作环境，塑造其工作，进而有较充分的工作投入和更好的工作绩效。魏新等（2018）提出，主动性较强的员工，更可能表现出工作塑造倾向。

自我效能感（self-efficacy）是影响工作塑造的又一个体特征。员工有较高自我效能意味着他们认为自己能够成功地做好某件事。员工若相信自己有能力完成特定任务或能够改变工作环境，对工作进行塑造的可能性越大。有学者（Challenger，Leach and Stride，2012）的研究发现，通过提升员工的自我效能，可以激励员工塑造他们的工作。蔡欣芸以高科技企业的主管和下属为研究对象，探讨自我效能在不当督导与工作塑造、寻求反馈之间的中介作用，发现自我效能对工作塑造有显著正向影响。蒂姆斯、贝克尔和德克斯（2014）也发现，自我效能感强的员工更可能进行工作塑造。

调节聚焦（regulatory focus）可能与工作塑造有较高的相关性。调节聚焦有两种类型：一是促进聚焦（promotion focus），与个体的进步、成长和成就等相关联，如理想的自我调节（ideal self-regulation）；一是预防聚焦（prevention focus），与保障、安全和责任等相联系，如本应该的自我调节

---

　　① LYONS P. The crafting of jobs and individual differences [J]. Journal of Business and Psychology，2008，23：25 - 36.

(ought self-regulation)①。促进聚焦较高的个体对积极结果较为敏感，会以期望的积极结果来应对目前所处的情境（Higgins，1998）。因此，他们更有可能通过改变工作来获得满足感。有学者通过研究发现，促进聚焦与增加资源和挑战性要求正相关，而预防聚焦和降低阻碍性要求正相关（Hekkert - Koning，2015）。

瑞斯尼斯基和达顿（2001）提出，员工的工作导向（work orientations）也会影响工作塑造的动机，进而激励或阻碍工作塑造行为。工作导向意指人们对工作的看法，有工作导向（job）、职业生涯导向（career）和呼唤导向（calling）3 种。工作导向是人们改变工作的依据，它引发了人们去寻求改变工作任务和关系边界的各种不同的可能性，因此不同工作导向的个体在同样的工作中表现不同。职业生涯导向的员工更有可能进行工作塑造，如通过结识比自己有影响力的人并接受其帮助，参与那些对组织有利的活动中。莉娜等（2009）研究发现，员工的职业生涯导向与个体工作塑造行为显著正相关。

此外，还有研究探讨了创新风格与工作塑造的关系。林玉涵（2013）研究发现，相较于渐进式创新，突破式创新风格的幼儿园园长与教师表现出更多的任务和关系塑造，在认知方面也更善于发现机会及主动改变。在工作塑造遇到的挑战以及应对方式方面，两种创新风格的个体表现出很大差异。

（二）工作特征因素

员工在进行工作变革的过程中，工作本身的特征因素发挥非常重要的作用。

工作中的自由权限可能是预测工作塑造的重要因素，如自主性、任务的自由决定权（taskdiscretion）、感知到的控制、任务独立性（task independence）、任务互依性（task interdependence）等。

自主性是工作特征的一个重要维度，是指工作中员工的自由度，如员工制定工作日程、做出决策以及选择完成任务的方式等的自由度（Hackman and Oldham，1976）。当工作赋予员工较大的自主性时，员工会感知到其对工作有足够的控制力，这会促使员工主动学习新技能，积极寻求将自己的想法和愿望落实到工作中的途径，这强化了员工工作塑造的动机，增加了工作塑造的可能。徐长江等（2018）认为，员工通过学习，能够根据自身的实际工作情境，制订出一个更加适合且可行的工作塑造方案。

---

① CROWE E，HIGGINS T E. Regulatory focus and strategic inclinations：Promotion and prevention in decision-making ［J］. Organizational Behavior and Human Decision Processes，1997，69（2）：117 –132.

员工拥有更多的任务自由决定权则更有可能积极改变工作中人际关系（Ghitulescu，2006）。当员工各自独立完成任务的时候，更可能进行工作塑造，因为员工不必依赖于其他同事即可自行调整策略完成任务。因此，任务独立性程度越高，员工将有更多做出改变的自由，更有利于工作塑造（Tims and Bakker，2010）。

任务互依性主要指员工的工作与他人工作的相互依赖程度。当任务互依性程度较高时，员工对工作的支配和控制空间较小，同时也减少了创新工作方式的机会，员工也将更多精力投入与同事的沟通互动中，工作塑造的机会大大减少。莉娜等（2009）的研究也验证，拥有更多的工作自由权、任务之间较低的互依性，员工会有更多的工作塑造行为。

员工所从事工作中的任务复杂性（task complexity）本身也会影响工作塑造。工作任务越复杂，越要求员工增加知识、提升技能、积极创新以探索完成任务的方式。因此，个体会积极主动学习，与他人交流沟通，调整工作方法，以应对复杂的任务。有学者的研究发现，任务复杂性越高，员工越会积极地进行任务、关系以及认知方面的工作塑造（Ghitulescu，2006）。

组织中员工之间职位等级的差异也使得员工的工作塑造行为有所不同。贝尔格、瑞斯尼斯基和达顿（2010）指出，职位不同，员工在工作塑造中所遇到的挑战不同，相应的应对和调适方式亦不相同。职位高的员工工作塑造机会更多、范围更广、改变幅度更大，调适方式有自我消化、授权赋能、帮助他人等；而职位低的员工则通过寻求他人帮助、参加研习等方式来调适[①]。这一点在幼儿园工作者群体中亦得到验证，幼儿园教师比辅助人员表现出更多的工作塑造行为（Leana et al.，2009）。

（三）组织情境因素

人–环境匹配（person-environment fit）。人–环境匹配指的是个体和工作环境（目标、价值观等方面）的相容性，包括人–组织匹配（person-organization fit）、人–职匹配（person-job fit）、人–群体匹配（person-group fit）以及人–上级（person-supervisor fit）匹配[②]。当员工和组织、工作、同事及上级不匹配时，员工可能会进行各种工作塑造来提升匹配度。人与环境

---

① 林玉涵. 创意风格与工作塑造之研究——以幼儿园园长与教师为例［D］. 台北：政治大学，2013.

② KRISTOF - BROWN A L，ZIMMERMAN R D，JOHNSON E C. Consequences of individual's fit at work：A meta-analysis of person-job，person-organization，person-group，and person-supervisor fit［J］. Personnel Psychology，2005，58（2）：281 - 342.

的不匹配是员工进行工作塑造的诱发因素。有学者通过对 21 个行业的 83 名管理者的研究发现，当自主性需要和组织的供给不匹配时，研究对象通过提升个人能力和改善工作环境等自我开发途径来降低这种不匹配（Simmering et al.，2003）。科奥（2011）的研究也支持人与环境的匹配程度对工作塑造的负向影响。闫培林（2016）通过实证研究发现，当员工发现自己与所承担的工作匹配度不高时，会采取工作塑造行为提高其与工作的匹配度，进而获得更多的工作意义。

组织氛围是影响员工工作塑造的重要组织情境因素，如组织支持、心理安全感（psychological safety）。施恩和贝尼斯（Schein and Bennis，1965）指出，组织需要创造一个氛围，让员工有足够的心理安全感，进而鼓励员工主动进行工作变革。当员工在组织中感受到安全、舒适、不受威胁时，才有可能去大胆创新、尝试新事物，工作塑造也才有可能发生。祝晓霞等（2017）也提出，组织可以通过提升员工从组织获得的支持感来激发员工的工作塑造行为。

领导也对员工工作塑造产生影响。在某种程度上，管理者支持（supportive supervision）与否直接影响到员工工作塑造的机会大小。管理者可以通过各种方式为员工提供支持，鼓励他们积极塑造工作边界，如给员工进行积极的有价值的反馈、了解员工在工作中遇到的困难等。不同领导风格也会影响员工的工作塑造。辛迅（2017）通过实证研究发现，团队领导的工作塑造会对其成员的工作塑造产生显著的积极影响；且不同的领导方式即使工作塑造程度相同，对团队成员工作塑造的影响也不同。王弘钰等（2018）的跨层次研究结果表明，教练型领导对员工的工作塑造行为产生显著正向影响。田启涛（2018）的研究表明，服务型领导积极影响员工工作塑造行为。苏益楠等（2018）提出，授权型领导在认知塑造和关系塑造与离职意愿关系中发挥调节作用。领导成员交换也被验证会影响新员工工作塑造行为（胡巧婷等，2020）。

员工的工作塑造还受到组织成员间互动交流的影响，如工作中的社会关系、实践社群等。工作中的社会关系（social ties），即员工与他人的互动关系，是合作活动的基础（Weick，1979）。良好的社会关系有助于知识分享以及创新氛围的构建，为员工提供学习的机会（Caldwell and O'Reilly，2003）。而在实践社群（communities of practice）中，成员通过相互分享各自的工作经验而获得专业知识和技术的提升。[①] 通过互动交流，员工获得更

---

① Lave J，Wenger E. Situated learning：Legitimate peripheral participation ［M］. New York：University of Cambridge Press，1991.

多的知识、经验和支持，进而更可能去重新塑造工作。也有研究表明，与他人的互动能更好地预测工作塑造行为（Bunderson and Thompson，2009）。中国台湾学者吴昭怡①通过研究也发现，通过社群，有经验的出租车司机可以将对工作和自我认知的积极态度以及行为传递给新成员，进而激励新员工进行工作塑造。还有学者探讨了同事支持（coworker support）在员工工作塑造与工作投入间的关系（Shin et al.，2020）。

此外，组织变革呼唤更多的员工工作塑造行为。当组织进行变革时，员工可以通过多种方式来应对和接受变革，如主动寻求资源、改变工作任务、采用新的问题解决方式。在当今充满变化的环境中，工作塑造是应对不确定性的方式之一。有学者发现组织变革显著影响员工工作塑造行为，如新生产方式负向影响寻求挑战行为，而新客户则正向影响寻求资源和寻求挑战行为（Petrou et al.，2012）。

四、工作塑造的影响结果

工作塑造可能会给员工和组织带来的结果亦受到学者们的关注。工作塑造不仅影响员工的心理感受如工作意义和工作认同、幸福感等，也影响工作态度如工作投入度、工作满意度等，还影响到组织层面的产出，如组织承诺、工作绩效等。

工作意义和工作认同有助于回答员工进行工作塑造以及随着时间变化工作塑造如何有益于工作意义。因此，工作塑造对员工最直接和深远的影响就是构建工作意义和工作认同。瑞斯尼斯基和达顿（2001）就提出，工作塑造能够强化员工的工作意义，带来积极的工作认同。通过工作中的改变，员工可能以另一种方式来工作，创建新的工作目的，进而发现自身的价值和工作的意义。

工作塑造可能是员工寻求和获得工作意义感的一种方式。尹奎等（2016）的研究表明，任务复杂性较低时，工作塑造行为会让员工体会到更多的工作意义感。科奥（2011）运用日志的方式测量工程师的每日工作体验，发现员工在工作塑造过程中产生流体验，进而产生积极的情绪。工作塑造还能够激发员工的工作热情和积极情感（Slemp and Vella - Brodrick，2013）、工作享受（Tims，Bakker and Derks，2014）、增强员工的幸福感（Wrzesiewski，2012）。

工作塑造可能提升员工与环境的匹配，进而带来较高的工作满意度、更

---

① 吴昭怡. 从工作塑造看工作创新——以台湾大车队为例 [D]. 台北：政治大学，2009.

充分的工作投入。员工通过工作塑造可以使其知识、技能、能力和偏好与其工作更好地匹配。同时，工作塑造还让员工获得工作意义，也提升了人–职匹配。蒂姆斯和贝克尔（2010）认为工作塑造有利于提升人–职匹配。有学者的研究也表明，个体工作塑造和合作式工作塑造均有助于提高人–职匹配（Chen，Yen and Tsai，2014）。

工作塑造有助于提高员工的工作满意度（job satisfaction）。有学者调查了制造业组织中自我管理团队的工程师和学校的特殊教育教师，发现工作塑造提升了员工个体的工作满意度和承诺水平，同时提升了个体绩效，降低了离职率（Ghitulescu，2006）。郑昉（2009）的研究也表明，工作塑造正向影响工作满意度。个体参与合作式工作塑造也有利于提高个体的工作满意度（Leana，2009）。

工作投入（work engagement）也被学者们认为是工作塑造可能带来的结果。蒂姆斯、贝克尔和德克斯（2012）的实证研究结果表明，自我报告的工作塑造（增加社会性、结构性工作资源和增加挑战性工作需求）与同事评价的工作投入显著正相关。通过人–职匹配的中介作用，合作式工作塑造也能增加员工的工作投入，但个体工作塑造的预测效果更好[①]。胡巧婷等（2020）通过对新员工的研究发现，工作塑造会影响他们的工作投入。李辉和金辉（2020）的研究也证实，团队和个体层面的工作塑造均会积极影响员工的工作投入。

员工进行工作塑造对组织而言，最重要的是对工作产生的直接影响，如工作绩效、缺勤率等。通过工作塑造，员工将自己的能力、兴趣和偏好和工作更好地匹配，有利于发挥其主观能动性，更好地完成工作任务（Tims and Bakker，2010）。莉娜等（2009）的研究表明，参与合作式工作塑造的幼儿园教师，被外部评价者认为提供了较高的看护质量。蒂姆斯等（2013）也验证了团队层面的工作塑造通过工作投入的中介作用积极影响个体和团队工作绩效。有学者通过研究发现，寻求资源和增加挑战均有助于提高工作绩效，降低工作倦怠（Petrou，2015）。戈登（Gordon，2015）的研究显示，增加资源有利于提升创新绩效，而增加挑战则有利于提升关系绩效，降低工作要求有助于提升创新绩效却会阻碍工作绩效。杨勇等（2020）通过对300名服务员工的研究发现，工作塑造影响服务员工的服务导向。李辉和金辉（2020）发现，工作塑造通过影响员工工作投入进而影响到员工创新绩效。

工作塑造还可能增加员工的组织承诺（organization commitment）。有学

① CHEN C Y, YEN C H, TSAI F C. Job crafting and job engagement: The mediating role of person-job fit [J]. International Journal of Hospitality Management, 2014, 37: 21 – 28.

者通过研究发现，工作塑造的任务维度和认知维度与组织承诺显著正相关（Ghitu-lescu，2006）。莉娜等（2009）也发现，合作式工作塑造更能提升员工的组织承诺。

此外，工作塑造还可能影响到员工的可雇佣能力（employability）、持续工作能力、个人成就以及应对未来困境的能力（Grant et al.，2007）、员工职业技能（Akkermans et al.，2017）等。

值得一提的是，上述研究多关注工作塑造给员工和组织带来的积极影响，较少关注其消极的影响。有学者通过调查研究发现，降低工作要求不利于任务绩效和利他行为，寻找工作挑战和反生产行为正相关（Demerouti，Bakker and Halbesleben，2015）。工作塑造还可能给员工带来消极体验，如额外的压力和间歇性后悔等（Berg，Grant and Johnson，2008）。

五、群体工作塑造研究现状

（一）群体工作塑造的内涵

前文所述的工作塑造研究中，学者们都将工作塑造定位于员工个体的主动行为，强调员工个体的自发性。而奥尔（Orr，1996）的研究则表明，工作塑造亦可以是由非正式的员工群体所实施的合作行为，如实践社群，即群体成员共同决定如何改变工作以满足他们共同的目标。莉娜等（2009）在此基础上，从社会嵌入（social embeddedness）的视角创造性地提出合作式工作塑造（collaborative job crafting）的概念，即群体成员通过密切协作和沟通共同决定如何改变工作方式或工作内容。莉娜等认为，员工在群体中有共同经历，参与相似的工作过程，经常沟通和互动并进行知识分享，因此他们可能会共同协作塑造任务边界和工作实践。有学者进一步拓展了这一概念，认为合作式工作塑造可以看作为了促进员工个人工作资源的应用与开发，以及推动组织目标的达成而采取的塑造员工工作的组织实践（Kira，van Eijnatten and Balkin，2010）。后来学者对群体类工作塑造有不同的命名。蒂姆斯等（2013）直接称之为团队工作塑造（team job crafting），并基于工作要求-资源模型将其界定为团队成员共同努力增加结构性资源、社会性资源、挑战性要求和减少阻碍性工作要求，即团队成员基于工作资源和工作要求的平衡而进行的共同努力。有学者（Mäkikangas et al.，2016）将其命名为共享工作塑造（shared job crafting），也有学者（Luu，2017）称之为集体工作塑造（collective job crafting）。群体类工作塑造概念的提出进一步拓展了工作塑造研究的范畴，也丰富了工作塑造的内涵，为未来的研究奠定了基础。

(二) 群体工作塑造的测量

目前学者对群体工作塑造的内涵界定各不相同,相应开发的测量工具也有一定的差异。测量工具主要有单维度测量工具和多维度测量工具两大类。

1. 单维度测量

莉娜等 (2009) 学者创造性地提出合作式工作塑造的概念,并首次基于团队情境开发出相应的测量工具。该量表①是针对幼儿园教师群体所编制的,共包含 6 个条目,要求被调查者回答与其他同事共同参与的工作塑造行为,如"您经常与同事一起在教室中引入新的教学方法以提高工作水平吗?"此量表在该研究中被证明具有较好的信度和效度,也常被其他学者们修订后用于自己的研究中。麦克利兰 (McClelland et al. , 2014) 在其研究中对该量表进行了整合和补充,加入工作塑造对个体价值感和意义感的影响,重新提炼出合作式工作塑造量表,包含 3 个条目,如"在过去的 12 周,你的团队为了使工作更充实而做出哪些调整"。后来有学者在使用该量表进行合作式工作塑造测量时,对此量表中的部分表述进行了调整 (Chen et al. , 2014; Cheng et al. , 2016)。

2. 多维度测量

蒂姆斯等 (2013) 基于工作要求 - 资源模型,在个体工作塑造量表的基础上开发出团队工作塑造量表。该量表包含 4 个维度:增加结构性资源、增加社会性资源、增加挑战性工作要求和减少阻碍性工作要求,共 8 个条目,如"我们团队会主动向他人寻求建议"。该量表也被其他学者运用到相应的研究中 (Mäkikangas et al. , 2017; Luu, 2017)。也有学者开发出涵盖三个维度的量表,即增加结构性资源、增加社会性资源、增加挑战性工作要求,共 15 个条目,如"我主动询问他人获得关于自己工作绩效的反馈"(Mäkikangas et al. , 2016)。

(三) 群体工作塑造的预测变量、影响结果及作用机制

1. 群体工作塑造的预测变量

莉娜等 (2009) 提出合作式工作塑造的概念后,越来越多的学者开始进入群体层面工作塑造的研究。群体层面工作塑造可以看作一种独特的群体行为,非常有必要探讨它的来源,从组织的不同层面剖析其前因变量 (Kozlowski, 2015; Mäkikangas et al. , 2017; Rudolph et al. , 2017)。现有研究

---

① 该量表包括两个版本,分别针对幼儿园教师个体和群体,此处特指群体层面的测量,即合作式工作中塑造量表。

主要从工作特征、团队成员特征、团队气氛以及组织氛围等方面进行了
探讨。

莉娜等（2009）通过对幼儿园教师的研究发现，职业导向是驱动个体
进行合作式工作塑造的重要动机，团队成员的职业使命感越高，会促使团队
表现出越多的合作式工作塑造行为。工作自主性和任务互依性也会影响合作
式工作塑造行为，即，在工作自主性较高的团队中，其成员能够更主动地进
行集体决策和合作；任务互依性程度高，个体需要在团队合作方面投入更多
时间和精力，也更乐于参与合作性的协商和活动，表现出更多的合作式工作
塑造行为。此外，该研究还探讨了社会连接（social ties）对合作式工作塑
造的影响，即团队内部成员之间工作中的距离和人际关系的强弱不同，成员
进行合作式工作塑造的行为倾向也会有所不同。

还有学者（Mäkikangas，Bakker and Schaufeli，2017）运用日志研究方
法考察团队工作塑造的前因变量。研究结果表明，团队凝聚力、支持性氛
围、上级支持、组织资源等因素都会影响团队工作塑造。团队凝聚力促使员
工在团队合作中投入更多的时间和精力；团队支持性氛围越高，成员越敢于
共同迎接新的挑战，进而表现出更多的团队合作倾向；上级支持能够提高团
队成员的学习与合作能力，激发更多的合作式工作塑造行为；组织资源越充
足，团队成员进行越多合作，开展合作式工作塑造行为可能性越大。

2. 群体工作塑造的影响结果

莉娜等（2009）的研究发现，合作式工作塑造与个体工作满意度、工
作绩效等变量正相关，即合作工作塑造程度高，幼儿园教师老师的工作满意
度也高；通过合作式工作塑造，幼儿园教师能够有效地提高工作绩效。基拉
等（Kira et al.，2010）认为合作合作式工作塑造行为能够促进个体的持续
工作能力。蒂姆斯等（2013）研究了54个团队的团队工作塑造行为，结果
表明，团队工作塑造与团队成员的个体工作塑造行为、个体与团队的工作投
入、团队绩效正相关。麦克利兰等（McClelland et al.，2014）通过对242
个呼叫中心团队进行研究发现，团队工作塑造正向影响团队成员工作投入和
团队绩效。有学者进一步验证了团队工作重塑行为对个体的幸福感的积极影
响（Cheng et al.，2016）。还有学者（Luu，2017）的研究发现，团队工作
塑造还能够促进团队恢复绩效（team recovery performance）。

3. 群体工作塑造的作用机制

现有研究已经开始关注群体工作塑造对影响结果的过程机制，一方面探
讨群体工作塑造如何影响产出（中介效应），另一方面研究群体工作塑造与
结果变量间的关系（调节效应）。

　　学者对中介变量的探讨主要集中在工作投入、态度、需求和匹配等方面。麦克利兰等（2014）的研究表明，工作塑造通过团队成员的工作投入积极作用于工作绩效，这一点也在多层次研究中得到验证（Tims et al.，2013；Mäkikangas et al.，2016）。该研究还提出，团队工作塑造通过满足团队控制、互依性和团队工作效能感影响工作投入。有学者还发现，合作式工作塑造能够通过提高员工的工作满意度和组织承诺影响团队工作绩效（Cheng et al.，2016）。还有学者检验了团队工作塑造通过人－职匹配影响工作投入（Chen，Changhua and Tsai，2014）

　　目前对调节变量的关注尚少。有学者提出员工感知到的组织支持是团队工作塑造与结果变量间的重要因素（Cheng et al.，2016）。当感知到的组织支持程度较高时，成员会主动利用工作资源，积极克服工作困难，完成团队工作目标；相反，如果感知到的组织支持程度较低，成员更容易产生自我保护倾向，向困难妥协，产生退缩行为。也有学者发现，团队服务文化在团队工作塑造与工作投入间发挥调节作用（Luu，2017）。

　　综上所述，群体层面的工作塑造行为已经越来越引起学界的关注，但总体而言仍处于起步阶段，诸多问题尚待解决，为后续开展工作塑造研究留下了空间。

六、小结

　　综上所述，无论是个体层面还是群体层面，工作塑造均受到诸多因素的影响，同时也给组织带来一系列影响。个体层面的前因变量和结果变量归纳如图2－1所示。本书主要聚焦于个体层面的工作塑造。

　　通过对工作塑造已有文献的系统梳理，可以看出，工作塑造的本质聚焦于员工主动地对工作所做出的改变，其根本出发点是员工获得工作意义和工作认同，这种自下而上的工作设计理念，凸显出员工这一主体的主观能动性，是对传统的自上而下工作设计理论的一种突破和拓展。对于在工作塑造过程中员工可能有哪些具体表现，学者们则有不同观点，相应地，工作塑造的内容也被划分为多种类型，相应的测量工具也不断被开发出来，并运用到具体的实证研究中，这有利于更深刻地理解工作塑造的内涵，同时也为以后的研究奠定了基础。研究者们也从组织情境、工作本身以及员工个体差异等不同层面挖掘出影响工作塑造的各种因素，同时发现工作塑造给员工和组织带来积极的和消极的影响。

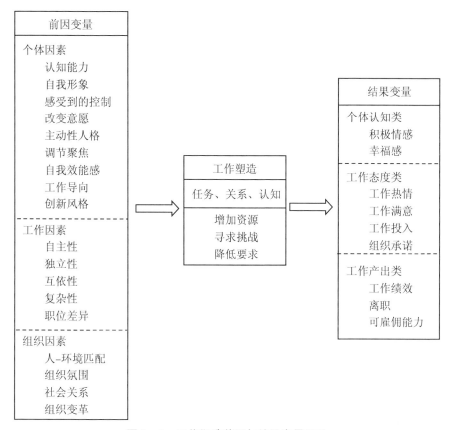

图 2-1　工作塑造前因与结果变量汇总

资料来源：笔者根据相关文献整理。

在已有研究的基础上，未来关于工作塑造的研究可以从以下几方面进一步深入展开。

（一）工作塑造的内容有待完善和丰富

瑞斯尼斯基和达顿（2001）提出的任务、关系和认知三维结构与蒂姆斯和贝克尔（2012）基于工作要求－资源模型提出的四维结构可以看作是工作塑造内容方面的两大代表性观点，后续研究多以其中一种为依据或基础。但是，这两种类型划分是否涵盖了工作塑造的所有内容？除了已有的研究之外，是否还有其他的类型存在呢？格兰特等（2014）认为员工创建自己的职位名称能够降低情绪耗竭、缓解压力、提高工作认同。这可能也是一种有效的工作塑造方式。工作塑造的其他方式还需深入挖掘。

（二）工作塑造的测量工具仍需不断开发

蒂姆斯等（2012）开发的工作塑造量表在目前实证的研究中使用最为

广泛。但是，正如作者所言，该量表仅关注工作塑造的任务和关系方面，而未涉及认知方面。其他量表多基于特定群体的访谈编码抽象而成，适用范围受到局限。这在很大程度上影响到实证研究的深入开展。因此，能够广泛涵盖工作塑造内容的、适用于各种类别员工的量表开发就显得尤为必要。

（三）工作塑造的研究方法亟须拓展

现有的研究多运用访谈、问卷调查和记录工作日志等方法来观察和测量员工的工作塑造行为。瑞斯尼斯基和达顿（2001）指出，工作塑造是一个过程。静态的、横截面的信息难以呈现工作塑造的动态性本质，寻求合适的方法来研究工作塑造的动态性将是未来研究面临的一大问题。未来可运用纵向追踪的方式来观察员工具体的改变工作行为，从中发现对员工及组织带来的影响。

（四）作用机制还可进一步深入挖掘

就影响因素而言，现有研究较多关注个体和工作特征方面的因素而较少涉及组织情境对工作塑造的影响。事实上，组织情境是员工工作行为的关键影响因素，如领导风格、组织文化、组织变革等都会影响员工在组织中的具体行为。就影响结果而言，目前研究侧重关注员工的心理感受或工作态度，而对工作绩效这一组织最为关心的变量则关注得相对较少。同时，研究多探讨工作塑造带来的积极影响，而对消极影响则研究不多。此外，边界条件即某种因素对工作塑造的影响是否受到其他因素的影响，亦需引起研究者关注。

（五）工作塑造研究还需情景化

目前对工作塑造的研究仍以西方学者所建立的理论框架和研究工具为基础。郑昉（2009）尝试将工作塑造运用到我国的高校教师群体中，并编制出相应的量表，之后也有一些学者开始了本土化的研究（周盛琳，2013；杨纯，2014）。尽管如此，相关研究仍屈指可数。深入探讨中国文化背景下的员工工作塑造的内涵及具体行为并开发相应的量表，尤其值得未来研究者关注。

总之，工作塑造的研究尽管起步较晚，也仅历经十多年的发展，但已引起学者们的广泛研究和探讨。在当前复杂多变的动态环境中，工作塑造对组织而言更为重要。未来，工作塑造仍是一个令人兴奋的研究主题。

第三节 理论基础与理论视角

如前文所述，工作塑造从本质上来看，是一种由员工为发起主体的自下而上的工作再设计过程或行为影响系统，其研究需要以多理论为基础，进行多视角的诠释。本书主要借鉴的基础理论有：工作设计与再设计的相关理论；工作要求－资源模型，该模型将与工作相关的因素分为工作要求和工作资源，简单的二分法为工作塑造内涵的界定与内容的划分提供理论支持；此外，ERG 需要理论提供了本书的切入点与影响因素选择依据，可以更好地诠释柔性工作情境影响员工工作塑造行为的作用机理。本节将简要回顾工作设计与再设计的相关理论、工作要求－资源模型以及 ERG 需要理论，旨在厘清理论发展的脉络，为工作塑造研究提供理论基础。

一、工作设计与再设计相关理论

（一）工作设计与工作再设计的内涵

工作设计是指系统地组织、设计和描述工作行为的过程，这些行为可能发生在组织的某个或多个层面，如整个组织系统、流程、群体、岗位和任务等，[①] 目的是提高员工的工作效率，有效地实现组织目标。组织的有效运行有赖于科学的工作设计。组织中的工作设计合理与否，关乎从事该工作的员工的个体感受，由此也影响到员工的行为表现以及工作绩效，进而影响到组织的整体绩效。

工作再设计是指重新设计员工的岗位职责、工作内容、工作完成方式等，以更加满足员工和组织的需要，提高员工的工作绩效。工作再设计以员工为中心，让员工参与工作设计的具体过程，可以对所从事岗位提出有针对性的改进意见和建议，参与工作再设计具体内容的编制。员工参与工作设计过程、体验到工作中的自主性，有利于提高工作满意度，进而激发员工的工作动机；同时，工作设计内容纳入员工的需求，使内容更加符合具体的实际情况，有利于工作的高效高质完成，进而推动组织绩效的提升。

---

① TORRACO R J. Work design theory：A review and critique with implications for human resource development［J］. Human Resource Development Quarterly，2005，16（1）：85－109.

(二) 工作设计与再设计理论回顾

随着社会经济环境的发展变化，工作设计理论也在不断深化创新，为具体实践提供更深入的指导。随着管理科学的发展和社会的不断进步，工作设计经历了由古典到现代的发展，也即从工作设计到工作再设计的飞跃，形成了相应的工作设计理论。古典工作设计理论形成于20世纪初的科学管理理论，下文将简要回顾主要的工作设计理论，厘清理论发展的脉络。

1. 科学管理理论

工作设计的思想可以追溯到斯密（Smith，1776）关于分工和专业化的论述。他提出，将工作分解为独立的、简单的任务可以提高工人的专业化水平，也可以使工人在完成工作时更加熟练和有效。通过任务分解，工人们不用在不同任务间来回转换，受到的干扰因素也减少，还可以掌握一些具体的更有针对性的方式来持续增加效率，由此带来额外的效率收益。关于劳动分工如何提高工作效率的研究奠定了工作设计理论的基础。

20世纪前期，泰勒（Taylor，1911）最先将分工这一思想系统地运用到工作设计中，并在20世纪40年代被广泛运用。泰勒提出的科学管理思想强调分工与效率，建立了专业化、系统化、标准化及简单化四个基本原则。根据工作的标准流程以及作业时间将工作细分为操作简单的若干个单元，让员工更加专注于自己的任务，同时简化员工培训，减少员工学习新技能的成本，让员工在短时间内迅速掌握技能并上岗。此外，还强调管理者的现场监督和控制。许多工厂常用的流水线式的工作设计就源于此。

科学管理思想指导下的工作设计将工作任务流程化和简单化，极大地提高了组织的生产效率。在大规模生产过程中，该方法备受企业推崇，广为应用。但简单化标准化的工作同样让员工觉得重复单调和枯燥乏味，过度细分的任务使员工无法意识到工作的整体性与重要性，员工的生产积极性和工作满意度大大降低。正如斯密（1776）所言，若一个人一生都做着一件重复且简单的工作，那么他就可能会变得愚蠢和无知。然而，尽管受到许多诟病，科学管理还是在很长时间成为工作设计的主流理论。

2. 行为科学理论

鉴于科学管理原理存在的弊端，学者们开始关注如何进行工作再设计，通过改进工作相关特征，设计更加符合员工个体特征的工作行为模式，满足员工更高层次的需要，以激发员工的内在动机，进而提升员工的工作满意度，逐渐形成行为科学理论。其中赫兹伯格的激励－保健理论和哈克曼和奥尔德姆的工作特征模型成为工作再设计主要的理论。

（1）激励－保健理论。

赫兹伯格（Herzberg，1959）等的激励－保健理论（又称双因素理论）关注的核心问题是工作如何激励员工行为。该理论区分了工作中的两类因素：一类是激励因素（motivators），意指工作所固有的、能够使员工感到满意和激励的因素，如认知、成就和成长等；一类是保健因素（hygiene factors），意指工作外部的因素、给员工带来不满意的因素，如薪酬、公司政策和工作环境等。根据双因素理论，工作中的激励因素和保健因素二者的本质和作用各不相同。只有改变工作中的激励因素才能提升员工的满意度和动机水平；保健因素的改变只能降低员工的不满意，但是不会影响他们的满意度和工作动机。因此，只有将激励因素纳入工作设计过程，才能激发员工的工作主动性和积极性，进而提升工作绩效。

赫兹伯格（1959）进一步提出工作丰富化的思想以激发员工的内在动机。工作丰富化指的是工作深度的增加，如增加工作内容和工作层次等，以此给予员工更多的工作自主选择权、独立性，增加员工的责任感，提升员工的工作满意度和成就感。工作设计的改变就是为了让工作丰富起来，不再单调枯燥。

双因素理论对激励和保健因素进行了区分，但是边界不太清晰，在实践过程中较难明确地将某一因素划到具体类别中；不同的员工对相同因素可能做出的反应不尽相同，而且工作设计的主体仍是管理者。尽管尚有不完善之处，但双因素理论简洁明了，贴近现实工作情境，在企业工作设计实践中广为采用。双因素理论代表了早期探讨工作内容如何影响员工的工作动机的研究，标志着工作丰富化研究的开始，由此奠定了现代工作设计理念的基础。

（2）工作特征理论。

鉴于双因素理论存在的不足，为将工作丰富化方法更加具体地运用到实践中，学者们开始研究工作特征如何与员工在工作中的反应相联系，逐渐形成工作特征理论。其中，哈克曼和奥尔德姆（1975，1976，1980）综合相关的研究，系统地提出工作特征模型（job characteristics model），成为这一理论的代表，也是目前最具影响力和最为广泛应用的模型。

工作特征模型认为，通过重新设计工作中可测量的核心特征，将工作丰富化，丰富化了的工作有助于改善员工的心理状态，进而提升工作绩效。具体而言，工作的核心特征涵盖技能多样性、任务完整性、任务重要性、工作自主性、工作反馈等5个维度。技能多样性（skill variety）是指工作需要不同类型活动的程度，以及由此决定的员工所应具备技能和能力的多样化程度。任务完整性（task identity）是指工作对全面完成一项完整任务的需求程度。任务重要性是指工作对员工的生活或工作的影响程度。工作自主性是指员工安排工作内容、确定工作计划时所享有的自由度、独立性及判断力。工作反馈是指员工在完成任务过程中，获得直接而明确的有关自己工作绩效的信息反馈的程度。员工的心理状态包括对工作意义的体验、对工作结果责任的体验、对工作结果的了解三种。

依据该模型，当一项工作技能多样性、任务完整性和任务重要性水平较高时，员工能体验到工作的意义；当工作自主性较高时，员工会感受到需要承担工作的责任；当有反馈时，员工能及时了解工作的结果。心理状态的满足有利于增强员工的内在工作动机，提升员工的工作满意度，提高工作绩效，降低离职率等。工作特征核心维度与工作产出的关系还会受到个体成长需要强度的影响。该模型还提出了具体的工作设计建议，包括将多项任务进行合并、形成基于工作完整性的自然任务单元、与客户建立关系、扩展纵向工作、反馈渠道的开辟等。

工作特征理论立足于工作本身的特征，从员工角度出发，依据员工的工作体验和心理状态来设计工作，以激励员工，提高绩效。该理论将员工的工作感受融入工作设计，将理论又向前推进一步。但该理论同样将员工视作工作设计结果的接受者和实践者，尽管广为应用，仍需在具体实践中进行完善和发展。

3. 社会技术系统理论

双因素理论和工作特征模型都从员工角度出发，或考虑影响员工工作满意度的因素，或聚焦工作特征本身，而未在工作设计过程中考虑整个组织，缺乏系统性。英国学者特里斯坦和班福思（Trist and Bamforth，1951）提出的社会技术系统理论（sociotechnical systems theory）则有助于弥补这一不足。该理论起源于对采用自治团队这种形式来完成任务的研究。该理论提出，组织是由社会系统和技术性系统两部分构成的。社会系统由彼此互动的个体和群体组成，技术系统则涉及组织运营所需要的知识、技能和技术等。社会系统和技术系统既各自独立，又密不可分，二者间的相互作用不仅影响技术的实施和适切性，也影响员工的工作行为。正是由于两个系统间的互依性，社会技术系统认为，只有当技术系统和社会系统相适配时，组织生产率和员工满意度才能达到最大化。

有学者探讨了如何根据社会技术系统的原则来进行工作设计。第一，工作设计的过程必须和目标相一致。例如，若工作设计的目标是提高员工的参与度和赋权，那么工作设计的过程就应当是参与性的，并且让主要的利益相关者参与进来。第二，需要识别出哪些任务和目标是必要的，这一点是必须要明确的。这样有助于提升应对无法预测环境的灵活性和能力。第三，给予员工在工作中足够的自主权或控制权，以便应对组织不可预知的事件。第四，员工应拥有多种职能，对边界任务有一定程度的控制权，有足够的信息来做决策。第五，从组织视角来看，组织系统应与所选择的工作设计方式相一致。例如，若采用团队方式，那么薪酬体系的设计就应当是基于团队绩效（Cherns，1978）。

社会技术系统理论最大的特点在于其系统性的思想，主张工作设计涉及组织中的整个系统，包括工作内容、工作环境、生产流程、生产技术等多方面内容，强调工作设计的整体性。同时，该理论提倡员工参与工作设计，较之前的理论是一大突破。社会技术系统理论在20世纪80年代成为工作再设计实践的主要指导理论，直至今日仍广为应用。

4. 社会信息处理理论

社会信息处理的理论模型由塞兰尼克和普菲佛（Salancik and Pfeffer，1978）所构建，该理论视角的基本前提是个体根据所处的社会情境以及过去和现在的行为来调整其态度、行为和信念。这就意味工作特征不是由组织设计的，而是个体从社会信息中构建而来的。该理论还指出，员工对于工作特征的感知以及对工作再设计做出的反应还受到外部工作特征的影响。

社会信息处理理论提出四个基本假设①。（1）个体所处的社会环境的某个维度可能用来描述工作环境特征。（2）社会环境可能会提供关于个体如何权衡各种维度的信息，比如自主权和技能多样性哪个更重要。（3）社会背景可以帮助我们了解其他人是如何评价工作环境的各个维度的。（4）社会情境可能直接给员工提供工作环境积极或消极的评价，让员工以此来构建一个理性的环境认知。因此，社会环境通过两种方式来影响个体。首先，帮助个体建构不确定的组织特点和事件的意义。这里强调的是广为社会所接受的观念和规范以及组织情境所能接受的行为方式。其次，社会环境通过特定的显性信息来直接引导个体，使其了解自身的行为及行为结果的社会期望。

该理论的意义在于，指出工作设计中不仅应考虑工作特征因素和员工个体的心理需要，更应当充分关注社会情境的作用。这一视角将工作设计放入更大的社会背景中，并且强调员工的信息处理和内在建构。但是，社会背景究竟在多大程度上影响员工的工作感知，尚无明确结论。

① PFEFFER J. Management as symbolic action: The creation and maintenance of organizational paradigms [C]. CUMMINGS L L, STAW B M. Research in organizational behavior, Greenwich CT: JAT press, 1981: 1-52.

（三）小结

如何设计工作以使人力资源效用达到最大化，进而帮助组织实现高绩效一直以来都是管理者关心的一个重要问题，也引发学者们不断研究和探索。社会经济的发展，不仅体现在企业工作设计实践不断的变化中，也反映在工作设计理论的演进过程中。由最初关注生产效率的古典设计理念，发展到关注员工内在需求的工作丰富化理论，再到将组织中的技术系统以及工作外部情境因素纳入工作设计的社会技术系统理论和社会信息处理理论，均反映了社会现实和企业实践的发展变化。

随着知识经济和服务经济的兴起，组织的成功与发展越来越依赖于满足消费者和顾客的需求。而这种需求的满足很大程度上取决于组织中员工的高效工作。设计良好的工作对员工而言有趣、有意义，并且具有激励性，更能吸引他们去完成任务。这些工作同时能够带给员工较高的满意度，进而使员工有较高的工作绩效，帮助组织实现经营目标。同时，随着员工个体意识的增强，他们参与工作设计的欲望也越强烈，甚至在工作范围内做出改变。因此，探究如何在工作设计中更大程度地发挥员工的积极性和主动性逐渐成为工作设计理论的核心问题之一。

工作再设计理论的一大转变在于一种新的工作再设计视角，即着眼于员工层面的工作设计，认为员工首先受雇于特定组织，接着便开始改变工作，以寻求工作与其能力和偏好之间的平衡。也就是说，员工开始依据自身的需要和偏好来"裁剪"工作以实现或强化员工的个人目标（如更好的人－职匹配、更高的幸福感、更少的工作－家庭冲突等），而不是被动地完成组织设计好的工作，这也是工作再设计的一大发展趋势。

在柔性工作情境下，工作内容、工作方式、工作流程和工作关系等方面均发生了新的变化，这对工作设计提出了新的要求，员工如何应对这一要求，将如何将员工的需要和诉求融入工作设计，如何塑造工作任务、工作环境和雇用条件等应引起管理者的关注，这也成为本书的主要目标。

二、工作要求－资源模型

工作要求－资源模型尽管发端于工作应激、职业健康和工作倦怠等研究领域，但由于其综合了多种工作特征，能够预测员工正反两面的结果变量，因而具有很强的应用灵活性和情境适应性，被广泛应用于各种组织情境的研究中。工作要求－资源模型将所有的工作特征划分为工作要求和工作资源，非常适合研究员工在工作设计中所做出的具体行为改变。学者蒂姆斯和贝克尔（2010）首次运用该模型来研究工作塑造，并开发出相应的测量工具。本部分将简要回顾工作要求－资源模型的提出背景、作用过程以及在工作塑造研究中的应用，为后续研究柔性工作情境中的工作塑造内容做好理论铺垫。

（一）工作要求－资源模型的内涵

工作要求－资源模型（job demand-resource model，JD－R）最早是由德默罗蒂等（Demerouti，2001）提出，主要是研究工作特征或工作条件对员工工作倦怠的影响。后经不断发展和完善，逐渐演变成一种通用的理论分析工具，用以解释组织中员工的工作状态。

工作要求－资源模型[①]认为，任何职业都内含特定的与工作压力相关的风险因素（risk factors），这些因素可以归纳为工作要求与工作资源两类，这两类因素几乎包含了所有工作情境中的各种工作特征。其中，工作要求是指与工作相关的身体、心理、社会或组织等方面的因素，这些因素要求员工付出持久的体力或心理上（即认知和情绪）的努力，因此与特定的生理或心理成本相关，如工作负荷、工作压力等。尽管工作要求不一定是消极的，但如果要求过高，需要员工付出极大努力才能达到；或者达到后又无法完全恢复精力，这时工作要求就成为应激源，导致员工产生失望、焦虑、倦怠等负面情绪。工作资源是指在身体、心理、社会或组织等方面的因素，能够减少和降低工作要求所需要付出的体力和心理成本、促进工作目标的实现，推动个人学习、成长和发展，如上级的支持、组织沟通等。[②] 可见，工作资源不仅能够缓冲工作要求带来的压力，同时，也能够给员工带来内在和外在激励，直接诱发员工的工作动机。从个体角度来看，工作资源可划分为内部资源和外部资源（Richter and Hacker，1998）。其中，外部资源包括组织资源和社会资源，组织资源涵盖工作自主性、决策参与、职业发展、工作安全、技能多样性等；社会资源则包括工作场所的上级和同事支持、团队氛围、家庭支持等。内部资源包括员工的认知因素和行为模式。工作资源能够提高员工的工作参与，带来较高的工作绩效，已经得到诸多研究的验证（Xanthopoulou et al.，2009）。

（二）工作要求－资源模型的理论基础

工作要求－控制模型、资源保存理论和付出－回报非均衡模型，为工作

---

① BAKKER A B，DEMEROUTI E. The job demands-resources model：state of the art［J］. Journal of Managerial Psychology，2007，22：309－328.

② DEMEROUTI E，BAKKER A B，NACHREINER F ET AL. The job demands-resources model of burnout［J］. Journal of Applied Psychology，2001，86（3）：499－512.

要求－资源模型的提出奠定了理论基础。

1. 工作要求－控制模型

工作要求－控制模型（job demand-control model，JDC）重点关注工作要求、工作控制和工作压力之间的关系问题（Karasek，1979）。该模型认为，工作特征的所有因素可以归纳为工作要求和工作控制。[①] 工作要求是指工作对员工的要求，包括工作负荷、工作难度、工作时间等，工作控制则指的是员工影响工作任务和行为的能力，如工作自主性等。工作要求与工作控制的不同组合会产生不同影响：高工作要求与低工作控制会导致压力产生，如焦虑、工作倦怠、工作不满意等；高工作要求与高工作控制则促进员工的学习与成长。约翰逊等（Johnson et al.，1989）在此基础上，形成工作要求－控制－支持模型（job demand-control-support model，JDCS）将员工的一种重要工作资源——社会支持加入模型之中，拓展了 JDC 模型。可以说，JDC 模型为 JD－R 模型形成的理论雏形，为其提供了基本的理论架构。

2. 资源保存理论

资源保存理论（conservation of resources theory，COR）主要描述资源在个体与社会环境之间的交互作用，从资源得失的角度来解释个体压力行为（Hobfoll，1989）。该理论假设，人们总是积极努力地争取、维护和保留他们认为非常宝贵的资源，同时，损失这些（潜在的或实际的）资源将给他们带来威胁。这里的资源，贺福（Hobfoll，1989）认为是那些"个体特征、条件、能力等个体觉得有价值的东西或是得到这些东西的方式"，包括工作自主性、职业发展机会、决策参与、社会支持、社会关系、积极人格等。该理论认为，拥有多种资源是获得其他资源、提高工作产出的重要因素，故拥有较多资源的个体更容易获得新资源，失去一项重要资源亦同时带来其他资源的丧失，由此形成资源的两个螺旋效应——增值螺旋（gain spiral）和丧失螺旋（loss spiral）。[②] 从工作要求资源角度来看，工作资源的增加和积累有利于员工获取新的资源，如工作投入、工作满意度等；而工作要求则会带来工作资源的丧失，如引起员工的工作倦怠、损害健康等。COR 理论为 JD－R 理论构建不同的作用机制提供了理论依据。

3. 付出－回报非均衡模型

付出－回报非均衡模型（effort-reward imbalance，ERI）从社会交换理

---

① KARASEK J R A. Job demands, job decision latitude, and mental strain: implications for job redesign [J]. Administrative Science Quarterly, 1979, 24 (2): 285 – 308.

② HOBFOLL S E. Conservation of resources: A new attempt atconceptualizing stress [J]. American Psychologist, 1989, 44 (3): 513 – 524.

论的视角来剖析工作压力的产生机制和作用机理，同时强调了工作中的付出与回报。[①] 该理论假设，工作中的付出与回报之间的相互关系影响个体在工作中的受益。[②] 该理论的基本观点是：人们在工作中所付出的时间和精力是需要通过物质、尊重和发展前景等方面的回报作为补偿的。倘若组织没有给予员工相应的这些回报，那么员工将会改变工作态度和行为，如缺勤、迟到、消极怠工、工作不满意等。付出与回报之间的不平衡，尤其是高付出低回报，往往会引起个体的持续压力，进而会在生理、心理、行为等方面出现问题。

ERI 的最初模型包含付出和回报两个要素，付出又分为外部付出和内部付出。后来，西格瑞斯特（Siegrist，1999）对模型进行了修订，新模型包含付出、过度投入和回报三个要素，付出（对应原模型中的外部付出）指的是员工在工作中的工作任务量、工作时间、工作责任等；过度投入（对应原模型中的内部付出）是指员工在工作中的情感投入等；回报是人们在工作中付出后的获得，包括物质（指人们在工作中的经济待遇）、尊重（在指在工作中上下级和同事等的态度）以及社会地位的控制（涵盖工作保障、发展前景、安全性等因素）三个方面。该模型假设：如果员工的付出与回报之间出现不平衡，那么会造成员工较大的压力；如果员工在工作中过度投入，也容易承受较大压力；过度投入会调节付出 – 回报与工作压力之间的关系，强化这一消极影响。该模型的均衡观点为 JD – R 模型中寻求工作要求 – 资源之间的平衡以及二者之间的交互作用提供了思路。

（三）工作要求 – 资源模型的作用过程

工作要求 – 资源模型提出，工作要求和工作资源对工作产出的影响会表现为两种不同却又相互关联的心理路径。[③]

工作要求的作用过程可以看作健康损害过程（health impairment process），即不良的工作设计、过高的工作要求等可能会消耗员工过多的生理和心理资源，进而带来精力耗竭和健康问题（Bakker et al.，2003）。根据霍克依（Hockey，1993）的观点，当员工面临工作要求增加时，会进行自我调整，投入补偿性的努力以维持绩效水平。可能的策略有两种，一种是疲

---

① MARMOT M, SIEGRIST J, THEORELL T et al. Health and the psychosocial environment at work [M] In M MARMOT, R G WILKINSON. Social determinants of health. Oxford：Oxford University Press，1999：105 – 131.

② SIEGRIST J. Adverse health effects of high-effort/low-reward conditions [J]. Journal of Occupational Health Psychology，1996，1：27 – 41.

③ BAKKER A B, DEMEROUTI E. The Job demands-resources model：state of the art [J]. Journal of Managerial Psychology，2007，22（3）：309 – 328.

劳应对，即个体增加投入，努力达到绩效目标，这一过程需要付出较大的体力和心理成本；另一种是消极应对，个体主观降低对绩效目标的认知，维持一定的生理和心理成本。

工作资源的作用过程可以看作激励过程（motivational process），即工作资源可以激发员工潜能，促进员工学习、发展与成长，进而实现工作绩效目标。工作资源发挥着内部激励和外部激励的双重作用，作用的发挥可以通过满足员工的内在需要、提供工作支持等方式实现。

工作要求与工作资源之间还存在交互作用（Demerouti et al. , 2001），工作资源对工作要求的健康损害过程有明显的调节作用，可以缓冲工作要求的负面影响，如减弱工作要求对工作倦怠、工作压力等的影响。贝克尔和德默罗蒂等（Bakker and Demerouti, 2007）认为，上级和同事的支持、压力产生的原因是否可知和可预测、压力的可控程度等工作资源因素，都有利于缓解工作要求的消极影响。此外，工作情境特征、个体特征也都能缓冲压力的损耗作用，尤其是在工作压力较大的情境中（Kahn and Byosiere, 1992）。

（四）工作要求－资源模型在工作塑造研究中的运用

工作要求－资源模型为工作塑造的研究提供了可供借鉴的思路。蒂姆斯和贝克尔（2010）[①] 首次将该模型运用到工作塑造研究中，他们认为，员工可以通过改变工作要求和工作资源的水平来匹配自己的能力与偏好，着眼于工作要求与工作资源之间的平衡，以及与员工自身的兴趣偏好的匹配程度。基于 JD－R 模型，笔者认为员工通常会采取三种方式来提升匹配程度：增加工作资源、增加挑战性工作要求、降低阻碍性工作要求。工作资源能够积极作用于工作产出，当员工所拥有的工作资源匮乏时，员工完成工作则可能存在主动困难，此时需要增加工作资源来应对困境；具有挑战性的工作要求能够激发员工的工作动机，实现工作目标，当员工的现有工作无法满足其能力发挥时，员工则会增加工作的挑战；较高的工作要求可能会损害员工的身心健康，若工作要求超出员工的能力范围，则员工可能降低要求，以求维护绩效水平。可以说，工作要求－资源模型很好地诠释了工作塑造的具体方式，使得工作塑造更具普适性，也为测量工具的开发提供了理论支持。

在后续的研究中，蒂姆斯和贝克尔（2012）不仅将工作塑造拓展至四个维度，将增加工作资源又分为增加结构性资源和增加社会性资源，而且开

[①] TIMS M, BAKKER A B. Job crafting: towards a new model of individual job redesign [J]. South African Journal of Industrial Psychology, 2010, 36 (2): 12 – 20.

发出涵盖四个维度的测量工具，并检验了其信度和效度，进一步拓展了工作塑造的实证研究。学者们也在此基础上相继开发出包含不同维度的工作塑造量表（Petrou et al.，2012；Nielsen and Abildgaard，2012），并运用量表检验了工作塑造与一系列相关变量的关系，如自我效能感、主动性人格、工作享受（Tims，Bakker and Derks，2012、2014）、工作热情和积极情感（Slemp and Vella-Brodrick，2013）、工作绩效、工作投入等。

工作要求-资源模型的运用，拓展和深化了工作塑造的相关研究，尤其是实证研究，这也使得未来工作塑造的纵向研究与比较研究成为可能。本书也将采用工作要求-资源模型来探讨柔性工作情境中的工作塑造内涵与行为，以期找寻出中国文化背景下柔性工作情境中更具普遍性的工作塑造内容。

三、ERG 需要理论

美国学者奥尔德佛（Alderfer，1969）将马斯洛需要层次理论（Maslow，1943）中的五种需要层次整合为三种核心需要，即生存需要（existence need）、关系需要（relatedness need）和成长需要（growth need），简称 ERG 理论。具体包括：（1）生存需要，这是人类最低层次的需要，指的是与人们的基本生存密切相关的各种需要，包括衣、食、住等基本物质需要，以及组织为员工所提供的用以满足这些需求的薪酬、福利、安全条件等手段。生存需要包括马斯洛需要层次理论中的生存和安全需要。（2）关系需要，这一需要处于 ERG 需要理论的中间层次。关系需要是指在生存与发展的过程中，人们与他人通过接触和交往建立联系、保持人际关系、受到尊重和认可的需要。关系需要对应于马斯洛所提出的社会交往需要和外在尊重需要。（3）成长需要，这是最高层次的需要，指的是人们希望得到自我发展和提高，充分发挥自己能力取得成功的需要。成长需要包括马斯洛所说的内在尊重需要和自我实现需要。

ERG 理论提出，（1）人的多种需要是可以同时存在的，并非只有一种；（2）倘若个体的某一高层次的需要无法得到满足，那么作为一种替代，他的较低层次的需要满足的愿望就会更为强烈，即呈现受挫-倒退性；（3）各层次的需要并非刚性，若个体的生存和关系需要尚未完全得到满足，他仍然可以将成长需要作为工作动机。马斯洛（1943）则认为人的需要是由低到高逐步提升的阶梯式满足，低层次的需要满足后才会追求高层次的需要，且较低层次和较高层次的满足不可逆。这也是 ERG 理论和马斯洛需要层次理论之间的不同之处。

人的需要是多样和多层次的，可以同时作为动机因素存在；但个体间的需要不尽相同，相互之间的关系复杂多变。不同的需求满足程度会导致员工产生不同的行为，管理者应通过采取切实有效的针对性措施来激励员工。因此，ERG 理论用来分析员工行为背后的深层次需要较为适切。在柔性工作情境中，员工的需要更会受到多种因素的影响并发生变化。本书将运用 ERG 理论来剖析柔性工作情境中员工的哪些需要受到影响，分析引发其工作塑造行为的发生原因。

第四节　理论模型构建

通过前文对柔性工作情境、相关理论基础以及工作塑造核心构念的回顾，结合第一章提出的研究问题，本书搭建情境驱动 - 需要（动机）- 认知（行为）- 工作产出的逻辑链条，在此基础上构建出本书的整体模型，如图 2 - 2 所示。

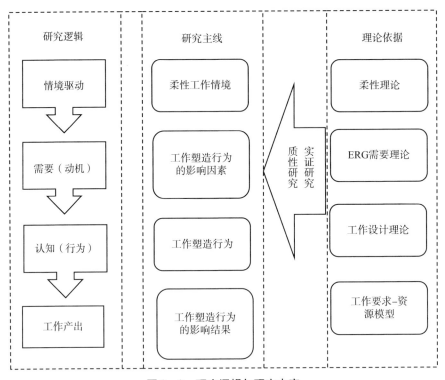

图 2 - 2　研究逻辑与研究内容

资料来源：笔者设计。

　　本书的核心问题在于探讨柔性工作情境中的员工工作塑造行为。围绕着该问题，依循图 2 - 2 的思路，本书主要从以下几个方面展开研究：首先，通过质性研究，以工作要求 - 资源模型为理论依据来挖掘柔性工作情境中员工工作塑造行为的内涵与维度；其次，以 ERG 理论为基础来剖析柔性工作情境中员工工作塑造行为的影响机制；最后，探讨柔性工作情境中员工工作塑造行为的作用机制。由此，形成本书第三章至第六章的内容。

第三章　员工工作塑造行为的质性研究

从第二章对工作塑造相关文献的梳理可以发现，工作塑造仍然是一个在概念、结构维度与测量上存有争议的学术领域，工作塑造与很多主客观环境因素、工作产出变量等的关系也处在探索性研究阶段。相对于国外研究来说，国内关于工作塑造的研究起步较晚，近年来国内学者在工作塑造这一领域已展开了大量的研究，并取得诸多研究成果。在柔性工作情境中，尤其是人力资源柔性背景下如何有效辨别员工对工作的认知、态度，以及在工作中表现出的变革、塑造等更为鲜明的个体主动性与个性化行为特质，仍需要更为深入和精细的基础性研究。为此，运用扎根理论等质性研究的方法，探索柔性工作情境下员工工作塑造行为的内涵及表征、前因与后效，显得尤为必要。

第一节　质性研究框架

一、质性研究的逻辑框架

在梳理工作塑造与质性研究方法等相关文献的基础上，结合本书研究的目标和客观需要，依据质性研究的一般逻辑，设计出如图 3 - 1 所示的质性研究框架。

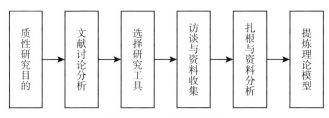

图 3 - 1　质性研究框架

资料来源：笔者整理。

本书质性研究的第一步是确定质性研究目的；第二步是围绕工作塑造主题进行相关文献的分析和讨论；第三步是选择质性研究的工具，包括深度访谈方法和扎根理论方法；第四步是确定访谈对象，开展访谈和收集文本资料；第五步是利用扎根理论方法整理分析文本资料；第六步是尝试提炼工作塑造的概念模型以及变量间关系的理论模型。

二、质性研究的目的

柔性工作情境作为组织柔性在工作场所的具体体现，涵盖结构柔性、过程柔性和人员柔性等。对员工而言，组织结构和过程柔性都会通过人力资源柔性传递给员工，人力资源柔性对员工的影响最为直接，本书主要关注柔性工作情境，尤其是人力资源柔性背景下的员工工作塑造行为。因此，本部分质性研究预期达成如下研究目的。

（1）识别工作塑造的概念内涵与结构维度。挖掘柔性背景下员工工作塑造行为的具体表征，更为准确地把握工作塑造的本质内涵。并借此修正工作塑造的测量工具。

（2）尝试挖掘柔性背景下员工工作塑造行为的前因变量与结果变量，了解工作塑造行为的触发机制与作用效应，为个人和组织对工作塑造行为进行有效管理提供借鉴。

（3）围绕工作塑造主题，初步搭建本书的概念框架。依据访谈资料和扎根理论编码流程，识别主概念与主范畴之间的因果及交互关系，初步搭建各概念间的逻辑连线，为本书第四章的实证理论模型提供依据。

三、文献讨论与分析

本书第二章文献综述已对工作塑造的概念、理论范式、结构维度、影响因素与作用结果等方面的研究做了述评，本章仅结合质性研究目的，就期望有所突破的几个方面的问题对现有文献做进一步的述评。

（一）柔性背景下工作塑造的内涵、结构和维度有待进一步识别

尽管学者们对工作塑造的本质有了基本共识，即工作塑造是员工主动性的工作改变行为，但在工作塑造的具体内容结构方面，出于不同的研究兴趣和研究主旨，或以清洁工、教师、医护人员等某类人员，或以泛工作群体为研究对象，提出了不同的研究洞见。例如，瑞斯尼斯基和达顿（2001）提出的任务、关系和认知三个维度的工作塑造；蒂姆斯和贝克尔（2010）提出增加工作资源、提升工作要求水平、降低工作要求三个方面的工作塑造；

蒂姆斯等（2012）进一步提出增加结构性资源、增加社会性资源、增加挑战性工作要求、降低阻碍性工作要求四个方面的工作塑造；劳伦斯（2010）则将员工工作塑造行为分为两类：扩展导向的工作塑造行为和收缩导向的工作塑造行为。莉娜等（2009）也另辟蹊径，归纳出两类工作塑造行为：个体工作塑造行为和合作式工作塑造行为。这些多元化的研究为理解和廓清工作塑造行为提供了坚实基础，同时，也揭示出工作塑造主题研究还有着深入探索的空间与必要。

显而易见，发生在工作场域的员工工作塑造行为必然受到工作环境的规制和调节。人力资源柔性配置与管理作为当下组织的一种常态化管理策略和实践，会直接或间接地对员工的工作塑造行为产生影响。然而，已有研究对此议题还鲜有涉足。本书聚焦于人力资源柔性背景下的员工工作塑造行为，首先需要通过质性研究的方法对工作塑造的内涵和外延进行勾勒和刻画，然后进一步总结和归纳工作塑造的构成维度。希望这类质性研究的探究过程期望能丰富工作塑造本身的概念内涵，这也是本书理论创新的体现。

（二）柔性背景下工作塑造与其他变量间的关系有待进一步挖掘

在动态竞争环境下，组织及工作场所层面的人力资源柔性研究涌现出诸多成果。代表性的成果包括艾克森（1984）的柔性公司模型、怀特和斯奈尔（1998）的战略人力资源柔性理论。据此，学者们区分了人力资源柔性的不同表征，主要包括艾克森（1984）提出的功能、数量、薪酬和距离柔性；路易斯（Looise et al.，1998）等提出的内部和外部柔性；布莱顿和莫瑞斯（1992）提出的数量、功能、薪酬和时间柔性；怀特和斯奈尔（1998）区分的员工技能柔性、员工行为指令体系柔性和人力资源实践柔性；李帕克等（Lepak et al.，2003）提出的资源柔性和协调柔性等。需要强调的是，不管何种类型的人力资源柔性，皆是组织为了适应竞争环境而对员工"质"与"量"进行的调整活动，这势必会影响到员工的工作心态和行为。

大量学者讨论了人力资源柔性对员工工作绩效、工作投入、心理契约、离职意愿和行为等的直接影响。还有一些学者（Chang et al.，2013）认为人力资源柔性对组织及员工产出的影响不是直接的，他们试图揭示人力资源柔性与产出之间的关系。但是这些探索，有些偏重组织结构层面，有些侧重单一职能的，还有些则关注员工个体层面的态度与行为，缺乏对工作场所层面或工作者个体行为层面的探讨。因此，讨论柔性工作情境中员工工作塑造的动因，以及员工塑造对工作产出的影响，既能丰富人力资源柔性的研究议题，也能拓展工作塑造研究的情境，推动工作塑造研究走向深化。

（三）以柔性为情境丰富工作塑造的理论架构

工作塑造是积极组织行为学研究的新兴领域，尚有诸多议题需要厘清。前文曾指出工作塑造需要考虑更多的情境因素，特别是工作塑造作为从西方发达国家引入的一个构念，它在中国情境下的内涵、边界条件、作用原理和机制还需要做深入的探究。当前我国越来越多的公司引入柔性战略和柔性管理手段，资源的柔性配置与管理已成为员工工作塑造行为的重要背景变量。通过质性研究，建构柔性条件下的工作塑造理论模型，既是对工作塑造理论的丰富，也为本书的实证检验模型提供理论基础。

四、研究工具的选择

本书主要利用深度访谈方法作为收集资料的工具，利用扎根理论方法进行资料的处理、分析以及理论建构。

（一）利用深度访谈法收集资料

质性研究收集资料的方法非常丰富，有访谈、观察、实物分析、口述史、叙事分析、历史法等，最常见的是前三种（陈向明，2000）。本书主要采用访谈法进行初始资料的收集。

（二）利用扎根理论方法分析资料

扎根理论（grounded theory）是非常重要的一类质性研究方法，其主要宗旨是基于经验资料来建立理论（Strauss，1987）。不同于量化的实证研究，扎根理论倾向于归纳的研究思路，主张直接从原始资料中进行经验概括、生成概念和形成理论。或者说，扎根理论是一种重要的探索性研究（exploring research）技术，适用于对柔性背景下员工工作塑造行为的概念挖掘，以及工作塑造与相关变量间关系的理论建构。

五、质性研究的信度和效度

库巴和林肯（Guba and Lincoln，1994）提出，质性研究的信度是指可重复性，效度是研究的可靠性、稳定性、一致性、可预测性、正确性。他们提出了一些提高质性研究信度和效度的方法。（1）提高原始资料的真实程度。例如，多元的资料来源渠道，多名研究者的观点一起讨论和比较等。（2）资料转化确保无误，对原始资料进行整理转化的时候要做到无损。（3）内在信度，即个人经验的重要性和唯一性。邓金（Denzin，1978）

提出了三角测定法，即多种来源收集资料，多种方法分析资料，在此基础上查看结果是否具有一致性。

本章质性研究在既有研究条件与可行性的基础上，采取了以下措施提高研究的信度和效度。（1）与访谈对象就研究目的、保密原则等进行充分沟通，呈递保密承诺书，以消除访谈对象的顾虑，让他们在放松的对话环境中直抒己见。（2）大部分访谈得到访谈对象的许可下做了全程录音，本书笔者对录音做了逐字稿的转化，初步做到了信息的无损。（3）研究者与导师和研究团队的两名成员共同参与了编码过程。

第二节　访谈与资料收集

访谈除了可以引出受访者对事物的一般描述，还能生成一些想法和观点。因为访谈过程提供了对生活某些方面开放、深入探究的契机，而受访者在谈及生活中的真切经验时，往往包含着有价值的见解。

一、访谈对象的选择

本部分质性研究旨在探讨柔性背景下员工工作塑造行为的表现、前因与后效，在访谈样本选择上，首先确定了企业范围——须是不同程度地采用了柔性实践的企业；其次，从确定的企业中选择不同职级和不同岗位的员工作为访谈对象。

访谈共有两轮。在第一轮访谈的时候，基于研究的便利性，主要在熟人网络（在企业工作的同学、朋友）中选择访谈对象。第二轮访谈的对象有两类，大部分是愿意继续接受第二次访谈的访谈对象，小部分是第一次访谈对象推荐的同事。访谈对象的具体情况如表 3－1 所示。

表 3－1　　　　　　　　　　访谈对象的基本信息

序号	访谈对象	学历	企业性质	职位	工作年限
1	王先生	本科	民营企业	人力资源经理	5
2	蔡先生	本科	国有企业	行政职员	2
3	丁先生	研究生	民营企业	培训讲师	6
4	江先生	本科	外资企业	工程师	12

续表

序号	访谈对象	学历	企业性质	职位	工作年限
5	李先生	研究生	国有企业	培训部职员	2
6	鲁女士	本科	民营企业	人力资源经理	11
7	马先生	本科	民营企业	人力资源总监	6
8	米先生	本科	国有企业	技术处职员	5
9	苗先生	本科	民营企业	销售主管	4
10	吴先生	本科	国有企业	工程师	8
11	向女士	研究生	国有企业	人事专员	3
12	徐女士	本科	民营企业	人事主管	5
13	李女士	本科	国有企业	项目管理专员	12
14	杨先生	本科	国有企业	人事专员	2
15	张先生	本科	国有企业	助理工程师	2
16	张先生	本科	国有企业	客服职员	1
17	牛女士	研究生	国有企业	财务职员	1
18	陈女士	本科	国有企业	客户经理	4

注：为保护受访者隐私，访谈对象一列仅列出受访者的姓氏。
资料来源：笔者根据样本信息整理。

二、访谈程序

整个访谈过程始于 2014 年 6 月，止于 2014 年 9 月。主要的访谈流程包括如下关键节点。

（一）访谈提纲的确定

访谈主要围绕事先拟定的访谈提纲展开问询。依据陈向明（2000）的观点，虽然开放型和半开放型访谈要求给受访者较大的表达自由，但是在访谈之前一般也应设计好一个访谈提纲。访谈提纲设计的好坏直接影响资料挖掘的深度。本书笔者和导师、研究团队成员围绕访谈提纲进行了数次修订，并根据前期尝试性访谈效果，修正和调整了访谈提纲的部分问题。

第一轮访谈主要围绕人力资源柔性的相关问题展开问询。访谈提纲依据本书第二章人力资源柔性研究综述展开设计，主要包含两类问题。一是询问访谈对象所在单位的员工数量柔性、功能柔性状况。例如，贵单位是否存在灵活的用工方式，如兼职人员、临时人员、派遣员工以及外包；贵单位是否存在柔性的管理方式，如工作扩大化、轮岗等。从而确认访谈对象所在单位是否开展了弹性的人力资源管理实践。二是询问柔性措施对其工作态度、行为的具体影响。详细的访谈提纲见本书附录 A。

第二轮访谈主要围绕工作塑造的相关问题展开问询。访谈提纲依据第二章工作塑造研究综述展开设计，主要包含工作塑造的表征、工作塑造的前因、工作塑造的结果三类问题。例如，您有过积极主动地改变您对工作的看法吗，若有，可以告诉我您是什么时候以及如何改变的吗？上述各项改变对您对于工作态度及工作绩效有影响吗？此外，考虑到少数访谈对象没有接受第一轮访谈，本书在访谈提纲中补充了柔性方面的一个问题，即"您单位采取的柔性管理措施对您工作中的改变有影响吗？如有，是如何影响的？"详细的访谈提纲见本书附录 A。

（二）访谈过程

在访谈前，访谈者交代了以下两个问题：（1）向对方简要介绍本书的研究目的和访谈流程；（2）询问对方是否愿意接受访谈。

在访谈过程中，访问者事先向每一位访谈对象申明保密原则，并向访谈对象呈递保密承诺书，以消除访谈对象的一些顾虑和潜意识防卫。多数访谈提纲的问题设计是半开放式的。同时，访问者依据受访者回答问题的具体情况，灵活调整提问的方式与内容。通过访谈，受访者的一些颇具价值的想法和观点得以在访谈中呈现。

（三）访谈形式

访谈形式有主要有面对面访谈、网络访谈、访谈对象的自我报告三种。其中，面对面访谈由 2 名研究人员组成访谈小组，彼此分工，一人主要负责提问，另一人主要负责记录和辅助提问。访谈小组会征询访谈对象的意见，询问是否可以录音。在受访者同意的前提下进行录音，之后再做录音的转录以及与文字记录的比对处理。网络访谈主要通过 QQ 聊天、微信语音的方式进行，主要由本书笔者本人对访谈对象进行提问，并对生成的网络聊天文本做信息处理。访谈对象的自我报告记录则主要是由于研究者与访谈对象时间冲突，因此由访谈对象按照访谈提纲逐项回答而形成的自我报告文本。

第三节　扎根理论的方法应用与资料分析

一、扎根理论方法

（一）扎根理论的要旨与适用情景

扎根理论包括一系列系统而又灵活的准则，这些准则指导着质性数据的收集和分析，并扎根在数据中建构理论。陈向明（1999）指出，扎根理论是一种从下往上建立实质理论的方法，即在系统地收集资料的基础上寻找反映社会现象的核心概念，然后通过这些概念之间的联系建构相关的理论，其关键即在于在经验证据的支持下提炼出新的概念和思想。

扎根理论在挖掘概念内涵与外延的时候尤为适用，[①] 这些概念包括已有文献所没有或较少提及的新概念，也包括成熟的但不能满足新阶段需要的过时概念。如前文所述，对工作塑造的研究在国内还处于起步阶段，而且在柔性工作情境下考量员工的工作塑造行为，其内涵和外延可能会有一些情境化的特征，因此，适合运用扎根理论方法进行质性研究。

（二）扎根理论的一般程序

扎根理论分析般包括产生研究问题、资料收集、资料分析、理论建构和文献回顾等研究程序，其操作流程如图 3－2 所示。

其中，研究问题的产生既可以源于客观事实的自然涌现，也可以源于对文献的思考；资料收集既包括通过观察、访谈、田野调查等收集一手资料，也包括通过文献研究收集二手资料；资料分析是对文本资料进行逐级编码的过程，包括开放性编码、主轴性编码和选择性编码三个环节；理论建构是将编码过程中形成的概念和范畴组织起来以建构理论；文献回顾是将初步构建的理论与已有文献进行反复比较，以发现和补充已有概念、范畴及理论的不足。

---

① 王璐，高鹏．扎根理论及其在管理学研究中的应用问题探讨［J］．外国经济与管理，2010，32（12）：10－18.

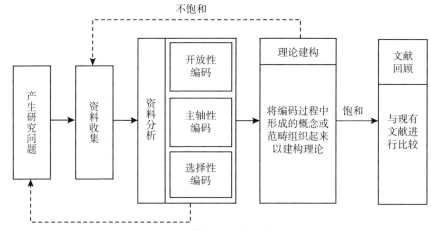

图3-2 扎根理论的操作流程

资料来源：丁鹏飞，迟考勋，孙大超. 管理创新研究中经典探索性研究方法的操作思路：案例研究与扎根理论研究［J］. 科技管理研究，2012（17）：229-232.

在上述流程中，资料分析是关键，资料分析一般可通过如下三个编码过程展开。

1. 开放性编码

开放性编码（open coding）是将收集的资料进行分解、比较、概念化和范畴化的过程。分解是对资料进行逐句或逐段地编码，比较是识别资料所反映的各类现象的异同，概念化是为现象贴上抽象的标签，范畴化是对提炼出的概念作聚类处理。在做概念化和范畴化处理时，可以直接采用资料中的原话，也可以使用已有的术语或自己的语言。

2. 主轴性编码

主轴性编码（axial coding）是建立范畴间关联的过程。斯特劳斯和科宾（Strauss and Corbin，1990）提出了一个用以做主轴性编码的典范模型（paradigm model），即所分析的现象及其原因、情境、中介条件、行动（互动）策略、结果之间所体现的逻辑关系。借助该模型，可以发现范畴间的关联，从而将各种范畴有机地联结在一起。

3. 选择性编码

选择性编码（selective coding）是利用核心范畴（core category）来组合资料的过程。该过程将核心范畴与其他范畴进行系统联结，通过条件、脉络等一系列关系来重新呈现范畴的关系脉络。并通过资料与正在成型的理论的互动来完善各个范畴及相互关系，从而建立起概念密实、充分发展的扎根理论的研究方法。①

（三）扎根理论中文献的利用

扎根理论研究中应何时进行文献评述，是个很有争议的话题。

古典的扎根理论学者（Glaser and Strauss，1967；Glaser，1978）建议把文献评述延迟到分析完成以后，有意延迟文献评述的目的是避免接受先入为主的观点，避免把这些观点强加在自己的研究中。格拉泽和施特劳斯强调扎根理论不是研究者对事先设定的假设进行逻辑推演，而是从资料入手进行归纳分析，只有从资料中产生的理论才具有生命力。在分析资料的过程中，他们不希望研究者通过以前的观点（特别是"已接受的理论"）来分析和处理数据。这是因为，初学者很容易被其他人的观点所迷惑，而已有建树的学者可能会沉迷于自己的观点，无论哪种情况，新老学者都会把他们的数据强行放入已有的类属中。② 所以，延迟文献评述有助于阐明研究者自己的观点。

但是，格拉泽和施特劳斯的观点随后发生分野。格拉泽坚持认为采用扎根理论的研究者能够而且应该使自己不受已有观点的影响。施特劳斯转而认可扎根理论的研究者在开始他们的研究之前都有着现在的生活和知识，认为"我们都要探究专业和学科文献中不可忽视的背景"③。他们各自拥有一些拥趸，并形成两种不同的扎根理论研究范式。本书采用施特劳斯等人提出的研究范式，在提取范畴和形成概念的过程中会与已有理论观点进行对话，一些概念和范畴会沿用已有的理论观点。

二、开放性编码与工作塑造行为的内涵及维度

（一）开放性编码的过程

开放性编码始于对原始数据的仔细研读。研究者对原始访谈资料进行逐句分析和做编码处理，开放性编码编号所代表的顺序是：受访者编号 – 访谈问题编号 – 回答内容句子的顺序。例如，5 – 2 – 1 表示编号为 5 的受访者对第 2 个问题（从您开始从事目前岗位到现在，工作中有做过什么改变吗？若有，是如何改变的？）的回答中的第 1 句话。

---

① 张敬伟. 扎根理论研究法在管理学研究中的应用［J］. 科技管理研究，2010（1）：235 – 237.

② ［英］卡麦兹著，边国英译. 建构扎根理论：质性研究实践指南［M］. 重庆：重庆大学出版社，2009：207 – 208.

③ STRAUSS A L，CORBIN J. Basics of qualitative research：Grounded theory procedures and techniques［M］. Newbury Park，CA：Sage，1990：48.

经过对开放性编码内容的反复比对和探讨，得到若干个频繁出现的初始代码即开放性编码形成的范畴，见表3-2、表3-3、表3-4。

表3-2　　　　　　　　　　开放性编码示例（柔性工作情境）

原始访谈资料	一级编码	二级编码	三级编码
【11-10-2】为了完成这个项目，单位用了一批临时性人员，这些人工作非常上心，我们单位承诺对表现突出的签长期合同，跟他们一比，我觉得自己在工作上的投入太少了，主要是动力不足，得多花点心思在工作上了	临时工积极的工作投入与自己形成对比	数量柔性引致工作动力	人力资源柔性对员工工作态度及行为的影响
【13-10-2】像我们单位也使用实习生，我也带过两个实习生。我觉得他们工作很规矩，也比较卖力，有时候我也从他们身上学到很多东西，甚至会有一些危机感。你不学一些新东西可能就跟不上形势了。不过我们单位实习生转正好像不怎么容易，大概就3:1的样子 【15-10-1】我们公司每年也会招一些实习生，大多都是做些基础性的工作，核心点、重要些的工作基本还是得正式员工来做，交给实习生不放心啊，但其实他们工作还挺认真的，平时和同事关系也挺融洽的，可能他们也想努力表现，争取留下来吧	实习生认真的工作态度给自己造成压力	数量柔性引致工作压力	
【12-10-1】有一些岗位会有少量临时工，尤其是业务量特别大的时候。有时候你会发现，这个临时工居然做得这么好，你会觉得好像别人抢了你饭碗。没办法，自己就只有拼了，你总不能还不如临时工吧，不然自己就成临时工了，呵呵	临时工的高绩效给自己带来危机感	数量柔性引致工作不安全感	

资料来源：笔者根据访谈资料整理。

表3-2、表3-3列出了从原始访谈资料中提取概念和形成范畴的过程，限于篇幅，仅列举了柔性工作情境、工作塑造两个主题的部分范畴名称及原始访谈资料。其中，人力资源柔性情境为三级编码，工作塑造为四级编码，主要由于工作塑造的文本资料非常丰富，信息量较大。该过程更多的信息请参阅本书附录B。

表 3 - 3 　　　　　　　　　　开放性编码示例（工作塑造）

原始访谈资料	一级编码	二级编码	三级编码	四级编码
【4 - 3 - 1】除了正常的工作职责外，会经常找一些非正式的内容以增加非正式的工作职责。一方面是增加自己专业方面的技能，另一方面也充实自己的生活 【2 - 3 - 1】经常会增加额外非正式的工作职责	增加非正式的工作职责	扩大职责		
【8 - 2 - 1】当领导交代完工作后，我会按照他的要求更细化地完成。比如说领导让分析 PVC（注：树脂粉，一种化工材料），它的下游产品最少三个，我会找到五个甚至更多来分析，并且（是）全方位的分析，例如它的价格、销售的行情、国际行情等	高质量完成任务	使工作更具挑战性	寻求工作挑战	
【16 - 2 - 1】（虽然）单位给我们制定了针对某些业务的标准话术，按着标准话术解答就行。但自己会觉得标准话术还是太啰唆，自己会根据自己（的）习惯进行精简，做到短而精	高效率完成任务			
【16 - 5 - 1】比如说某业务并不是××行业务，但自己有时候也会去做，去实践体验，自己熟悉了，以后遇到了也好解答	尝试了解新业务	引入新方法		工作塑造
【11 - 4 - 2】另外我建了一个我们系统的人力资源群，把所有权属公司的人都拉进来，这样布置工作就好办多了，而且很快就跟下属单位的人力熟悉了	利用信息化手段			
【10 - 5 - 1】我们是技术岗位，日常工作需要有理论知识做支撑，虽然手头上的活儿是一成不变的，但是其中遇到的理论问题却是需要不断学习的，所以我会在工作中带着问题去思考，工作之余再补充些专业知识的学习，以此来提升自己的业务水平	学习专业知识和提升技能	增加结构资源	增加工作资源	
【11 - 7 - 5】我觉得我的工作是很有价值的，会影响至少 100 个人，没有我，大家都别想发工资啦 【17 - 9 - 1】我认识到了工作的意义，所以也愿意以一种认真积极的态度去做	强调工作是重要的	增加心理资源		

表 3 – 4 开放编码的范畴与概念

编号	主范畴	概念
1	数量柔性	与组织短期需求变化相一致的员工总人数迅速且容易地增加或减少
2	功能柔性	快速而平稳地在各种活动和任务之间调配组织的员工
3	工作压力	因工作责任过大、负荷过重，或是工作改变等造成的个体心理紧张状态
4	工作动力	指的是一系列激发与工作绩效相关的行为，并决定这些行为的形式、方向、强度和持续时间的内部与外部力量
5	可雇佣能力	个体保持目前工作或获取自己理想的工作的能力
6	增加心理资源	在工作塑造过程中，进行积极的心理建设，强化工作的有利元素，弱化工作的不利元素
7	增加结构资源	在工作塑造过程中，增加那些有助于任务达成的资源
8	增加社会资源	在工作塑造过程中，进行社会资本的积累，强化同组织内外部相关群体的联系
9	扩大职责	在工作塑造过程中，主动承担更多的工作职责
10	使工作更具挑战性	在工作塑造过程中，寻求更高的工作标准
11	保持持续成长	在工作塑造过程中，强调自身的职业成长
12	引入新方法	在工作塑造过程中，引入新的工作方式或技术手段
13	减少职责	在工作塑造过程中，减少履责的范围和程度
14	降低工作预期	在工作塑造过程中，对工作元素报以更低的期望
15	保持人际距离	在工作塑造过程中，减少与人际交往对象的联系
16	忧患意识	对工作中可能的困难和危难抱有警觉
17	风险趋避	对工作中的潜在风险和危机予以回避
18	应对环境压力	减弱工作环境中的压力以保持放松和身心舒适
19	高组织认同	珍视组织成员身份，积极维护组织利益和声誉
20	工作投入	一种与工作相关的积极、饱满的情绪与认知状态

续表

编号	主范畴	概念
21	实现组织绩效	努力付出以促进组织绩效提升和达成组织目标
22	声望	个体在组织中被他人认可的程度
23	职位权力	在组织中担任某一职务而获得的权力
24	晋升空间	向更高职位升迁的可能性大小
25	工作自主性	个体自我感觉能够独立地控制自己工作的程度
26	任务常规性	较为固化的工作任务、工作流程及工作方法
27	外倾性	个体心理能量的活动倾向于外部环境或是自己的程度
28	成就动机	个体渴望将事情做得更为完美、提高工作效率、获得更大的成功的心理动机
29	领导支持	领导在个体工作塑造行为过程中提供的资源、机会与平台。其可能支持塑造行为,也可能反对塑造行为
30	组织条件	组织在个体工作塑造行为过程中提供的资源、机会与平台。组织条件可能是促进性的,也可能是抑制性的
31	增进工作绩效	工作塑造对个体完成本职工作效果的增进效应
32	产生创新绩效	工作塑造对个体创新行为及创新成果的诱致作用
33	克服职业倦怠	工作塑造对个体职业倦怠心理的调试与补偿作用

资料来源:笔者根据访谈信息整理。

表 3 - 4 则列出了开放性编码的范畴编号、名称和抽象概念,其中,抽象概念主要是结合已有理论观点和访谈语境而进行的综合陈述。

(二) 工作塑造行为内涵与结构的相关讨论

1. 工作塑造行为的内涵

从第二章的文献梳理来看,尽管学术界对于工作塑造的概念界定有些许差异,但是其核心内涵却有着共同性。首先,工作塑造的主体是员工,强调员工发起,并由员工实施的自下而上的过程,员工是最主要的参与者和行动者;其次,工作塑造的对象聚焦于员工的职位或工作,是对工作内容或工作中互动关系的改变；最后，工作塑造的主要目标是满足员工个人或群体的需要，这一目标可能与组织目标相一致，也可能偏离。最终目的是获得工作中的实际改变，重新认识工作意义，重建工作认同。此外，工作塑造还是一个持续的过程，在员工的工作过程中随时可能发生。

通过对访谈资料的编码分析可以发现，在柔性情境下，员工的工作塑造表现为员工在与工作相关的任务、关系和心理（或认知）等方面所做出的改变；同时，尽管工作塑造是员工自发做出的，但是这种自发行为可能是员工个性使然（如主动性人格、成就动机等），也可能是外部环境驱动（工作不安全感、组织身份、组织地位等）。本书认为，无论何种原因，员工在工作中所做的任何方面的改变最终会反映在员工的具体工作行为中，这些行为若能使员工获益，则可能会固化下来成为员工的习惯性行为，若不能使员工受益，则可能会随着情境的变化而继续变化。

立足于行为观，综合瑞斯尼斯基和达顿（2001）和蒂姆斯和贝克尔（2010）的工作塑造定义，在本书中，工作塑造行为被界定为：员工在外部环境压力或个体特征驱动下，为了寻求工作资源和工作要求之间的平衡而所做出的与工作相关的任务、关系和心理（或认知）等方面的改变。

2. **工作塑造行为的维度**

第二章文献综述部分列出了已有研究对工作塑造结构维度的划分（参见表2－2）。本部分质性研究所得出的工作塑造维度与蒂姆斯和贝克尔（2010）的研究结果大体一致，都是在工作资源－要求理论模型的基础上，将工作塑造行为划分为增加工作资源、寻求工作挑战、降低工作要求三个维度。

具体地，质性研究的开放性编码部分（见本书附录B）又将增加工作资源维度区分为增加心理资源、增加结构资源、增加社会资源三个子范畴；将寻求工作挑战区分为扩大职责、使工作具有挑战性、保持持续成长、引入新方法四个子范畴；将降低工作要求区分为减少职责、降低工作预期、保持人际距离三个子范畴。

与蒂姆斯和贝克尔（2010）研究的不同之处在于，本书通过访谈和编码发现，员工在工作塑造过程中还可能会围绕一种资源类型进行形塑，即对心理资源的工作塑造——增加心理资源。增加心理资源在某种程度上类似于瑞斯尼斯基和达顿（2001）提出的认知塑造，但也存在视角上的不同。认知侧重于心理学的信息加工过程，相应地，认知塑造强调对信息的重新处理；资源侧重于经济学的资源利用过程，相应地，增加心理资源强调对心理类资源的有效利用。本部分质性研究发现，员工一般从积极认知工作元素、强调工作的意义和重要性、调整工作中的不利因素等方面进行工作中的心理资源的塑造。

三、主轴性编码与工作塑造行为的前因及结果

（一）主轴性编码的过程

在开放性编码的基础上，进一步地进行主轴性编码，通过在不同范畴间建立联系，以形成更具综合性、概括性和抽象性的范畴。主轴性编码的结果详见表3－5。

进一步通过对表3－5中的12个主范畴间的因果条件进行分析，最终发现4类范畴间关系类别，分别是工作塑造的情境条件、工作塑造的影响因素、工作塑造的作用效应、工作塑造的调节因素。这4类关系类别具体包含16种可能的因果及交互关系，如表3－6所示。

表3－5　　　　　　　　　　　主轴性编码的范畴与概念

编号	主范畴	次范畴	概念
1	人力资源柔性	数量柔性、功能柔性	组织根据内外部环境变化，调整其员工质与量的能力
2	工作安全	忧患意识、风险趋避、应对环境压力	个体对工作或工作的重要特性受到威胁时的感知和担忧。它是人力资源柔性的产物，影响着工作塑造行为
3	工作制动	工作压力、工作动力	影响个体工作行为的抑制与推动因素
4	可雇佣能力	可雇佣能力提升	个体保持目前工作或获取自己理想的工作的能力
5	工作塑造的维度	增加工作资源、寻求工作挑战、降低工作要求	个体在其工作任务或关系边界中所做出的生理上和认知上的改变
6	组织成员身份	高组织认同、实现组织绩效	认为自己是组织的一分子，认同组织并主动维护组织声誉。有组织成员身份认知的员工更乐意站在组织的立场进行工作塑造

续表

编号	主范畴	次范畴	概念
7	组织地位	声望、职位权力、晋升空间	更高的职位、声誉及影响力。个体会为了更高的组织地位而进行工作塑造，更高的组织地位也利于工作塑造
8	任务特征	任务常规性、工作自主性	工作任务及履责时所呈现出的一些特点。其可能会对工作塑造产生影响
9	个性特征	外倾性人格、成就动机	个体在价值观念、人格特质、兴趣志向等方面表现出来的差异化特性。个体的性格类型、成就动机强弱等可能会对工作塑造产生影响
10	组织支持	领导支持、组织条件	组织为其雇员提供物质或精神上的援助，或是提供平台和创造机会。组织支持有利于激发个体工作塑造行为
11	工作绩效	增进任务绩效、产生创新绩效	个体在工作中所取得的成绩。工作塑造可能带来积极的工作产出
12	工作倦怠	克服职业倦怠	个体在工作重压下产生的身心疲劳与耗竭的状态。工作塑造行为在某种程度上可以缓解职业倦怠感受

资料来源：笔者根据访谈信息整理。

（二）工作塑造行为前因、结果变量的识别

在工作塑造行为的前因方面，本部分质性研究发现，工作安全、组织成员身份、组织地位、任务特征（任务常规性、工作自主性等）、个性特征（外倾性人格、成就动机等）、组织支持（领导支持、组织条件等）等要素可能会对员工的工作塑造行为产生影响（参见表3-6）。

此外，柔性工作情境（人力资源柔性）是影响工作塑造的重要情景变量，任务特征、个性特征、组织支持亦可能是重要的情景类变量。

在工作塑造行为的结果方面，本部分质性研究发现，员工工作塑造行为可能会对其工作投入、工作绩效（任务绩效、创新绩效等）、工作倦怠等产生影响（参见表3-6）。

表 3-6 基于主轴性编码的关系识别

编号	概念间关系	关系的类别
1	人力资源柔性对工作压力和工作动力的影响	工作塑造的情境条件
2	人力资源柔性对工作不安全感的影响	
3	人力资源柔性对可雇佣能力的影响	
4	工作安全对工作塑造的影响	工作塑造的影响因素
5	组织成员身份对工作塑造的影响	
6	组织地位对工作塑造的影响	
7	任务特征对工作塑造的影响	
8	个性特征对工作塑造的影响	
9	组织支持对工作塑造的影响	
10	工作塑造对工作投入的影响	工作塑造的作用效应
11	工作塑造对工作绩效的影响	
12	工作塑造对工作倦怠的影响	
13	任务特征在前因-工作塑造关系间的调节	工作塑造的调节因素
14	个性特征在前因-工作塑造关系间的调节	
15	组织支持在前因-工作塑造关系间的调节	
16	组织支持在工作塑造-效应关系间的调节	

资料来源：笔者自行设计。

四、选择性编码与概念模型的提出

本书旨在研究企业员工的工作塑造行为，首先是了解员工工作塑造行为的内涵、结构维度和表征，其次识别员工工作塑造行为的影响因素，再次是识别员工工作塑造的影响结果。研究的核心问题可以概念化为"员工工作塑造行为成因与效应识别的概念模型建构"，在此，用图3-3来呈现该概念对其他概念的统御结构。

如图3-3所示，工作塑造是本书最为核心的概念，依据访谈资料，经过扎根理论的三级编码过程，我们初步识别了工作塑造的影响因素集、结果变量集，以及工作塑造的调节和中介变量，归纳如下。

（1）工作塑造行为包含增加心理资源、增加结构资源、增加社会资源、寻求工作挑战和降低工作要求五个维度。为便于研究,在后续实证研究中,将增加心理资源、增加结构资源和增加社会资源合并为增加工作资源维度。

(2)工作塑造行为的前因变量主要包括:工作不安全感、组织成员身份、主动性人格、组织地位、领导支持、组织条件、成就动机等。

(3)工作塑造行为的结果变量主要包括工作绩效、工作倦怠等。一些个性特征、任务特征和组织条件可能在工作塑造与其前因变量中起到调节作用,工作投入可能在工作塑造与其前因变量间起到中介作用,组织支持可能在工作塑造与其结果变量间起到调节作用。

此外,我们将工作场所中柔性(主要是人力资源柔性)作为研究的情境因素,企业的柔性战略和柔性管理实践必然会引起员工工作态度和工作行为的变化。如引致工作不安全感,柔性给员工带来压力和动力,形成工作塑造的动力机制,同时,柔性对员工的工作产出也有直接的影响。

据此,我们将展开后续的实证框架设计与相应的实证检验。

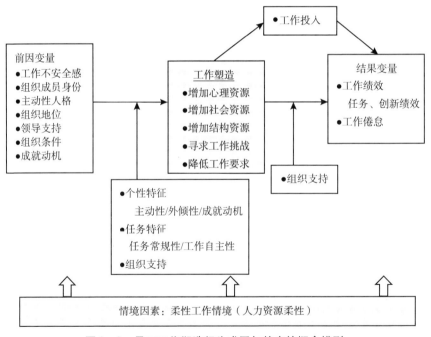

图 3 – 3　员工工作塑造行为成因与效应的概念模型

资料来源:笔者根据相关文献整理。

第四章　实证研究框架与研究假设

质性研究为后续的实证研究提供了基础和支撑，本章首先在第三章质性研究结果的基础上，结合文献讨论，形成总体实证研究框架。然后，根据实证研究框架，对员工工作塑造行为及其与前因、结果变量之间的关系做理论推演，并提出具体的研究假设。

第一节　实证研究框架

面对复杂多变的市场需求和不确定的外部环境，组织为了生存和发展，不得不进行变革，实施柔性化。柔性成为组织应对动态竞争环境的一种能力。柔性工作情境作为组织动态能力的一种体现，聚焦于调整工作场所中人力资源的数量、质量与配置，对员工的工作行为产生直接的影响。因此，探究员工如何在这种背景下进行有意义的工作塑造尤为必要。

本书将第三章质性研究部分提出的概念模型与第二章文献综述相关的内容进行比较和综合分析，特别是考虑柔性工作情境，选择工作安全、组织成员身份、组织地位等变量作为工作塑造的前因变量；选择工作绩效作为工作塑造的结果变量；选择任务特征、个性特征等作为前因－工作塑造关系间的调节变量。具体地，依据质性研究的直接结果，我们选择工作不安全感、内部人身份感知、组织地位感知、工作绩效、创新行为、任务常规性等变量作为操作性变量。

结合质性研究结果和已有文献，笔者在一些研究变量的选择上做了调整，涉及以下内容。

（1）选择可雇佣能力作为工作塑造的结果变量。因为关于工作塑造的质性研究发现，其较多地指向能力提升和未来职业发展，如增加结构资源（发展职业能力、学习专业知识和提升技能）、增加社会资源（加强与社交圈的联系）、使工作更具挑战性（成长为多面手、在技术上不断进步），因此，笔者认为可雇佣能力是工作塑造的必然结果。可雇佣能力的提升也是工作情境柔性及人力资源柔性的伴生物，两者是相互依赖和相互促进的关系，所以，本书将可雇佣能力作为工作塑造的结果变量之一。

（2）在个性特征要素中选择尽责性变量。尽责性描述了个体工作责任感的强弱，体现为个体工作努力、敬业以及认真程度，它包括了成就感和可靠性两方面的含义。成就感反映出一种渴望把工作做好的态度以及积极向上努力工作的行为。本书笔者在质性研究中已发现个性特征中的成就动机对工作塑造的积极影响，因此，推断尽责性可能影响工作塑造，且可能在前因－工作塑造关系间起到调节作用。

此外，本书质性研究发现，工作塑造行为包含增加心理资源、增加结构资源、增加社会资源、寻求工作挑战和降低工作要求五个维度。为便于研究，在实证研究中，将前三个维度合并为增加工作资源维度，即员工工作塑造行为包含增加工作资源、寻求工作挑战和降低工作要求三个维度，具体分析也以此展开。

基于上述分析，本书的主要目标之一即为探讨柔性工作情境尤其是人力资源柔性背景下员工工作塑造的影响因素，找寻前因变量与工作塑造关系间的边界条件。此目标将具体化为子研究一（本章第二节）。研究目标之二为剖析员工工作塑造对个体结果变量的影响。此研究目标将形成子研究二（本章第三节）。围绕两个研究目标，构建如图 4 - 1 所示的实证研究框架。

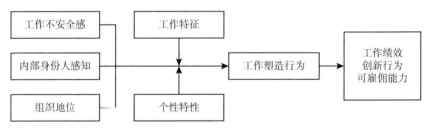

图 4 - 1　总体实证研究框架

资料来源：笔者设计。

第二节　员工工作塑造行为的影响因素

一、基于 ERG 理论的工作塑造前因变量分析

瑞斯尼斯基和达顿（2001）提出，工作塑造的动机会影响工作塑造的

形式和程度。作为个体行为的基础，动机起着激发和维持个体行为活动的作用，并使得活动指向特定的目标，是个体行为活动的内驱力。而动机是由个体的需要组成的。当个体有某种需要或某种需要没有完全得到满足时，便产生满足需要的动机，进而产生相应的行为。

美国学者奥尔德佛（1969）提出 ERG 理论，该理论认为，个体的需要包含三种核心需要，即生存需要、关系需要和成长需要。

生存需要指的是与个体的基本生存密切相关的各种需要，包括生存和安全需要；关系需要是指在生存与发展的过程中，个体与他人通过接触和交往建立关系、保持人际关系、期望受到尊重和得到认可的需要，包括社会交往需要和外在尊重需要；成长需要指的是个体希望得到自我发展和提高、充分发挥自己能力取得成功的需要，包括内在尊重需要和自我实现需要。

ERG 理论认为，人的需要是多样的，多个层次的需要可以同时作为动机因素存在。每个个体的需要亦不尽相同，各层次之间的关系又复杂多变，不同的需求满足程度会导致员工产生不同的行为，管理者应通过采取切实有效的针对性措施来激励员工。因此，用 ERG 理论来分析员工行为背后的深层次需要较为适切。

通过本书第三章的质性分析，可以出归纳诸多柔性工作情境尤其是人力资源柔性背景下员工工作塑造的影响因素（具体见图 3 - 3）。本书将基于 ERG 理论选取其中的核心因素进行实证分析。

首先，柔性引发员工工作不安全感，使得员工的生存需要受到威胁。马斯洛（1943）指出，出于安全的需要，人们会偏爱一份有任期和有保障的固定工作。麦格雷戈（McGregor，1960）验证了工作安全是员工安全需要的一个重要组成部分。也有学者提出，人们工作是出于工作安全这一主导性的需要。当员工感受到其有失去工作的可能，或者工作某些重要特征时，他们会认为工作是没有保障的，这种工作不安全感会使员工产生紧张甚至恐惧的感觉，进而激发员工更加积极主动地改变工作，以尽力保留工作或消极怠工，寻找新的工作机会。[1]

其次，柔性所带来的员工身份感知，影响到员工的关系需要。人们渴望归属于某个群体，成为其中的一员，渴望得到家庭、同事、组织的关爱和理解，这是归属和爱的需要或社会交往的需要。同时，个体亦渴望获得他人的尊重。若员工感知到其是组织中的"局内人"，则会得到关系需求的满足。而这种关系需求的满足则会诱发员工积极主动地开展工作、改变工作。

---

[1]　徐燕，赵曙明. 雇佣保障与员工创新行为的双路径关系模型研究 [J]. 科技进步与对策，2011（21）：136 - 139.

再次，员工在组织中的地位影响到其成长需要。成长需要是个体谋求发展的内在欲望。通过不断挖掘自身潜力，充分发挥个人才能，在组织中发挥更大的影响力，这也是在组织柔性环境中寻求自我发展的路径，这会激发员工在工作中不断改进和提升。

综上，工作不安全感、内部身份人感知和组织地位会通过影响个体的生存需要、关系需要和成长需要进而影响员工的工作塑造，如图 4 - 2 所示。正如 ERG 理论所提出的，三个层次的因素相互作用、相互影响，共同影响员工的工作塑造行为。

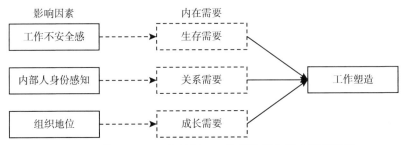

图 4 - 2 基于 ERG 理论的员工工作塑造行为影响因素模型

资料来源：笔者设计。

二、工作不安全感对工作塑造的影响

（一）工作不安全感的相关研究

工作不安全感（job insecurity）的研究发端于早期工业与组织心理学家对工作安全感（job security）的关注。由于当时劳动力市场的相对稳定性，学者们多侧重于探讨固定的工作或有保障的工作在组织中的积极效应，关注个体内在的需要以及工作的动机，如马斯洛（1943）的需要层次理论将安全感视为个体的动机，是人们对稳定工作的偏好。赫兹伯格（1959）的双因素理论则将安全感看作最重要的外部因素。舒伯（Super，1957）的职业发展理论认为安全感是员工的一个主导性需求，是员工工作的主要原因。

20 世纪 80 年代以后，为应对外部环境的动态性、复杂性，组织的雇用方式发生变化，柔性雇用逐渐替代终身刚性雇用，工作安全难以为继，并唤起学术界对工作不安全感的关注，并将其作为工作的一个压力源展开探讨。

从不同角度探讨工作不安全感，给出的定义也不同，但总体上可概括为狭义和广义两种。就狭义角度来看，学者们多将工作不安全感视作个体对于未来是否能继续从事目前工作的害怕和担忧。柯普兰等（Caplan et al.，

1975）认为工作不安全感是员工感知到的未来工作安全的不确定性。德克尔和沙费利（Dekker and Schaufeli，1995）认为工作不安全感是员工对目前工作缺乏保障，或对失去目前工作的害怕和担心的心理感受。也有学者（Rosenblatt and Ruvio，1996）将工作不安全感看作员工对未来是否能够再继续从事目前工作的整体性考量。还有学者（Davy，Kinicki and Scheck，1997）认为，工作不安全感是员工害怕无法再继续当前工作的一种威胁感。雅各布森（Jacobson，1991）则将工作不安全感细化，区分了个体对失去工作可能性的认知和担忧。认知是对可能性的知觉，而担忧则涉及个体的心理状态。

相较于狭义的界定，广义的工作不安全感的内涵则更为宽泛，认为除了对工作本身丧失的认知与担心，工作不安全感还应该将可能失去工作重要特征的感知和忧虑也涵盖进来。正如有的学者（Greenhalgh and Rosenblatt，1984）所指出的，凡是可能与工作相关的丧失，如职业发展机会、收入、组织地位或自尊、晋升机会、工作自主性和资源等，都会让员工产生不安全感。他们将工作不安全感界定为，处于一个受到威胁的工作环境中，员工对于维持所期望的工作持续性的一种无力感。这一概念内含员工感知的工作受到威胁的严重程度和应对这种威胁的无力感两个方面，前者包括了失去工作本身及工作重要特征的威胁的重要性，而失去工作重要特征则往往是被忽视的工作不安全感的一个重要方面。阿什福德等学者（Ashford，Lee and Bobko，1989）延续之前学者（Greenhalgh and Rosenblatt，1984）的定义，将工作不安全感具体化为失去工作的可能性与重要性、失去工作特征的可能性与重要性以及应对上述威胁的无力感五个方面。还有学者（Hellgern，Sverke and Isaksson，1999）在此基础上，进一步将工作不安全感的操作简洁化。他们将工作不安全感划分为数量型工作不安全感（quantitative job insecurity）和质量型工作不安全感（qualitative job insecurity）。前者是指对目前工作未来存续的担忧，而后者则指雇佣关系质量受损的感知威胁，如工作条件的恶化，职业发展机会的丧失，薪酬的降低等，亦即工作重要特征丧失的担忧。这一划分更为直观易懂。

无论是狭义还是广义的界定，从根本上来讲，工作不安全感是个体对组织和环境所发生变化的反应在认知上的转变。为了更为全面地了解柔性工作情境对员工产生的影响，本书借鉴广义工作不安全感定义，[①] 认为工作不安全感是员工在受到威胁的工作环境中，对工作本身或重要工作特征丧失的认

---

① GREENHALGH L，ROSENBLATT Z. Job insecurity：toward conceptual clarity ［J］. Academy of Management Review，1984，9（3）：438－448.

知与担忧。同时，在分析中采用二维划分方法，将工作安全分为数量工作不安全和质量工作不安全两个维度。①

组织变革、新技术的产生、雇用契约的变化、组织未来的不确定性等都可能引发员工的工作不安全感，大量研究已证实，工作不安全感对员工的工作态度和行为、个体身心健康以及家庭等方面具有消极影响。就工作态度和行为而言，可降低员工的生产效率、组织承诺、工作满意度、组织信任、工作投入、工作绩效（Greenhalgh and Rosenblatt，1984；Ashford，Lee and Bobko，1989；Sverke，Hellgren and Näswall，2002），增加员工的离职意愿（Sverke，Hellgren and Näswall，2002）。也有研究认为工作不安全感对员工的影响并非完全是消极的，如周浩和龙立荣（2011）研究发现其对员工创造力的影响是先增强后减弱的倒 U 型关系。工作不安全感对员工个人的身心健康产生一系列负面影响，如产生抑郁或焦虑情绪（Strazdins，2004）、较低的自尊（Mäkikangas and Kinnunen，2003）、不良的健康状况（Cheng et al.，2005）等。此外，工作不安全还会影响员工的工作幸福感和家庭幸福感（Mäkikangas and Kinnunen，2003）。

（二）工作不安全感对员工工作塑造的影响

对员工而言，无论是对失去工作的认知还是对工作重要特征丧失的担忧，都是一种工作不安全所带来的威胁。在员工受挫产生心理紧张的各种心理特征中，"威胁"感知对员工造成的心理紧张尤为显著。当柔性工作情境给员工带来工作不安全感时，员工会认为这是一种对心理契约的违背，根据社会交换理论，员工通常会以消极被动态度和行为来作为回应，表达自己的不满和情绪，因而会减少工作任务、避免与同事和客户接触，而主动承担其他的工作任务、增加工作的挑战、从事创新活动等行为的发生概率大大降低，转而将更多精力投入家庭或寻找外部就业机会。

当这种不安全感达到一定程度，临界或超出员工所能承受的范围，可能会出现"置之死地而后生"的情况。根据威胁激励理论，在个体感知到威胁或受到挫折时，会产生紧张的心理状态，进而采取积极行为来降低和对抗威胁。通常会表现为将消极因素转化为积极动力；加倍努力、克服障碍、实现目标；重新认识和调整目标以及补偿等。当员工面临工作不安全时，将会通过各种主动行为降低这种风险，减少工作不安全感带来的负面影响，如积

---

① HELLGREN J，SVERKE M，ISAKSSON K. A two-dimensional approach to job insecurity：consequences for employee attitudes and well-being [J]. European Journal of Work and Organizational Psychology，1999，8（2）：179 - 195.

极参与职责范围之外的组织的各项活动，主动要求增加工作任务，积极拓展组织内外的人际关系，进行自我心态调整缓冲威胁带来的压力等。

由此，可以认为，工作不安全感对员工工作塑造行为的影响并非直线的。据此，本书提出以下假设。

假设 1：工作不安全感对员工工作塑造行为的影响呈非线性。

假设 1a - 1：数量型工作不安全与工作塑造之增加资源维度呈 U 型相关。

假设 1a - 2：数量型工作不安全与工作塑造之寻求挑战维度呈 U 型相关。

假设 1a - 3：数量型工作不安全与工作塑造之降低要求维度呈倒 U 型相关。

假设 1b - 1：质量型工作不安全与工作塑造之增加资源维度呈 U 型相关。

假设 1b - 2：质量型工作不安全与工作塑造之寻求挑战维度呈 U 型相关。

假设 1b - 3：质量型工作不安全与工作塑造之降低要求维度呈倒 U 型相关。

三、内部人身份感知对工作塑造的影响

（一）内部人身份感知的相关研究

员工和组织关系一直备受学术界和实践界关注。在柔性化雇用背景下，提出用内部人和外部人来探讨雇佣和员工关系。斯坦姆普尔和马斯特森（Stamper and Masterson，2002）在前人研究的基础上，提出内部人身份感知（perceived insider status）的概念，用来衡量员工感知到的在组织中的归属感。他们认为，内部人身份感知是指员工对于自己在特定组织中作为内群体成员（insider）的感知程度，[1] 是员工作为所属组织的成员所获得的个人空间（personal space）及接纳程度。[2] 这种感知更多来自员工对其与所属组织之间雇佣关系的一种认知。

---

[1]　STAMPER C L, MASTERSON S S. Insider or outsider? How employee perceptions of insider status affect their work behavior. Journal of Organizational Behavior, 2002, 23 (8): 875 - 894.

[2]　MASTERSON S S, STAMPER C L. Perceived organizational membership: an aggregate framework representing the employee-organization relationship ［J］. Journal of Organizational Behavior, 2003, 24 (5): 473 - 490.

斯坦姆普尔和马斯特森（2002）指出组织中通常会有两种方式将员工进行内部人和外部人的区分，其中一种是通过社会交换得以实现。社会交换理论认为，雇佣关系超出了简单的经济交换契约范围，是建立在组织和员工之间互惠的基础上。基于社会交换，组织将为不同的员工提供不同的诱因或报酬。同理，不同员工给组织的回报也不相同。基于诱因-贡献模型（March and Simon，1958；Tsui et al.，1997），得到组织更多报酬和投资的员工将会对工作更加投入，也更加能认识到自己对组织的价值，融入组织成为内部人，而另一些员工则逐渐感觉被组织边缘化，成为外部人。同时，组织通过对员工的差别化待遇也向员工传递某种身份信号，暗示内部人和外部人的区分。组织社会化过程是另一种组织身份差异化的方式。当员工新进入组织，组织对待员工的方式以及员工对组织或其他环境因素的感受，会形成员工对组织的看法，这正是员工心理契约最初的建构时期。这一时期对员工所采取的各种社会化策略均会影响到心理契约的形成。随着时间变化，最初可能认为自己是外部人的员工，逐渐会形成内部人的感知。① 内部人身份感知的形成受到组织和个体多种因素的影响。就组织因素而言，学者们探讨了组织中的管理实践和内部关系对内部人身份感知的影响。斯坦姆普尔和马斯特森（2002）最先检验了实际包含（actual inclusion）② 与感知到的组织支持对内部人身份认知的正向影响。后来的学者们陆续通过实证研究发现感知到更多的上级支持、心理契约的履行程度和较高的参与决策（Wang et al.，2003；Wang et al.，2014）、较高的委托授权程度（Chen and Aryee，2007）、感知到更多的上司支持（Lapalme，2009）、较高的授权赋能（尹俊等，2012）、高质量的领导-成员交换关系（汪林等，2009）、感知到对组织的重要性和人际关系的公正感知（Armstrong-Stassen and Schlosser，2011）等均有助于强化员工的内部人身份感知。就个体因素来看，个体的主动性人格和个体感知会影响员工的内部人身份感知。金姆（Kim et al.，2009）的研究发现，具有主动性人格的个体将积极寻求机会改进工作，强化他们作为组织有价值成员的认知。员工的内部人身份感知还会受到其员工-组织关系认知的影响。也有学者（Armstrong-Stassen and Schlosser，2011）探讨了如何留住老员工，结果发现，当组织的人力资源实践能够满足老员工的需求和偏好时，当老员工感受到上级平等对待他们时，他们会更加感受到自己是内

---

① THOMAS H D C，ANDERSON N. Changes in newcomers' psychological contracts during organizational socialization: a study of recruits entering the British Army [J]. Journal of Organizational Behavior, 1998，19（S1）: 745 - 767.

② 实际包含，指的是员工在工作中所投入的平均时间，用每周或任期内的小时数来表示。

部人。

　　现有研究也探讨了内部人身份感知给员工和组织所带来的影响。研究发现，员工的内部人身份感知越强烈，则会在组织中展现更多的组织公民行为，减少工作中的偏差行为（deviant workplace behavior）① （Robinson and Bennett，1995；Stamper and Masterson，2002）。陈和阿尔耶（Chen and Aryee，2007）分析了委托授权与员工产出的关系，发现内部人身份感知有利于提高员工的工作绩效，增加组织情感承诺，提高员工的工作满意度，激发更多的创新行为。提升内部人身份感知可以强化员工的情感承诺，这也在拉帕尔姆等（Lapalme et al.，2009）的研究中得到验证。也有研究（Armstrong-Stassen and Schlosser，2011）发现内部人身份感知可以帮助组织更好地留住老员工。国内学者的研究也表明，内部人身份感知积极影响员工的工作满意度（张梦怡，2014）、销售人员的工作绩效（陈诚，2014）、创新行为（俞明传、顾琴轩、朱爱武，2014）、知识共享（唐玲霞，2014）、组织公民行为（汪林、储小平、倪婧，2009）等。

（二）内部人身份感知对员工工作塑造的影响

　　认知行为理论认为，个体行为在很大程度上取决于个体的认知。在中国文化情境中，员工是否感受到自己是企业的"主人翁"，或者组织内群体成员身份，直接影响他们在工作中的行为表现（Wang et al.，2006）。内部人身份感知对员工工作塑造的影响可以从两个方面来分析。首先，根据布劳（Blau，1964）的社会交换理论，员工-组织关系是以双方互惠为前提的。诱因-贡献理论也提出，组织为员工提供不同的诱因，同时期望员工回馈相应的贡献。当组织为某些员工提供特定的诱因，如福利、培训发展和晋升机会时，这些员工会被视作是"内部人"。当员工感知的内部人身份越强烈，他们就会深感承担更多为组织更好地工作的义务，会主动完成额外的任务、承担更多的义务、积极寻求有挑战性的工作为组织做出更大的贡献。相反，那些没有得到或得到较少诱因的员工，内部人身份感知较低，根据交换互惠的原则，则没有强烈的动机去参与更多的有益于组织的活动，甚至会减少工作要求，"不求有功，但求无过"。

　　此外，获得较多诱因的员工，更为熟悉组织的运作流程和规则，了解工作领域内的原则，知道工作改变的合理范围，便于他们掌握改变的程度。同时他们拥有更多的工作资源，也获得更多的组织支持，更利于在工作中做出

---

　　① 工作中的偏差行为指的是偏离组织运行的个体行为。

改变。

另一方面，员工内部人身份感知还可以从角色行为理论和自我概念角度来解释。角色行为理论提出，个体对自我角色期望的内化和认知会影响个体在组织中的角色行为。较高水平的内部人身份感知有利于满足员工的社会交往和情感联系的需要，强化了员工对组织的认同和归属。员工将组织内部人身份融入自我概念中，并以此作为调整态度和行为的依据和标准。具有较高水平内部人身份感知的员工通常会以主人翁的心态和意识，主动增加工作资源、积极寻求工作挑战，突破工作边界，为组织发展和维护组织的有效运作做出贡献。而内部人身份感知较低的员工，则将自我与组织身份隔离开来，游离于组织之外，在工作职责范围内寻求安全地带，通过减少任务量、减少人际交往等降低工作的要求。已有研究表明，内部人身份感知水平较高的员工，将主动承担更多角色职责并履行相应的义务。据此，本书提出以下假设。

假设2：内部人身份感知影响员工工作塑造行为。

假设2a：内部人身份感知水平越高，员工越可能增加工作资源。

假设2b：内部人身份感知水平越高，员工越可能寻求工作挑战。

假设2c：内部人身份感知水平越低，员工越可能降低工作要求。

（三）工作特征——常规性的调节效应

员工在工作塑造之前通常会事先评估可能的机会，因为机会影响到员工工作塑造的实现路径，或明确限制或提供可能。瑞斯尼斯基和达顿（2001）认为，感知到工作塑造机会取决于工作内容或工作方式提供的自由程度，机会调节工作塑造的动机与工作塑造行为之间的关系。通过分析访谈记录发现，从事常规性、重复性程度较高工作的员工，工作塑造受到很大限制。据此，本书选取工作常规性作为调节变量，来分析内部人身份感知与工作塑造间的关系。

常规性（routinization）的工作是指每天的工作任务更多是重复性的（Bacharach, Bamberger and Conley, 1990; Parasuraman and Alutto, 1981）。由于工作的任务要求和个性要求相同，工作常规程度更高，则员工之间的一致性水平越高（Dierdorff and Morgeson, 2007）。较高的任务常规性也带来较低的工作满意度（Seo, Ko and Price, 2004）和更高的离职意愿（Simons and Jankowski, 2007）。在高常规性工作中，员工只是复制相同的任务，在工作中很少有机会去做不同的事情，在很大程度上会使员工感到单调枯燥，引发工作倦怠，同时也约束了员工塑造工作的自由。在这种情况下，无论内部人身份感知水平高低，员工都不太可能投入太多的精力去增加工作资源，更不可能去从事有挑战性的工作，反而有可能会降低工作要求，维持现状。反之，若工作内容常规性较少，自主性和灵活性程度较高，员工有机会改变和塑造工作。此时，内部人身份感知水平较高的员工，会充分发挥主动性和积极性，通过各种方式按照组织要求和自己意愿来改变工作内容和执行方式。而感知自己是"局外人"的员工，即使获得了塑造工作的机会，仍会谨慎行事，不敢越雷池半步，循规蹈矩地按照既定的要求和流程完成工作。可见，工作的常规性程度不同，内部人身份感知对员工的工作塑造影响亦不完全相同。据此，本书提出以下假设。

假设3：工作常规性调节内部人身份感知与员工工作塑造行为的关系。

假设3a：当工作常规性较高时，内部人身份感知对增加工作资源的影响减弱；当工作常规性较低时，内部人身份感知对增加工作资源的影响增强。

假设3b：当工作常规性较高时，内部人身份感知对寻求工作挑战的影响减弱；当工作常规性较低时，内部人身份感知对寻求工作挑战的影响增强。

假设3c：当工作常规性较高时，内部人身份感知对降低工作要求的影响减弱；当工作常规性较低时，内部人身份感知对降低工作要求的影响增强。

四、组织地位感知对工作塑造的影响

（一）组织地位感知的相关研究

地位（status）通常可以看作描述层级的一个核心术语。地位感知主要是指个体对所属层级结构的主观感知。个体在组织内的地位是个体在所属组织或特定群体中的相对位置（Perretti and Negro，2006）。组织地位决定了个体在组织中的职责与角色。对处于同一层级的个体而言，地位感知可能存在差异。组织地位感知（perceived organizational status）是员工对自己在组织中的威望与影响力以及所获得组织支持程度的认知，[①] 是个体感性认知的结果（Seeman et al.，1988）。

员工的组织地位感知受到其在组织中的正式和非正式地位的影响。正式地位是指由组织结构或规章制度所明确规定的员工在组织中的位置，如员工

---

① ANDERSON C，JOHN O P，KELTNER D et al. Who attains social status? Effects of personality and physical attractiveness in social groups [J]. Journal of Personality and Social Psychology，2001，81（1）：116 – 132.

在组织中的级别、职位名称、等级等。非正式地位则是指由组织成员间的人际互动所形成的个体在组织中的影响力、威望、获得的认可或尊重等（Anderson et al.，2006）。还有学者将组织地位区分为公司地位感知和工会地位感知。公司地位感知主要指个体所感知到的在公司中的影响力和工作中的自主性（Brian，2011），与员工对自我地位的评价和个性特征相关；而工会地位感知则是指员工作为工会成员，在工会中的影响力以及是否受到工会支持的感知（Iverson and Currivan，2003）。本书中将统称为组织地位感知。

组织地位感知影响员工在组织中工作情感、态度和行为，如员工的组织承诺、离职倾向、组织公民行为、建言行为等。员工的组织地位感知会影响员工的社会认知过程，员工在工作中的个人情感以及薪酬福利（Barkow，1975）。卡梅利等（Carmeli et al.，2006）通过研究发现，员工的组织地位感知正向影响组织承诺和工会承诺，与员工的离职倾向则呈负向相关关系。斯巴塔洛（Spataro，2002）的研究表明，组织地位较高的员工，有较强内在工作动机，进而产生更高的工作绩效水平、工作满意度以及组织承诺水平。斯坦姆普尔和马斯特森（2002）认为，员工感知到的组织地位影响员工的组织公民行为和离职倾向。泰勒和布兰德（Tyler and Blader，2003）的研究表明，员工组织地位感知影响员工在组织中的态度和行为，积极影响员工的组织承诺，消极影响员工的离职意愿。Brian（2011）等也通过研究员工组织地位感知与员工行为之间的关系，发现组织地位感知水平较高的员工表现出较高的组织承诺水平。鲍静静（2013）研究了员工组织地位感知（企业地位感知和工会地位感知）与员工的离职倾向（企业离职倾向和工会离职倾向）负相关，并发现双组织承诺的部分中介效应。尹奎、刘永仁、李元勋（2013）在研究员工的政治技能对建言行为的影响过程中，发现组织地位在这二者间发挥了部分中介作用。周建涛和廖建桥（2012）研究了组织地位感知在权力距离导向与建言行为间的调节效应。此外，组织地位感知亦影响到员工的工作产出，如工作绩效、创新绩效等。廖建桥等（2015）通过实证分析来自354名员工的数据，发现内部地位感知显著积极影响员工的工作绩效。李超（2011）的研究则发现，员工在组织中的正式地位与创新绩效呈现U型关系，而员工的非正式地位则正向影响员工的创新绩效。

（二）组织地位感知对员工工作塑造的影响

根据地位特征理论，外部地位特征的差异影响群体内部的声誉和影响力的分布。较高的组织地位意味着更多的资源和更大的影响力（Brass，

1984）。因此，寻求更高的组织地位成为人类的满足成长需要的动机之一（Daly and Wilson，1998）。在组织中，处于较低地位的员工所获得的组织资源和支持相对较少，在组织中的发展受到极大限制，甚至面临工作丧失的威胁，尤其是在组织柔性化变革的情境中，临时雇用、裁员等风险随时存在。为了在组织中获得生存和发展，组织地位较低的员工有更加强烈的动机去改变现状。通过增加额外的工作任务、积极主动参与组织中的新项目、不断学习新知识、提升专业技能、积极拓展人际关系，寻求更具挑战性的工作任务等方式以期提升自身能力水平，改善工作绩效，以此来提高在组织中的地位，增加自身的影响力。尽管此时他们也面临巨大的身心压力，但是也不会降低工作要求。随着员工组织地位感知的提升，他们所拥有的资源越来越多（Brass，1984），在组织中的影响力也逐渐扩大（Ibarra，1993），获得的组织支持和个人发展机会也越多。出于自我形象保护、地位不受威胁（De Dreu，Nijstad and van Knippenberg，2008）以及对更高地位的追求，组织中地位较高的员工将会更加积极主动实施工作改变，充分利用所拥有的组织资源，最大限度地实现个人价值和目标（Overbeck and Park，2006）。因此，组织地位感知较低的员工，积极主动地增加工作中的资源，寻求有挑战的工作机会，以满足追求更高地位的需要。据此，本书提出以下假设。

假设4：组织地位感知影响员工工作塑造行为。

假设4a：组织地位感知水平越低，员工越有可能增加资源。

假设4b：组织地位感知水平越低，员工越有可能寻求挑战。

假设4c：组织地位感知水平越高，员工越有可能降低要求。

（三）个性特征——尽责性的调节作用

就工作塑造而言，不仅要关注组织情境的影响，还应探讨哪些员工更可能进行工作塑造。瑞斯尼斯基和达顿（2001）也认为个性特征调节工作塑造动机与行为之间的关系。劳伦斯（Laurance，2010）指出，宜人性和尽责性是探讨哪类员工更可能进行工作塑造的重要的个性特征。此处将主要分析尽责性的调节效应。尽责性（conscientiousness）是指人们管理、控制和调节自身冲动的方式，包括胜任力、条理性、责任心，追求成就、自律和谨慎六个方面。尽责性高的员工相信自己的能力，做事有计划、有条理，有责任感、可靠、值得信赖，有明确目标、追求成功，专注目标、克服困难完成任务，沉着冷静、不冲动。为了更好地完成工作，满足承担的来自组织、同事和客户的责任要求，尽责性高的员工通常会花费更多的时间精心计划，寻求最佳途径去主动改进工作绩效、提高工作满意度、改善组织现状等。同时，尽责性高的个体将从工作职责的履行中获得更多的工作意义，因此会表现出更多的工作塑造行为。即使感知到的组织地位较低，尽责性高的员工也会积极增加工作资源、寻求工作挑战以满足组织对其提出的责任要求。反之，尽责性较低的员工，则不相信自己的能力，做事没有计划性，不负责任，只完成最低工作要求，做事常半途而废，易冲动；他们不太可能去积极改变工作内容和环境，而是安于现状，能应付过去即可。对于尽责性较低的员工，哪怕组织地位感知较高，拥有更多的资源与机会进行工作塑造，也没有很强的动机和能力去改变现状，获得新的工作意义和认同。据此，本书提出以下假设。

假设5：尽责性调节组织地位感知与员工工作塑造行为的关系。

假设5a：当尽责性较高时，组织地位感知对增加工作资源的影响减弱；当尽责性较低时，组织地位感知对增加工作资源的影响增强。

假设5b：当尽责性较高时，组织地位感知对寻求工作挑战的影响减弱；当尽责性较低时，组织地位感知对寻求工作挑战的影响增强。

假设5c：当尽责性较高时，组织地位感知对降低工作要求的影响减弱；当尽责性较低时，组织地位感知对降低工作要求的影响增强。

综上所述，本节主要了考察工作不安全感、内部人身份感知和组织地位对工作塑造的影响，并探讨了工作常规化和个体尽责性的调节作用，据此形成工作塑造行为的影响因素研究模型，如图4-3所示。

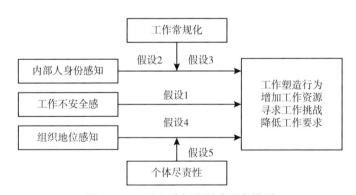

图4-3 工作塑造行为影响因素模型

资料来源：笔者设计。

第三节 员工工作塑造行为的作用效应

现有研究探讨了工作塑造对员工工作态度、工作行为和工作产出的影响。对组织而言，员工工作塑造对工作绩效的影响如何是组织做出是否支持员工工作塑造决策的主要依据。同时，在创新成为组织能否生存与发展的主要因素的背景下，员工创新行为亦成为组织创新的基石。同时，就员工个人而言，能否通过工作塑造获得自身能力的发展决定员工是否会投入工作塑造中来。因此，本书将探讨工作塑造对员工工作绩效、创新行为以及可雇佣能力的影响。

一、员工工作塑造行为对工作绩效的影响

（一）工作绩效的内涵

依据不同的研究层次，绩效（performance）可以分为组织绩效、团队绩效以及个人绩效。本书所探讨的工作塑造行为是以员工个体作为研究对象，因此，关注的是个体层面的绩效，即个人绩效。个人绩效，有学者称之为工作绩效（job performance）、雇员绩效，或个体工作绩效。学者们对于工作绩效的研究由来已久，积累了丰富的研究成果，但是目前对个体工作绩效的内涵界定与结构维度尚未形成共识。

纵观对工作绩效的研究，可以将工作绩效内涵的界定归为结果观、行为观、能力观、综合观等。持结果观的学者们倾向于将个体的工作绩效界定为最终的结果输出水平。伯纳迪诺和贝提（Bernardino and Beatty，1984）将工作绩效定义为员工在特定的岗位、特定时间内的结果产出。尽管产出受到员工的动机和能力以及工作情境等方面的影响，但以结果为评价依据更为客观和明确。有学者（Jerry and Maycunich，2005）也提出工作绩效是完成任务的结果。国内学者杨杰、方俐洛、凌文辁（2000）认为工作绩效是个体或组织在某段时间内以某些方式实现的结果。李宝元（2002）也将工作绩效看作是个体在生产效率、生产质量和服务质量等方面的表现和成绩。持行为观的学者们则将工作绩效看作是员工的行为过程，而不仅仅是结果。墨菲（Muphy，1989）指出工作绩效指的是员工所做的与组织目标相关的一系列行为。同样，学者坎贝尔（Campbell，1990）等则认为工作绩效是指员工控制的行为，由一组与目标相关的行为组成，应该与结果区分开，这些行为来自员工的生理、心理、认知和人际关系等各个方面。还有学者将个体能力或个性特征融入工作绩效的内涵。乔恩（Jon，2005）认为，应依据职位胜任力的要求来对员工素质做出判断，以此作为员工的工作绩效。而霍根和谢尔顿（Hogan and Shelton，1998）则提出工作绩效是员工的个性特征的随机变量。持综合视角的学者们则整合了结果、行为和能力，将他们纳入工作绩效

的定义中。也有学者（Woodruffe，1992）指出工作绩效是行为与结果之间的桥梁，作为总能力，工作绩效是结果、行为与能力的综合，三者缺一不可。同样，迈克尔和安吉拉（Michael and Angela，1998）也认为工作是行为和结果的集合体，行为是实现结果的工具，同时也是结果的组成部分，行为与结果可单独判别。

通过上述分析可以看出，结果导向的绩效观强调员工的工作产出，而忽略了过程；行为导向的绩效观则较好地弥补了这一不足；能力导向的绩效观进一步拓展了工作绩效的内涵；综合绩效观则较为全面地考察工作绩效的本质。综合考虑，本书认同综合的工作绩效观，认为工作绩效应将员工的工作结果和产出作为主要的评价依据，同时将员工完成任务过程中的努力与付出也纳入衡量标准，以更为客观和准确地对员工真实工作情况进行评价。

（二）工作绩效的结构与任务绩效

学者们对工作绩效的结构也进行了深入的探讨，形成了较多不同的观点，其中以行为观的结构维度研究最为丰富，代表性的理论模型有以下几种。

二维结构模型。任务绩效与周边绩效。柏曼和莫特维多（Borman and Motowidlo，1993）整合了组织公民行为、亲社会行为等研究，认为工作绩效包括任务绩效（task performance）和周边绩效（contextual performance，也译做关联绩效、关系绩效），提出了工作绩效的二维结构模型。所谓任务绩效，是指组织明确规定的行为或在组织中与特定任务有关的行为，如直接将原材料转化为具体产品或服务的行为、为维持组织正常有效运行而做出的各种辅助性的服务行为等；所谓周边绩效，则指的是员工的自发、自愿性行为，而非组织强制要求的行为，如，组织公民行为、帮助他人行为、亲社会行为、积极建言行为、组织奉献精神等。二维结构模型将工作产出和工作行为综合为一体，既强调了工作结果，也包含了取得结果的行为过程，因此，一经提出便引起学者们的广泛关注，并被不断引用、继承和发展，至今仍被看作工作绩效的经典模型。

三维结构模型：任务绩效、周边绩效与适应性绩效。随着研究的不断深入，学者们在二维结构模型的基础上进行了拓展延伸，将适应性工作绩效概念补充进来。正如爱德华兹和莫里森（Edwards and Morrison，1994）所指出的，当前世界复杂多变，只有提高对内外部环境的适应性，提升对多样性和不确定的接纳性，员工才可能为自己和组织带来更高的工作绩效。学者坎贝尔（1995）最先明确提出，工作绩效考核时应考虑员工应对环境和职位变化的适应程度和速度。奥沃斯和海斯凯茨（Allworth and Hesketh，1997）提出工作绩效由任务绩效、关联绩效和适应性绩效（adaptive performance）三个维度构成，并且通过实证研究，检验了适应性绩效是独立于任务绩效和周边绩效的，这一模型拓宽了工作绩效的内涵，为后续学者的研究提供了思路借鉴。

罗图多和萨凯特（Rotundo and Sackett，2002）则提出另一个三维结构模型，认为工作绩效包括任务绩效和非任务绩效，非任务绩效又进一步分为生产性非任务绩效［（productive non-task performance，又称为公民性绩效（citizenship performance）］和反生产性非任务绩效（counterproductive non-task performance）。此外，还有学者提出多维结构。如坎贝尔等（1990）提出的八维度模型，韩翼（2006）提出的任务绩效、关系绩效、学习绩效和创新绩效四维度模型。

可以看出，任务绩效是组织对员工的基本要求，构成工作绩效结构模型的基本形态，沿用柏曼和莫特维多（1993）对于任务绩效的界定，即任务绩效是指组织明确规定的行为或在组织中与特定任务有关的行为，本书将任务绩效作为工作绩效的核心，主要探讨工作塑造对任务绩效影响。

（三）员工工作塑造行为对工作绩效的影响

工作塑造对工作绩效的影响可以从两方面分析。一方面，从人－职匹配角度来看，员工增加工作资源、寻求更具挑战性的任务，有助于自身的能力与从事职位之间更好地匹配，使自己的能力得到更大程度的发挥。人－职之间更好的匹配，有助于缓冲员工资质过高所带来的消极情感和体验（Erdogan and Bauer，2009），进而提高员工的工作积极性，增加工作投入，带来更多的工作产出。另一方面，从动机和认知角度来看，工作塑造可以激发员工的工作自主、解决问题和自行设定工作目标的强烈动机。通过工作塑造的过程，员工可以更为深刻全面理解工作的意义，提高工作的认同感，进一步增强工作的动机，有利于工作绩效的提高。莱昂斯（2008）认为工作塑造会对结果变量产生积极的影响，其中包括工作绩效、工作效率以及工作内容的改变等。有学者的研究也表明，工作塑造有利于提高工作的质量和效率（Ghitulescu，2006）。莉娜等（2009）通过对幼儿园教师的研究发现，工作塑造有利于提高教师的看护质量。此外，也有实证研究表明，工作资源有利于提高员工的工作参与程度，进而提高员工的工作绩效（Xanthopoulou，Bakker，Demerouti and Schaufeli，2009）。同时，也有学者提出，工作塑造可能会来消极影响。通过减少工作任务，缩小工作中人际关系，员工将更多的精力和资源投入工作之外的领域中，这会直接影响到员工的工作投入度和专注度，进而可能降低工作绩效。据此，本书提出以下假设。

假设 6：员工工作塑造行为影响员工的工作绩效。

假设 6a：员工工作塑造行为之增加资源维度正向影响员工的工作绩效。

假设 6b：员工工作塑造行为之寻求挑战维度正向影响员工的工作绩效。

假设 6c：员工工作塑造行为之降低要求维度负向影响员工的工作绩效。

二、员工工作塑造行为对创新行为的影响

现有研究中，通常也将创新行为作为工作的重要产出（Amabile，1996；Ford，1996；Oldham and Cummings，1996；Zhou，1998），本书认为，创新行为同样可以看作是员工工作塑造能力在具体主动性行为中的反映，加之已有研究中无论是创新还是工作塑造领域均缺少对二者关系的探讨，因此，本书将分析工作塑造对员工创新行为带来的影响。

（一）创新行为的内涵

知识经济和全球竞争时代，持续的产品和服务创新对企业至关重要。员工创新行为是组织创新的基石，关乎企业的生存发展与竞争优势，受到学者和管理者的广泛关注。

员工创新行为是个多层次的复杂概念。尽管学者们试图通过各种途径来阐明创新的概念，但尚未得出一致的结论。早期创新行为研究较多关注员工的创意或者创造性观点的产生，后来创新行为的范围不断拓展。坎特（Kanter，1983）认为员工创新行为是一个多阶段的过程，新想法的产生只是其中一个阶段。威斯特和法尔将创新行为界定为员工产生、引入新的想法或程序并将其应用于组织中的活动①。斯考特和布鲁斯（Scott and Bruce，1994）则归纳出个体创新的三个阶段：首先是问题的确立、新思想或者解决方式的产生；接着是围绕创新性想法寻求支持者并试图建立支持其构想的联盟；最后是产生创新的标准或模式，经由生产推出商品化的产品或服务。周和乔治（Zhou and George，2001）也认为个体创新行为不仅指创新想法的本身，还应包括创新想法的产生、内容、推广与发展执行方案，如此才能确保创新想法可以被有效地执行。

本书认为创新行为不仅存在于提出的想法和建议及创新想法的推广与实现，而可能出现于斯考特和布鲁斯（1994）总结的个体创新活动阶段的任

---

① WEST M A, FARR J L. Innovation and creativity at work：Psychological and organizational strategies [M]. Chichester：Wiley，1990：3 – 13.

一时点。换言之，日常工作中的改进也可称为创新。因此，借鉴已有学者的观点，本书将员工创新行为界定为"将有益的创新观点予以产生、导入以及应用于组织中任一层次的所有个人行动"。[①]

现有研究已经识别出诸多影响员工创新行为的因素，可以分为员工个体因素和组织情境因素。员工个体因素包括个性特征、动机、认知风格、情绪等。组织情境因素涉及任务特征、人际因素（如领导行为、同事的个性特质及与同事的关系）、组织结构、文化和创新氛围等。伍德曼（Woodman，1993）系统地提出"创新交互模型"，认为个体创新行为是个体因素与环境因素相互作用的结果。此后，更多的学者开始关注个体因素与环境因素、环境因素之间的交互作用对员工创新行为的影响，如周和乔治（2001）检验了来自同事的反馈、同事的帮助和支持、组织对创新的支持与工作不满意、持续承诺之间的交互如何影响员工创新行为。詹森（Janssen，2005）也检验了员工在工作场所的影响力与主管支持的交互如何激发或阻碍员工参与创新行为等。

（二）员工工作塑造行为对创新行为的影响

AMO 模型[②]认为员工行为与绩效受能力、动机和机会的综合影响，借鉴该模型，工作塑造对员工创新行为的影响主要体现在机会、能力和动机方面。增加额外的工作任务，积极参与组织的新项目，学习并运用工作中的新技术和方法，均为员工提供了创新的机会；同时，在向上级和同事寻求反馈和意见、尝试挑战性任务等的过程中，员工创造性解决问题的思维和能力得到锻炼和提高；第三，通过积极进行心理调适，减轻压力，尽量避免消极和负面情绪，积极拓展人际交往，员工能够在轻松愉悦的环境中工作，员工更愿意积极投入创新工作中，创新的动机得到强化。此外，员工通过缩减任务、减少人际互动，可以将更多的精力投入与创新相关的活动中。劳伦斯（2010）在探讨工作狂倾向与工作塑造之间的关系时，分别检验了扩充型工作塑造和缩减型工作塑造与创新绩效的关系。据此，本书提出以下假设。

假设 7：员工工作塑造行为影响员工的创新行为。

假设 7a：员工工作塑造行为之增加资源维度正向影响员工的创新行为。

假设 7b：员工工作塑造行为之寻求挑战维度正向影响员工的创新行为。

---

① KLEYSEN R F, STREET C T. Towards a multi-dimensional measure of individual innovative behavior [J]. Journal of Intellectual Capital, 2001, 2 (3): 284-296.

② APPELBAUM E, BAILEY T, BERG P et al. Manufacturing advantage: Why high performance work systems pay off [M]. Ithaca, NY: Cornell University Press, 2000.

假设 7c：员工工作塑造行为之降低要求维度正向影响员工的创新行为。

三、员工工作塑造行为对可雇佣能力的影响

(一) 可雇佣能力的内涵

可雇佣能力概念起初是针对大学毕业生就业提出来的，之后被广泛应用到劳动力市场中的各类群体中，尤其是弱势就业群体，如低技能劳动者、新入职人员、高龄劳动者、残疾人等，其内涵一直处于变化之中。目前对于可雇佣能力主要从宏观（国家或地区、劳动力市场）、中观（组织）和微观（个体）三个层面来研究。本章聚焦于微观层面，即个体的可雇佣能力。

学者贝弗里奇（Beveridge，1909）首次提出可雇佣能力的概念，并将其定义为具备工作的能力，这在当时背景下主要是指体力方面的能力。此后可雇佣能力的内涵得到不断深化和拓展。学者们基于不同的研究视角对可雇佣能力进行了界定。从个体的能力感知角度出发，贝恩特松和马克伦德（Berntson and Marklund，2007）认为可雇佣能力是员工对内外部劳动力市场可选择机会的感知，即个体对重新获得工作可能性的感知；也有学者从能力角度，将可雇佣能力界定为劳动者获得最初就业、维持就业和获取新的就业所需要的能力，[①] 罗斯维尔和阿诺德（Rothwell and Arnold，2007）也认为可雇佣能力是个体保持目前工作或获取自己理想的工作的能力；还有学者认为，可雇佣能力是一种心理特质，如福格特等（Fugate et al.，2004）认为，可雇佣能力指的是个体的一种积极的工作适应能力，这种能力使个体能够发现、识别并实现自己所面临的工作机会；同样地，桑德斯和格瑞普（Sanders and Grip，2004）也将可雇佣能力定义为个体对工作任务及所处环境做出的一种适应性反应，并努力改变自己，以维持自己在劳动力市场中的竞争性。结合研究主旨，本书将采纳罗斯维尔和阿诺德（2007）的定义，将可雇佣能力视为个体应对内外部劳动力市场的一种能力。

随着可雇佣能力概念研究的深入，学者们也对可雇佣能力的结构维度进行了探讨，出现了二维度、三维度和五维度等不同的结构划分。罗斯维尔和阿诺德（2007）认为可雇佣能力不仅受到组织内部劳动力市场的影响，还受到外部劳动力市场的约束，基于这一观点，将可雇佣能力分为内部可雇佣

---

① HILLAGE J，POLLARD E. Employability：Developing a framework for policy analysis［R］. Research Brief No. 85. London：Department for Education and Employment，1998.

能力和外部可雇佣能力。也有学者①基于胜任特征模型认为可雇佣能力包含个体适应性、职业认同以及人力资本和社会资本三个维度；从职业转换的角度，有学者②将可雇佣能力划分为工作匹配可雇佣能力、组织内部可雇佣能力和组织外部可雇佣能力三个维度。福格特和金尼奇（Fugate and Kinicki，2008）在三维度基础上，进一步提出五维度模型，即可雇佣能力包括工作适应性、工作主动性、工作弹性、工作动机以及工作认同；也有学者（Heijde and Van Der Heijden，2006）从资源基础观出发，基于能力角度提出可雇佣能力可以分为专业技能、个体适应性、职业期望与职业管理最优化、公司意识和平衡五个维度。

本书运用二维结构模型，将可雇佣能力分为内部和外部两种。内部可雇佣能力指的是员工被目前组织持续雇用的意愿与能力，反映的是员工在内部劳动力市场的竞争力；而外部可雇佣能力则指的是员工在其他组织中获得新工作的意愿与能力，反映了员工在外部劳动力市场上的竞争力。③

作为一种动态能力，个体的可雇佣能力会随着环境的变化和个体的发展而变化。宏观的劳动力市场因素、国家的教育和就业政策、组织环境的变化都会影响到个体的可雇佣能力。个体自身的差异是影响可雇佣能力的重要内在因素。个体的人口特征（如性别、年龄、婚姻状况等）、人格特质（如开放性、主动性等）、学习意愿及能力、技术和技能的可转移性等，均可能导致可雇佣能力的个体差异。有学者（Deloitte and Touche，2001）曾明确指出，可雇佣能力会受到个体所接受的教育和培训水平、工作中的人际关系、对环境变化的态度和获取信息的态度和能力、雇主的招募标准和形式等因素的影响。

可雇佣能力提升也给个体带来一定的影响。可雇佣能力较高的个体有能力改变不利的工作环境，寻求更好的工作条件，降低工作的不安全感和压力感，有着更高的幸福感和更好的健康状况（Pfeffer，1998）；同时，组织通过培训和技能开发活动，提升员工的可雇佣能力，将有助于提高员工的组织

---

① FUGATE M, KINICKI A J, ASHFORTH B E. Employability: A psychosocial construct, its dimensions, and applications [J]. Journal of Vocational Behavior, 2004, 65 (1): 14 – 38.

② SANDERS J, De GRIP A. Training, task flexibility and the employability of low-skilled workers [J]. International Journal of Manpower, 2004, 25 (1): 73 – 89.

③ GROOT W, DE BRINK H M V. Education, training and employability [J]. Applied economics, 2000, 32 (5): 573 – 581.

承诺水平①（Lips – Wiersma and Hall，2007）、工作满意度（Barnett and Bradley，2007），降低离职意愿；但也有学者提出，可雇佣性的提高可能会带来更多的员工流动（Fugate et al.，2004）。

（二）员工工作塑造行为对可雇佣能力的影响

工作塑造是指员工改变他们的工作以获得对个人有价值的结果。福瑞德等②提出，当员工认为寻求更多具有挑战性要求的工作将有助于他们的职业提升时，员工更有可能去进行令人兴奋、具有刺激性的工作塑造。为了承担更多的任务，完成更加困难的工作，员工需要付出更多的努力去学习新知识和新技能，不断提升自身的专业能力，即通过塑造自己的工作，拓展工作的边界，学习更多的技能，这有助于员工获得更多的机会。同时，在增加资源、寻求挑战的过程中，个体的学习能力和适应变化的能力得到提升，员工积累了心理资源，可以更为从容地应对环境的变化。反之，如果员工降低阻碍性工作要求，则表明他们的能力难以应对工作的要求，与组织范围内相关的能力无法得到进一步提升。蒂姆斯等（2012）在检验工作塑造四维度量表的效度时，分析了工作塑造对可雇佣能力的影响，认为增加（结构性和社会性）资源和增加工作挑战均有利于员工可雇佣能力的提升。而降低阻碍性工作要求的员工则表现出较低的同事评价的可雇佣能力。但本书认为，降低工作要求的员工可能将资源和精力投入与外部劳动力市场要求相关的能力提升中。据此，本书提出以下假设。

假设8：员工工作塑造行为影响员工可雇佣能力。

假设8a – 1：工作塑造之增加资源维度正向影响员工的内部可雇佣能力。

假设8a – 2：工作塑造之增加资源维度正向影响员工的外部可雇佣能力。

假设8b – 1：工作塑造之寻求挑战维度正向影响员工的内部可雇佣能力。

假设8b – 2：工作塑造之寻求挑战维度正向影响员工的外部可雇佣能力。

---

① LIPS – WIERSMA M，HALL D T. Organizational career development is not dead：A case study on managing the new career during organizational change ［J］. Journal of Organizational Behavior，2007，28 （6）：771 – 792.

② FRIED Y，GRANT A M，LEVI A S et al. Job design in temporal context：A career dynamics perspective ［J］. Journal of Organizational Behavior，2007，28（7）：911 – 927.

假设 8c - 1：工作塑造之降低要求维度负向影响员工的内部可雇佣能力。

假设 8c - 2：工作塑造之降低要求维度正向影响员工的外部可雇佣能力。

综上所述，本节主要考察员工工作塑造行为对员工工作绩效、创新行为和可雇佣能力的影响，由此形成员工工作塑造行为的影响效应研究模型，如图 4 - 4 所示。

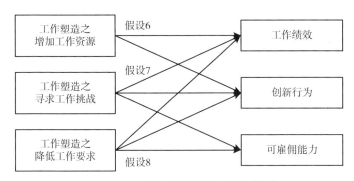

图 4 - 4　工作塑造行为作用效应模型

资料来源：笔者设计。

第四节　研究假设汇总

通过前三节的分析，本书探讨了工作不安全感、内部人身份感知、组织地位感知作为前因变量对工作塑造的影响，同时也探讨了工作塑造对工作绩效、创新行为和可雇佣能力的作用效应，由此形成一系列假设，汇总如表 4 - 1 所示，这有助于更加全面深入地理解工作塑造，为后续研究做好铺垫。

表 4 - 1　　　　　　　　　　研究假设汇总

序号	假设内容	类型
假设 1	工作不安全感对员工工作塑造行为的影响呈非线性	员工工作塑造行为的影响因素
假设 1a - 1	数量型工作不安全与工作塑造之增加资源维度呈 U 型相关	
假设 1a - 2	数量型工作不安全与工作塑造之寻求挑战维度呈 U 型相关	

续表

序号	假设内容	类型
假设 1a-3	数量型工作不安全与工作塑造之降低要求维度呈倒 U 型相关	
假设 1b-1	质量型工作不安全与工作塑造之增加资源维度呈 U 型相关	
假设 1b-2	质量型工作不安全与工作塑造之寻求挑战维度呈 U 型相关	
假设 1b-3	质量型工作不安全与工作塑造之降低要求维度呈倒 U 型相关	
假设 2	内部人身份感知影响员工工作塑造行为	
假设 2a	内部人身份感知水平越高,员工越可能增加工作资源	
假设 2b	内部人身份感知水平越高,员工越可能寻求工作挑战	
假设 2c	内部人身份感知水平越低,员工越可能降低工作要求	
假设 3	工作常规性调节内部人身份感知与员工工作塑造行为的关系	
假设 3a	当工作常规性较高时,内部人身份感知对增加工作资源的影响减弱;当工作常规性较低时,内部人身份感知对增加工作资源的影响增强	
假设 3b	当工作常规性较高时,内部人身份感知对寻求工作挑战的影响减弱;当工作常规性较低时,内部人身份感知对寻求工作挑战的影响增强	员工工作塑造行为的影响因素
假设 3c	当工作常规性较高时,内部人身份感知对降低工作要求的影响减弱;当工作常规性较低时,内部人身份感知对降低工作要求的影响增强	
假设 4	组织地位感知影响员工工作塑造行为	
假设 4a	组织地位感知水平越低,员工越有可能增加资源	
假设 4b	组织地位感知水平越低,员工越有可能寻求挑战	
假设 4c	组织地位感知水平越高,员工越有可能降低要求	
假设 5	尽责性调节组织地位感知与员工工作塑造行为的关系	
假设 5a	当尽责性较高时,组织地位感知对增加工作资源的影响减弱;当尽责性较低时,组织地位感知对增加工作资源的影响增强	
假设 5b	当尽责性较高时,组织地位感知对寻求工作挑战的影响减弱;当尽责性较低时,组织地位感知对寻求工作挑战的影响增强	
假设 5c	当尽责性较高时,组织地位感知对降低工作要求的影响减弱;当尽责性较低时,组织地位感知对降低工作要求的影响增强	

续表

序号	假设内容	类型
假设 6	员工工作塑造行为影响员工的工作绩效	
假设 6a	员工工作塑造行为之增加资源维度正向影响员工的工作绩效	
假设 6b	员工工作塑造行为之寻求挑战维度正向影响员工的工作绩效	
假设 6c	员工工作塑造行为之降低要求维度负向影响员工的工作绩效	
假设 7	员工工作塑造行为影响员工的创新行为	
假设 7a	员工工作塑造行为之增加资源维度正向影响员工的创新行为	
假设 7b	员工工作塑造行为之寻求挑战维度正向影响员工的创新行为	员工工作塑造行为的作用效应
假设 7c	员工工作塑造行为之降低要求维度正向影响员工的创新行为	
假设 8	员工工作塑造行为影响员工可雇佣能力	
假设 8a－1	员工工作塑造行为之增加资源维度正向影响员工的内部可雇佣能力	
假设 8a－2	员工工作塑造行为之增加资源维度正向影响员工的外部可雇佣能力	
假设 8b－1	员工工作塑造行为之寻求挑战维度正向影响员工的内部可雇佣能力	
假设 8b－2	员工工作塑造行为之寻求挑战维度正向影响员工的外部可雇佣能力	
假设 8c－1	员工工作塑造行为之降低要求维度负向影响员工的内部可雇佣能力	
假设 8c－2	员工工作塑造行为之降低要求维度正向影响员工的外部可雇佣能力	

资料来源：笔者整理。

第五章 实证研究设计与方法

本章将结合研究主旨，在前文所述相关理论的基础上，通过选择各构念的测量工具、设计调查问卷、收集数据等步骤，奠定实证研究的基础。本章包括三部分内容：一是研究所涉及构念的测量工具的选择；二是依据问卷设计方法与具体步骤，形成本书的初始问卷；三是通过预调研对初始问卷进行修订，并在此基础上形成正式问卷。

第一节 测量工具的选择

本书根据需要，选择一些相对成熟的量表，且这些该量表在已有研究中已被广为应用、并验证出具有良好的信效度。各量表均采用 Likert 7 点计分法，"1"代表完全不同意，"7"代表完全同意。

一、工作塑造测量工具

目前研究开发的工作塑造量表主要有三大类。

一类是基于瑞斯尼斯基和达顿（2001）提出的任务、关系和认知三维结构所开发的量表，如三维度工作塑造量表①、莉娜等（2009）学者开发的个人塑造量表和合作式塑造量表以及别的学者开发的的工作塑造量表（Slemp and Vella – Brodrick，2013）。

一类是基于工作要求 – 资源模型所开发的量表，如蒂姆斯等（2012）开发的涵盖增加结构性资源、增加社会性资源、寻求工作挑战和降低工作要

---

① GHITULESCU B E. Shaping tasks and relationships at work: Examining the antecedents and consequences of employee job crafting [D]. Pittsburgh: University of Pittsburgh. 2006.

求四个维度的量表、包含增加资源、寻求挑战和降低要求三个维度的量表[①]、尼尔森和阿伯盖德（2012）的五维度量表。

还有一类是根据工作塑造方向的不同开发的量表。劳伦斯[②]开发出包含扩展型工作塑造和收缩型工作塑造两类不同导向的工作塑造量表。

本书将综合前两种观点，借鉴蒂姆斯和贝克尔（2010）对工作塑造的三维度框架，即增加工作资源、寻求工作挑战和降低工作要求，在现有工作塑造量表基础上，结合质性研究结果形成工作塑造行为的初始量表。其中，增加工作资源维度12题项，寻求工作挑战6题项，降低工作要求6题项。具体题项如表5－1所示。

表5－1　　　　　　　　　　员工工作塑造行为初始量表

变量	维度	编号	题项
工作塑造行为	增加工作资源	JC－1	我会在观念上进行重构，强调我的工作是重要的和有意义的[a]
		JC－2	我会进行心理上的调适，认为我的工作对公司成功是重要的[a]
		JC－3	我会进行心理上的调适，认为我的工作是具有社会影响力的[a]
		JC－4	针对工作环境中的不利因素，我会在心态上积极调整[a]
		JC－5	我尝试在工作中学习新事物[b]
		JC－6	我尝试发展我的能力[b]
		JC－7	我会经常学习专业知识，以提升专业技能[b]
		JC－8	我确保我的能力最大化发挥[b]
		JC－9	我采取了一些措施以增加我在工作中和别人打交道的机会[c]
		JC－10	为了有效达成工作目标，我采取了一些措施以拓宽我的人际圈子[c]
		JC－11	我会向上级寻求指导和反馈[b]
		JC－12	我会向同事寻求咨询和建议[b]

① PETROU P, DEMEROUTI E, PEETERS M C W et al. Crafting a job on a daily basis：Contextual correlates and the link to work engagement [J]. Journal of Organizational Behavior, 2012, 33：1120 – 1141.

② LAURENCE G A. Workaholism and expansion and contraction oriented job crafting：The moderating effects of individual and contextual factors [D]. Unpublished doctoral dissertation, Syracuse, NewYork：Syracuse University, 2010.

续表

变量	维度	编号	题项
工作塑造行为	寻求工作挑战	JC–13	在熟悉工作后，我尝试使我的工作更具挑战性[a]
		JC–14	我通常会承担额外任务，尽管没有额外收入[b]
		JC–15	如果完成工作，我会要求更多任务[c]
		JC–16	当有新方法引入时，我会是最先学习并运用它们的人之一[b]
		JC–17	当没有太多工作时，我认为这是开始新项目的机会[b]
		JC–18	当有参与机会时，我会抓住[d]
	降低工作要求	JC–19	我会降低自己的工作预期和主动性[c]
		JC–20	我会减少自己的工作量以确保较小的工作负担[b]
		JC–21	我尽量让自己在工作中情绪上不太紧张[b]
		JC–22	我尽量在工作中减少接触影响我情绪的人[b]
		JC–23	我采取了一些措施以缩小我在工作中的关系网[c]
		JC–24	我采取了一些措施以限制我在公司中扮演的角色[c]

注：a 表示题项来源于质性访谈结果。b 表示题项来源于：TIMS M，BAKKER A B，DERKS D. Development and validation of the job crafting scale［J］. Journal of Vocational Behavior，2012，（80）：173 – 186. c 表示题项来源于：LAURENCE G A. Workaholism and expansion and contraction oriented job crafting：The moderating effects of individual and contextual factors［D］. Unpublished doctoral dissertation，Syracuse，NewYork：Syracuse University，2010. d 表示题项来源于：PETROU P，DEMEROUTI E，PEETERS M C W et al. Crafting a job on a daily basis：Contextual correlates and the link to work engagement［J］. Journal of Organizational Behavior，2012，33：1120 – 1141.

资料来源：笔者整理。

二、工作不安全感测量工具

目前对于工作不安全感的测量有整体观、多维观和综合观等不同的观点。整体观的学者们通常使用一个或少数几个题项，从整体上来测量个体对丧失工作可能性的知觉或担心程度，如要求被访者回答"在不久的将来你有多大可能会失去工作"。① 多维观中不同学者依据不同的维度

---

① SVERKE M，HELLGREN J，NASWALL K. No security：A meta-analysis and review of job insecurity and its consequences［J］. Journal of occupational health psychology，2002，7（3）：242 – 264.

划分开发出不同的量表。其中比较有代表性的，如布劳等（2004）开发量表，该量表包含工作丧失、人力资本和工作条件三个维度，共15个题项；还有赫尔格伦等（Hellgren et al.，1999）基于二维观开发的包含数量型工作不安全感和质量型工作不安全感两个维度、共7个题项的量表。综合观的学者代表阿什福德等（1989）编制出包含57个题项的精细化量表。结合研究主题，本书采用赫尔格伦等（1999）等人开发的工作不安全感量表。其中，数量型工作不安全感包含3个题项，均为正向题项；质量型工作不安全感包含4个题项，均为反向题项，具体题项如表5-2所示。

表 5 - 2　　　　　　　　　　　工作不安全感初始量表

变量	维度	编号	题项
工作不安全感	数量型工作不安全感	JI - 1	我很担心自己在想要离开这个公司之前就不得不离开
		JI - 2	我认为未来自己有失去目前工作的可能
		JI - 3	我为未来失去工作而担忧
	质量型工作不安全感	JI - 4	我很看好在这个公司中将来的职业发展机会（R*）
		JI - 5	我认为不久后公司会给我提供令人兴奋的工作（R）
		JI - 6	我相信公司在未来仍需要我的工作能力（R）
		JI - 7	我在公司的待遇水平很有前景（R）

注：R*代表该题项为反向题。

资料来源：笔者设计。

三、内部人身份感知测量工具

内部人身份感知采用斯坦普尔和马斯特森（2002）编制的量表，该量表包含单一维度的6个题项，其中题项3和题项6为反向题。有学者[①]曾运用该量表的中文版本来研究中国情境下的分权和员工工作产出的关系，该版本被验证具有良好的信度和效度。具体题项如表5-3所示。

① CHEN Z X，ARYEE S. Delegation and employee work outcomes：An examination of the cultural context of mediating processes in China ［J］. Academy of Management Journal，2007，50（1）：226 – 238.

表 5 – 3   内部人身份感知初始量表

变量	维度	编号	题项
内部人身份感知	单维度	PIS – 1	我深深觉得我是公司的一部分
		PIS – 2	我的公司让我坚信我是其中的一分子
		PIS – 3	我感觉我是这个公司的局外人（R）
		PIS – 4	我感觉被公司接纳为其中一员
		PIS – 5	我感觉在公司中我是局内人
		PIS – 6	我感觉经常被公司忽视或冷落（R）

资料来源：笔者根据相关文献整理。

四、组织地位感知测量工具

员工组织地位感知量表改编自艾森伯格等（Eisenberger，2002）编制的组织地位感知量表，该量表包含 12 个题项。本书参照学者（Tangirala and Ramanujam，2008）的做法，从该量表中选取因子负荷最高的 4 个题项进行测量，具体题项如表 5 – 4 所示。

表 5 – 4   组织地位感知初始量表

变量	维度	编号	题项
组织地位感知	单维度	OS – 1	公司给予我很大的尊重
		OS – 2	公司给我机会做重要的决策
		OS – 3	公司重视我的贡献
		OS – 4	公司给我权利去尝试新事物

资料来源：笔者根据相关文献整理。

五、工作常规性测量工具

工作常规性的测量采用巴哈拉赫、班伯格和康利（Bacharach，Bamberger and Conley，1990）开发的量表，该量表包含单一维度，共 3 个题项，原量表题项为："每天我的工作中都有些不同的事情做""我所做的大部分工作里，每天都有一些新的东西""你认为你的工作只是每天例行公事吗"。考虑到量表题项数量较少，且 2 个为反向计分，1 个为提问式问题，为了便于被调查者填写，本书对题项表述进行适当调整，具体题项如表5-5所示。

表5-5   工作常规性初始量表

量表	维度	编号	题项
工作常规性	单维度	JR-1	每天我的工作中都有些不同的事情做（R）
		JR-2	我所作的大部分工作里，每天都没有新的东西
		JR-3	我的工作只是每天例行公事

资料来源：笔者根据相关文献整理。

六、尽责性测量工具

员工尽责性的测量源自国内学者王孟成、戴晓阳和姚树桥（2011）的中国人大五人格量表，该量表根据国外学者（Murakami and Murakami，1997）开发的大五人格量表所编制并被验证了具有良好的信度和效度，该量表包含外向性、神经质、尽责性（又被译作严谨性）、开放性和宜人性五个分量表。本书选取其中的尽责性量表，包含单一维度的8个题项，其中第1题为反向计分，其余7题为正向计分，具体题项如表5-6所示。

表5-6   尽责性初始量表

量表	维度	编号	题项
尽责性	单维度	CP-1	在工作上，我只求能应付过去便可（R）
		CP-2	一旦确定了目标，我会坚持努力地实现它
		CP-3	我常常是仔细考虑之后才做出决定
		CP-4	别人认为我是个慎重的人
		CP-5	做事讲究逻辑和条理是我的一个特点
		CP-6	我喜欢一开头就把事情计划好
		CP-7	我工作或学习很勤奋
		CP-8	我是个倾尽全力做事的人

资料来源：笔者根据相关文献整理。

七、工作绩效测量工具

现有研究对于工作绩效的测量方式不一，就评价主体来看，有的采取让主管评价下属的方式，有的采取让员工自己评价的方式。有研究①指出，相对于主管评价的方式，员工自评可能存在宽松化的偏差（leniency bias）。但是学者樊景立和郑伯埙（1997）通过研究发现，中国台湾工作人员自评的工作绩效不仅没有宽大偏差的现象，反而表现出自谦偏差（modesty bias），员工自我评价的结果比主管评价结果更为严苛并且得分更低。本书认为，员工一般能够客观的认识并评价自身的优缺点和工作中的绩效产出，因此采取员工自评的方式来测量工作绩效。工作绩效的测量工具采用威廉姆斯和安德森（Williams and Anderson，1991）开发的量表，该量表广为研究者运用，具有较好的信度和效度，该量表包含单一维度的7个题项，其中题项5和题项7为反向计分。经过与老师及团队中具有英语专业背景的管理学博士讨论，认为这两个题项在中国语境下的区分意义不大，故合并为一个题项，因此本量表总共6个题项，具体题项如表5-7所示。

表5-7　　　　　　　　　　　　　工作绩效初始量表

变量	维度	编号	题项
工作绩效	单维度	JP-1	我充分完成了公司安排的工作任务
		JP-2	我会履行工作说明书中规定的职责
		JP-3	我完成公司期望我完成的任务
		JP-4	我达到了工作的正式绩效要求
		JP-5	我会参与直接影响绩效评价的活动
		JP-6	我会忽视一些必须要做的工作（R）

资料来源：笔者根据相关文献整理。

八、创新行为测量工具

目前关于员工创新行为的测量量表有很多，有代表性的主要有：斯科特和布鲁斯（1994）基于个体创新行为三阶段论开发的量表；克莱森和斯特里特（Kleysen and Street，2001）编制的个人创新行为量表，包括寻找机会、产生想法、形成调查、支持以及应用五个维度；还有学者（Janssen and Van Yperen，2004）开发的包含创新意愿、创新行为、创新成果及其应用等

① HARRIS M M, SCHAUBROECK J. A meta-analysis of self-supervisor, self-peer, and peer-supervisor ratings [J]. Personnel Psychology, 1988, 41 (1): 43-62.

方面的创新行为量表等。本书采用斯科特和布鲁斯（1994）的创新行为量表，该量表包含单一维度的 6 个题项，具体题项如表 5-8 所示。

表 5-8　　　　　　　　　　　创新行为初始量表

变量	维度	编号	题项
创新行为	单一维度	IB-1	我总是寻求应用新的流程、技术与方法
		IB-2	我经常提出有创意的点子和想法
		IB-3	我经常与别人沟通并推销自己的新想法
		IB-4	为了实现新想法，想办法争取所需资源
		IB-5	为了实现新想法，制订合适的计划和规划
		IB-6	整体而言，我是一个具有创新精神的人

资料来源：笔者根据相关文献整理。

九、可雇佣能力测量工具

基于可雇佣能力内涵界定和维度划分的不同，学者们所使用的测量工具也存在差异，本书将采用罗斯维尔和阿诺德（2007）开发的量表。该量表包含外部可雇佣能力和内部可雇佣能力两个维度，外部可雇佣能力包含 4 个题项，内部可雇佣能力包含 7 个题项，全部正向计分，具体题项如表 5-9 所示。

表 5-9　　　　　　　　　　　可雇佣能力初始量表

量表	维度	编号	题项
可雇佣能力	内部	PE-1	即使公司裁员，我也相信自己能留下来
		PE-2	我在公司的人际网络有助于我的职业生涯发展
		PE-3	虽然与我目前的工作不同，我深知自己在公司中的潜在机会
		PE-4	与做同类工作的同事相比，我在公司得到更多的尊重
	外部	PE-5	我从当前工作中获得的技能可用于公司之外的其他工作
		PE-6	我获得公司的再培训，使我更容易在别处被雇用
		PE-7	虽然与我当前工作有差异，我深知自己在公司之外的机会

续表

量表	维度	编号	题项
可雇佣能力	外部	PE – 8	如果需要，我能够轻松地在同类公司找到一份工作
		PE – 9	我能轻松地在其他公司获得一份类似的工作
		PE – 10	雇主愿意雇用技能水平与工作经历同我相似的员工
		PE – 11	我在别处也能找到与自己的技能，经验相关的工作

资料来源：笔者根据相关文献整理。

十、控制变量

本书将性别、年龄、任职年限、教育程度、职位等级等作为控制变量。

将性别纳入控制变量有两个方面的考虑。一方面，主要是基于男性和女性个体特征的差异：男性更渴望变化的发生，在变化中寻求自我价值，在应对外部环境变化时也更倾向于主动出击，积极应对；相较而言，女性更易于安于现状，寻求稳定，对环境变动的反应更倾向于接受现实。另一方面，柔性工作情境中人力资源柔性对女性员工的影响更大，加之女性本身属于劳动力市场中的弱势群体，在工作中实施主动改变的行为可能会少于男性。访谈也印证了这一点，女性被访者表现出的工作塑造行为无论在频率还是在程度上都低于男性被访者。因此，将性别作为控制变量之一。

员工年龄和任职年限的差异也会影响到其工作塑造行为。年龄和任职年限不同，员工在工作中进行改变的可能性也存在差异，是一个有意思的话题。一种观点认为，相比于刚入职的新员工，资历较长的员工由于受到组织现有文化和规范的影响较深，改变的动机大大减弱；相反的观点则认为，任职年限较长的员工更有可能进行工作塑造，他们对改变的风险有足够的承受能力。因此，将年龄和任职年限（司龄）也作为控制变量来考虑。

教育程度会影响员工寻求工作意义和认同的动机。一般而言，教育程度越高，员工越注重工作本身带来的社会价值和意义，故而会在工作中尝试各种改变以找寻内心的呼唤。

职位等级不同的员工在工作塑造中的具体表现亦不相同。伯格、瑞斯尼斯基和达顿（Berg, Wrzesniewski and Dutton, 2010）的研究指出，职位不同，员工在工作塑造中所遇到的挑战不同，相应地应对和调适方式亦不相同。因此，教育程度和职位等级也作为本研究的控制变量。

第二节　问卷设计与数据收集

一、初始问卷的生成

核心变量的测量工具以及主要的控制变量确定之后，本研究严格遵循调查问卷设计的规范步骤，形成初始调查问卷。具体问卷内容包括以下要素。

（一）卷首语

卷首语通常包含问卷调查的主题与目的、保密措施与承诺、对答卷人致谢等方面内容，以激发问卷填写人的参与兴趣、打消其参与顾虑，提高问卷调研的质量和效果。

（二）问卷填写者的个人信息

此部分主要涉及本书的控制变量部分。具体包括性别、年龄、教育背景、任职年限、职位等级、职位类型、所属部门等内容。

（三）量表测量题项与选项

此部分是问卷的主体。主要是在上述各构念测量量表的基础上，采用李克特7点记分法编制选项。其中，1表示"非常不同意"，2表示"有些不同意"，3表示"不同意"，4表示"既不同意也不反对"，5表示"有些同意"，6表示"同意"，7表示"非常同意"，请被访者根据自己的真实感受，对各题项的描述进行评价，并在相应的数字上打"√"，数字越大表示对该题项的表述越赞同。

二、预调研数据收集

为了提高问卷调查的效果，本书在进行正式问卷发放之前，在小范围内对初始问卷进行了预调研。基于数据收集的便利性和可获性，预调研阶段的数据收集主要是利用导师和本书笔者自己的熟人关系网络进行调查问卷的发放和回收。主要有两种获取问卷的途径，其一是通过事先联系在企业工作的朋友，由他协助直接进入企业，进行现场发放纸质问卷并当场回收；其二是通过电子邮件或QQ在线发放电子版本问卷，直接邀请在企业工作的朋友、同学、学生填写并发回，或直接填写网络在线问卷。为了确保调研效果，在问卷发放之前先向受访者了解所在企业的柔性实践，然后再让受访者填答问卷。预调研在天津、武汉、太原、郑州等地数家企业进行，调查时间始于2014 年 11 月，结束于 2015 年 1 月。

第三节　预调研分析与正式问卷形成

一、预调研样本信息

本次预调研共发放问卷 160 份，回收 149 份。在回收的 149 份问卷中，剔除无效的问卷 11 份，其中包括填写有遗漏的问卷、连续 10 题选项相同的问卷、同一变量测量中正向计分题和反向计分题选项相同的问卷，共获得138 份有效问卷，有效回收率为 86.3%。预调研样本特征如表 5 – 10 所示。

从表 5 – 10 中可以看出，被访者中女性稍多于男性，占样本总量的58%，性别比例相对平衡，有助于分析性别差异的影响。就年龄而言，26 ~35 岁占样本的大部分，达到 76.1%，这类群体恰是组织中的中坚力量。调查对象的整体教育水平较高，本科以上教育背景占样本量的 86.2%。此外，司龄的样本分别较为平均，每个工龄段均有一定比例。职位等级中，普通员工占 21.7%，各级管理者占 70.3%，有助于进行差异化分析。

表 5 – 10　　　　　　　　预调研样本特征的描述性统计（N = 138）

样本		次数	百分比（%）	有效百分比（%）	累计百分比（%）
性别	男	58	42.0	42.0	42.0
	女	80	58.0	58.0	100.0
年龄	21 ~ 25 岁	8	5.8	5.8	5.8
	26 ~ 30 岁	56	40.6	40.6	46.4
	31 ~ 35 岁	49	35.5	35.5	81.9
	36 ~ 40 岁	13	9.4	9.4	91.3
	41 岁以上	12	8.7	8.7	100.0

续表

样本		次数	百分比（%）	有效百分比（%）	累计百分比（%）
教育程度	高中及以下	3	2.2	2.2	2.2
	大专	16	11.6	11.6	13.8
	本科	110	79.7	79.7	93.5
	硕士及以上	9	6.5	6.5	100.0
司龄	1 年以内	1	0.7	0.7	0.7
	1～3 年	19	13.8	13.8	14.5
	3～5 年	36	26.1	26.1	40.6
	5～7 年	42	30.4	30.4	71.0
	7 年以上	40	29.0	29.0	100.0
职位等级	普通员工	30	21.7	21.7	21.7
	基层管理者	39	28.3	28.3	50.0
	中层管理者	59	42.8	42.8	92.8
	高层管理者	10	7.2	7.2	100.0
所属部门	生产	26	18.8	18.8	18.8
	人事	12	8.7	8.7	27.5
	财务	20	14.5	14.5	42.0
	研发	34	24.6	24.6	66.7
	行政	23	16.7	16.7	83.3
	营销	18	13.0	13.0	96.4
	其他	5	3.6	3.6	100.0

资料来源：笔者计算。

二、项目分析方法

预调研完成之后，要对回收的问卷进行项目分析，以作为编制正式问卷的依据。项目分析的主要目的在于检验所编制问卷题项的适切性或可靠性程度，分析的结果可以作为筛选或修改问卷题项的主要依据。本研究将采用修正的项目总相关、信度分析、探索性因素分析等方法，通过分析预调研收集的数据来检验初始问卷质量。

（一）修正的项目总相关分析

修正的项目总相关分析（Corrected – Item Total Correlation，CITC），指的是校正题项与题项总分的相关系数，此系数是每一个题项与其他题项相加后总分（不包含原题项）之间的相关系数，如果系数太低，表示该题项与其余题项的关联性不高，即该题项与其余题项的同质性不高，则可以考虑将该题删除。吴明隆（2010）建议修正的项目总相关系数必须大于或等于0.4，若相关系数小于0.4，题项与总分间只呈现低度相关关系。本章选择0.4作为判断题项是否保留的参照标准，若 CITC 值 < 0.4，则可考虑删除该题项。

（二）信度分析

信度（reliability）是指量表的可靠性或稳定性，在项目分析中，可用作检验题项间的同质性程度。信度检验旨在考察删除题项后，量表整体的信度系数变化情况，常用的检验信度方法为克隆巴赫（Cronbach's α）系数，用以估计量表的内部一致性程度。如果量表所包含的题项数在测量相同特质或同一潜在构念时题项越多，内部一致性系数一般而言会越高；若各题项之间所测的行为特质差异较大，则内部一致性系数一般会偏低。吴明隆（2010）指出，信度系数≥0.6表示整个量表的信度尚可接受。而且，通常删除某一道题后，量表的内部一致性系数会相对变小，若删除某个题项后，量表的内部一致性系数比原先的信度系数变大很多，则表明此题项所欲测量的行为或心理特质与其余题项并不同质，可以考虑删除该题项。本书以信度系数≥0.6作为考察整个量表的信度依据，同时以删除某题项后的 α 值≥量表信度系数为某题项取舍的参考标准。

（三）探索性因素分析

在预调研阶段，通常采用探索性因素分析（explorative factor analysis，EFA）来分析所收集的数据，目的在于找出量表潜在的结构。

首先是采用取样适切性量数，即 KMO 值（Kaiser – Meyer – Olkin measure of sampling adequacy）和 Bartlett 球形检验值等指标，来检验题项间的相关性，判断使用量表是否适合进行探索性因素分析。KMO 值越接近于1，表明题项间的共同因素越多，净相关系数越低，越适合进行因素分析。依据 Kaiser（1974）的观点，KMO 在0.7以上适合进行因素分析。此外，Bartlett

球形检验的统计量观测值 χ^2 较大，且对应的概率 P 值小于设定的显著性水平时，适合进行因素分析。

然后再查看各题项的因素负荷。各题项在所测量维度上因素负荷越大，同时在其他维度上的负荷越小，表明该量表的构念效度越好。学者坦巴奇尼克和菲德尔（Tabachnick and Fidell，2007）认为，指标变量要能有效反映潜在因素，其信度指标值至少要达到 0.5，因素负荷量越大，变量能测量到的共同因素特质越多。学者吴明隆（2010）建议，题项的因素负荷选择标准最好在 0.4 以上，此时共同因素可以解释题项变量 16% 的变异。综合考虑，本章将采用因素负荷大于 0.45 作为决定删除和保留题项的标准，同时对测量题项进行因素抽取，采用主成分分析法、以特征值大于 1 作为标准。

三、初始量表分析结果

（一）工作塑造初始量表的项目分析

吴明隆（2010）建议："在采用内部一致性系数作为项目分析的衡量指标时，如果量表所包含的因素构念分属于两种以上不同的面向，而这些面向的分数加总并无实质意义，这时，量表的内部一致性系数要以各不同的因素构念作为子量表分别计算，而不能估计整体量表的信度系数。"如前文所述，工作塑造初始量表包含增加工作资源、寻求工作挑战和降低工作要求三个维度，故将分别进行 CITC 和信度分析。

1. 增加工作资源量表的 CITC 值和信度分析

增加工作资源量表的 CITC 值和信度分析结果如表 5-11 所示。

表 5-11　　增加工作资源量表的 CITC 值和信度分析结果

测量题项	CITC	题项删除时的 Cronbach's α	Cronbach's α
JC-1	0.551	0.869	
JC-2	0.548	0.869	
JC-3	0.580	0.867	
JC-4	0.500	0.871	0.877
JC-5	0.658	0.862	
JC-6	0.633	0.864	

续表

测量题项	CITC	题项删除时的 Cronbach's α	Cronbach's α
JC – 7	0.623	0.865	
JC – 8	0.610	0.865	
JC – 9	0.604	0.865	0.877
JC – 10	0.622	0.864	
JC – 11	0.503	0.872	
JC – 12	0.402	0.877	

资料来源：笔者计算。

从表 5 – 11 中可以看出，增加工作资源量表的 12 个题项 CITC 值在 0.402 ~ 0.658 之间，均大于 0.4 的标准；量表总体的克隆巴赫系数为 0.877，高于 0.6 的可接受水平；题项删除时的克伦巴赫系数除第 12 题外均小于 0.877，第 12 题等于 0.877，处于临界水平，暂不予删除，待结合探索性因素分析结果再做处理。

2. 寻求工作挑战量表的 CITC 值和信度分析

寻求工作挑战量表的 CITC 值和信度分析结果如表 5 – 12 所示。

表 5 – 12　　　　寻求工作挑战量表的 CITC 值和信度分析结果

测量题项	CITC	题项删除时的 Cronbach's α	Cronbach's α
JC – 13	0.611	0.735	
JC – 14	0.493	0.762	
JC – 15	0.591	0.735	0.783
JC – 16	0.579	0.741	
JC – 17	0.605	0.733	
JC – 18	0.353	0.794	

资料来源：笔者计算。

表 5 – 12 显示，寻求工作挑战量表的 6 个条目中，第 18 题的 CITC 值为 0.353，低于 0.4 的可接受水平，删除该题项后的 α 值 0.794 也高于量表的整体 α 值 0.783，考虑删除该题项。其余题项的 CITC 值均大于 0.4，删除题

项的 α 值也低于整体量表的 α 值，做保留处理。

3. 降低工作要求维度量表的 CITC 值和信度分析

降低工作要求量表的 CITC 值和信度分析结果如表 5 - 13 所示。

表 5 - 13 降低工作要求量表的 CITC 值和信度分析结果

测量题项	CITC	题项删除时的 Cronbach's α	Cronbach's α
JC - 19	0.551	0.775	
JC - 20	0.742	0.723	
JC - 21	0.011	0.849	
JC - 22	0.580	0.767	0.802
JC - 23	0.734	0.726	
JC - 24	0.655	0.747	

资料来源：笔者计算。

从表 5 - 13 可以看出，降低工作要求量表的 6 个条目中，第 21 题的 CITC 值明显低于 0.4 的标准，题项删除时的 Cronbach's α 值为 0.849，高于整体量表的 α 值 0.802，考虑删除。其余题项的 CITC 值在 0.551 ~ 0.742 之间，均高于 0.4，题项删除时的 Cronbach's α 值也均低于整体量表的 α 值，予以保留。

4. 工作塑造量表的探索性因素分析

工作塑造量表的探索性因素初次分析结果如表 5 - 14 所示。工作塑造量表的 KMO 值为 0.818，高于 0.7 的判断标准；Bartlett 球形检验值为 1450.308（df = 276，p < 0.001），达到显著性水平，说明样本适合做因素分析。由于现有研究对工作塑造结构的三维度划分已被验证较为合理，故采用限定因素抽取法，抽取 3 个因素。

表 5 - 14 工作塑造量表的探索性因素初次分析结果

题项编号	旋转后的因素负荷			最终样本适应性指标值	
	1	2	3	KMO	0.818
JC - 7	0.735	- 0.113	0.039	Bartlett 球形检验值	1450.308
JC - 6	0.711	- 0.081	0.149	自由度	276
JC - 5	0.703	- 0.057	0.195	显著性	0.000

续表

题项编号	旋转后的因素负荷			最终样本适应性指标值	
	1	2	3	KMO	0.818
JC – 10	0.684	0.155	0.189	—	—
JC – 8	0.633	– 0.012	0.282	—	—
JC – 9	0.617	0.024	0.316	—	—
JC – 2	0.586	– 0.1	0.17	—	—
JC – 1	0.576	– 0.18	0.153	—	—
JC – 18	0.574	– 0.269	0.211	—	—
JC – 11	0.572	– 0.051	0.179	—	—
JC – 4	0.546	– 0.195	0.079	—	—
JC – 3	0.541	– 0.119	0.344	—	—
JC – 12	0.45	– 0.108	0.185	—	—
JC – 21	0.368	0.087	0.001	—	—
JC – 20	– 0.057	0.861	– 0.047	—	—
JC – 23	– 0.047	0.84	0.072	—	—
JC – 24	– 0.218	0.764	0.095	—	—
JC – 22	0.074	0.727	– 0.1	—	—
JC – 19	– 0.165	0.704	– 0.012	—	—
JC – 15	0.046	0.057	0.81	—	—
JC – 13	0.271	– 0.016	0.737	—	—
JC – 16	0.23	– 0.056	0.679	—	—
JC – 17	0.368	– 0.043	0.64	—	—
JC – 14	0.246	0.045	0.621	—	—
特征值	7.027	3.159	1.624		
解释变异量（%）	22.757	13.755	12.698	—	—
累计解释变异量（%）	22.757	36.512	49.210	—	—

资料来源：笔者计算。

结果显示，三个因素的特征值均大于 1，总共可以解释 49.2% 的变异量，三个因素较为合理。量表所包含的 24 个题项落在三个因素上，其中第 18 题归于因素一，与原先编制的理论架构不同，现有量表中多将其归为因素二，加之前文的 CITC 分析结果，将该题项删除。另外，第 21 题按照之前的理论预设，应归为因素三，而因素分析结果显示则归为因素二，且因素负荷只有 0.368，综合考虑，将该题项删除。删除第 18 和 21 题后再次进行因素分析，如表 5 - 15 所示，三个因素累计解释的变异量为 51.413%，各题项除第 12 题外均落在预设的因素中且均大于 0.5，没有出现跨因素载荷题项；第 12 题的因素负荷稍低于 0.45 水平，综合考虑予以保留。最终工作塑造量表由 22 个题项组成，其中增加工作资源维度 12 题，寻求工作挑战维度 5 题，降低工作要求 5 题。

表 5 - 15　　　　　　　　工作塑造量表的探索性因素二次分析结果

题项编号	旋转后的因素负荷			最终样本适应性指标值	
	1	2	3	KMO	0.832
JC - 7	0.737	- 0.106	0.024	Bartlett 球形检验值	1307.739
JC - 5	0.72	- 0.045	0.17	自由度	231
JC - 6	0.714	- 0.072	0.134	显著性	0.000
JC - 10	0.708	0.161	0.161	—	—
JC - 8	0.655	0.01	0.248	—	—
JC - 9	0.642	0.042	0.281	—	—
JC - 2	0.583	- 0.105	0.168	—	—
JC - 3	0.574	- 0.114	0.318	—	—
JC - 1	0.569	- 0.196	0.162	—	—
JC - 11	0.568	- 0.048	0.174	—	—
JC - 4	0.564	- 0.198	0.065	—	—
JC - 12	0.429	- 0.114	0.203	—	—
JC - 20	- 0.052	0.86	- 0.054	—	—
JC - 23	- 0.058	0.838	0.077	—	—
JC - 24	- 0.229	0.757	0.106	—	—

题项编号	旋转后的因素负荷			最终样本适应性指标值	
	1	2	3	KMO	0.832
JC – 19	– 0.149	0.725	– 0.039	—	—
JC – 22	0.041	0.715	– 0.076	—	—
JC – 15	0.05	0.053	0.82	—	—
JC – 13	0.295	– 0.016	0.727	—	—
JC – 16	0.236	– 0.043	0.671	—	—
JC – 17	0.376	– 0.037	0.635	—	—
JC – 14	0.262	0.036	0.625	—	—
特征值	6.573	3.134	1.338	—	—
解释变异量（%）	23.495	14.656	13.262	—	—
累计解释变异量（%）	23.495	38.151	51.413	—	—

资料来源：笔者计算。

（二）工作不安全感初始量表的项目分析

工作不安全感量表的 CITC 值和信度分析结果如表 5 – 16 所示。

表 5 – 16　　　　　工作不安全感量表的 CITC 值和信度分析结果

测量题项	CITC	题项删除时的 Cronbach's α	Cronbach's α
JI – 1	0.599	0.733	
JI – 2	0.699	0.707	
JI – 3	0.661	0.719	
RJI – 4	0.349	0.779	0.781
RJI – 5	0.315	0.785	
RJI – 6	0.436	0.772	
RJI – 7	0.551	0.749	

资料来源：笔者计算。

从表 5 – 16 可以看出，在工作不安全感的 7 个题项中，第 5 题的 CITC

值明显低于 0.4 的标准，且题项删除时的 Cronbach's α 值为 0.785，高于整体量表的 α 值 0.781，考虑删除。第 4 题的 CITC 值虽然也低于 0.4 的标准，但题项删除时的 Cronbach's α 值却低于整体量表的 α 值，暂时保留。其余题项的 CITC 值在 0.436~0.699 之间，均高于 0.4，题项删除时的 Cronbach's α 值也均低于整体量表的 α 值，予以保留。

将第 5 题删除后进行探索性因素分析，结果如表 5-17 所示。从表中可以看出，工作不安全感量表的 KMO 值为 0.728，Bartlett 球形检验值为 414.1，p < 0.000，达到显著性水平，适合进行因素分析。旋转后的因素负荷显示，题项 1、2、3 载于因素 1，题项 4、6、7 载于因素 2，且因素负荷均大于 0.5，两个因素的解释变异量累计达到 77.149%，最后量表包含 6 题，其中数量型工作不安全包含 3 题，质量型工作不安全包含 3 题。

表 5-17　　　　　　　工作不安全感的探索性因素分析结果

题项编号	旋转后的因素负荷		最终样本适应性指标值	
	因素 1	因素 2	KMO	0.728
JI-3	0.882	-0.138	Bartlett 球形检验值	414.100
JI-2	0.873	-0.173	自由度	15
JI-1	0.843	-0.113	显著性	0.000
RJI-4	-0.069	0.929	—	—
RJI-7	-0.132	0.920	—	—
RJI-6	-0.476	0.599	—	—
特征值	3.173	1.456	—	—
解释变异量（%）	52.882	24.267	—	—
累计解释变异量（%）	52.882	77.149	—	—

资料来源：笔者计算。

（三）内部人身份感知初始量表的项目分析

内部人身份感知量表第一次 CITC 值和信度分析结果显示，量表整体的 Cronbach's α 值 0.546，明显低于可接受的水平，第 6 题的 CITC 值为负值，题项删除时的 Cronbach's α 值为 0.84，远远高于量表整体的 0.546，故将其删除，再次进行信度分析。第二次分析结果显示，第 3 题的 CITC 值为

0.446，题项删除时的 Cronbach's α 值为 0.892，高于量表整体的 α 值 0.842，故将其删除，再次进行信度分析。第三次分析结果如表 5 - 18 所示，剩余 4 个题项的 CITC 值在 0.665 ~ 0.794 之间，题项删除时的 Cronbach's α 值低于量表整体的 α 值。

表 5 - 18　　　　　内部人身份感知量表的 CITC 值和信度分析结果

测量题项	CITC	题项删除时的 Cronbach's α	Cronbach's α
PIS - 1	0.794	0.826	
PIS - 2	0.789	0.827	0.880
PIS - 4	0.727	0.853	
PIS - 5	0.665	0.877	

资料来源：笔者计算。

内部人身份感知的探索性因素分析结果如表 5 - 19 所示。从表中可以看出，量表的 KMO 值为 0.807，高于 0.7 的接受标准，Bartlett 球度检验值为 303.971。（df = 6，p < 0.000），达到显著性水平，适合进行因素分析；4 个题项均载荷于同一因素，且因子负荷在 0.818 ~ 0.885 之间，最大特征值为 2.955，解释 73.882% 的变异量，表明各题项均可保留。

表 5 - 19　　　　　内部人身份感知的探索性因素分析结果

题项编号	因素负荷	最终样本适应性指标值	
PIS - 1	0.885	KMO	0.807
PIS - 2	0.836	Bartlett 球形检验值	303.971
PIS - 4	0.826	自由度	6
PIS - 5	0.818	Sig.	0.000
特征值	2.955	—	—
解释变异量（%）	73.882	—	—
累计解释变异量（%）	73.882	—	—

资料来源：笔者计算。

（四）组织地位感知初始量表的项目分析

组织地位感知量表的 CITC 和信度分析结果见表 5 - 20。如表中所示，组织地位感知量表的 4 个题项 CITC 值在 0.71~0.74 之间，均高于 0.4 的水平，题项删除时的 Cronbach's α 值也均小于量表整体的 α 值，量表信度系数为 0.876，达到可接受水平，各题项均保留。

表 5－20　　　　组织地位感知量表的 CITC 值和信度分析结果

测量题项	CITC	题项删除时的 Cronbach's α	Cronbach's α
OS－1	0.74	0.84	
OS－2	0.73	0.84	
OS－3	0.77	0.82	0.876
OS－4	0.71	0.85	

资料来源：笔者计算。

组织地位感知量表的探索性因素分析结果如表 5－21 所示，量表的 KMO 值为 0.811，大于 0.7 的可接受标准，Bartlett 球形检验值为 286.545（df＝6，p＜0.000），达到显著性水平，表明量表适合进行因素分析。量表中所有 4 个题项均载于一个共同因素，且因素负荷在 0.832~0.884 之间，均大于 0.45，可以解释变异量为 73.361%，说明 4 题个项均较为合理，予以保留。

表 5－21　　　　组织地位感知量表的探索性因素分析结果

项目编号	因素负荷	最终样本适应性指标值	
OS－1	0.884	KMO	0.811
OS－2	0.858	Bartlett 球形检验值	286.545
OS－3	0.851	自由度	6
OS－4	0.832	Sig.	0.000
特征值	2.934	—	—
解释变异量（%）	73.361	—	—
累计解释变异量（%）	73.361	—	—

资料来源：笔者计算。

（五）工作常规性初始量表的项目分析

工作常规性量表的 CITC 值和信度分析结果见表 5－22。从表中可以看出，工作常规化量表中，题项 1 的 CITC 值为 0.38，低于 0.4 的标准，同时，题项删除时的 Cronbach's α 值为 0.72，大于整体量表的 α 值 0.679，予以删除。删除该题项后，整体量表的 α 值为 0.747，题项 2 和题项 3 的 CITC 值均为 0.596。工作常规性最终量表包含 2 个题项①。

表 5 - 22　　　　　　　工作常规性量表的 CITC 值和信度分析结果

测量题项	CITC	题项删除时的 Cronbach's α	Cronbach's α
JR - 2	0.60	0.42	
JR - 3	0.55	0.50	0.679
RJR - 1	0.38	0.72	

资料来源：笔者计算。

（六）尽责性初始量表的项目分析

尽责性量表的第一次 CITC 值和信度分析结果显示，题项 1 的 CITC 值为 0.21，远低于 0.4 的可接受标准，题项删除时的 Cronbach's α 值为 0.76，大于整体量表的 α 值 0.697，予以删除。第二次分析结果如表 5 - 23 所示。由表可知，尽责性量表剩余 7 个题项的 CITC 值在 0.492 ~ 0.619 之间，题项删除时的 Cronbach's α 值均小于量表的整体 α 值，量表的 α 值为 0.808，达到信度系数的接受标准，均予以保留。

表 5 - 23　　　　　　　尽责性量表的 CITC 值和信度分析结果

测量题项	CITC	题项删除时的 Cronbach's α	Cronbach's α
IC - 2	0.492	0.793	
IC - 3	0.577	0.777	
IC - 4	0.585	0.776	
IC - 5	0.499	0.791	0.808
IC - 6	0.619	0.769	
IC - 7	0.501	0.791	
IC - 8	0.538	0.784	

资料来源：笔者计算。

① 由于删除题项 1 后，工作常规性量表只包含 2 个题项，题项过少，不合适进行因素分析，故此处不报告探索性因素分析的结果。

删除题项 1 后对尽责性量表进行探索性因素分析，结果如表 5 – 24 所示。从表中可以看出，尽责性量表的 KMO 值为 0.805，Bartlett 球形检验值为 298.832（df = 21，p < 0.000），达到因素分析的基本要求。7 个题项的因素负荷在 0.63 ~ 0.75 之间，均达到 0.45 的标准，总共解释变异量达到 46.672%，故均予以保留。最终尽责性量表包含 7 个题项。

表 5 – 24　　　　　尽责性初始量表的探索性因素分析结果

项目编号	因素负荷	最终样本适应性指标值	
IC – 6	0.75	KMO	0.805
IC – 4	0.72	Bartlett 球形检验值	298.832
IC – 3	0.71	自由度	21
IC – 8	0.68	Sig.	0.000
IC – 7	0.64	—	—
IC – 5	0.64	—	—
IC – 2	0.63	—	—
特征值	3.267	—	—
解释变异量（%）	46.672	—	—
累计解释变异量（%）	46.672	—	—

资料来源：笔者计算。

（七）工作绩效初始量表的项目分析

工作绩效量表第一次 CITC 值和信度分析结果显示，第 5 题的 CITC 值为 0.350，题项删除时的 Cronbach's α 值为 0.794，高于整体量表的 α 值 0.782，考虑删除。删除第 5 题后再次分析结果如表 5 – 25 所示。从表中可以看出，剩余 5 题项的 CITC 值均大于 0.4，题项删除时的 Cronbach's α 值亦均小于量表整体的 α 值，予以保留。

表 5 – 25　　　　　　　　工作绩效量表的 CITC 值和信度分析结果

测量题项	CITC	题项删除时的 Cronbach's α	Cronbach's α
JP – 1	0.51	0.77	
JP – 2	0.62	0.74	
JP – 3	0.50	0.78	0.794
JP – 4	0.62	0.74	
JP – 6	0.61	0.74	

资料来源：笔者计算。

删除第 5 题后对工作绩效量表进行探索性因素分析，结果如表 5 – 26 所示。由表可知，工作绩效量表的 KMO 值为 0.723，Bartlett 球形检验值为 207.939（df = 10，p < 0.000），适合进行因素分析。探索性因素分析结果显示，5 个题项的因素负荷在 0.68 ~ 0.78 之间，大于 0.45 的可接受水平，且均载于同一因素中，总体解释变异量达到 54.836%。故最终工作绩效量表包含 5 个题项。

表 5 – 26　　　　　　　　工作绩效量表的探索性因素分析结果

项目编号	因素负荷	最终样本适应性指标值	
JP – 2	0.78	KMO	0.723
JP – 6	0.78	Bartlett 球形检验值	207.939
JP – 4	0.78	自由度	10
JP – 1	0.68	Sig.	0.000
JP – 3	0.68	—	—
特征值	2.742	—	—
解释变异量（%）	54.836	—	—
累计解释变异量（%）	54.836	—	—

资料来源：笔者计算。

（八）创新行为初始量表的项目分析

创新行为量表的 CITC 值和信度分析结果如表 5 – 27 所示，该量表 6 个题项的 CITC 值在 0.59 ~ 0.74 之间，均大于 0.4 的标准，题项删除时的 Cronbach's α 值在 0.83 ~ 0.86 之间，均小于量表整体的 α 值 0.866。

表 5 - 27　　　　　　　创新行为量表的 CITC 值和信度分析结果

测量题项	CITC	题项删除时的 Cronbach's α	Cronbach's α
IB - 1	0.69	0.84	0.866
IB - 2	0.67	0.84	
IB - 3	0.59	0.86	
IB - 4	0.72	0.83	
IB - 5	0.59	0.86	
IB - 6	0.74	0.83	

资料来源：笔者计算。

创新行为量表的探索性因素分析结果如表 5 - 28 所示，量表的 KMO 为 0.841，Bartlett 球形检验值为 377.458（df = 15，p < 0.000），表明适合进行因素分析。量表 6 个题项的因素负荷在 0.7 ~ 0.84 之间，均在 0.45 以上，累计解释变异量为 60.463%，因此，最终量表仍包含初始量表的 6 个题项。

表 5 - 28　　　　　　　创新行为量表的探索性因素分析结果

项目编号	因素负荷	最终样本适应性指标值	
IB - 6	0.84	KMO	0.841
IB - 4	0.82	Bartlett 球形检验值	377.458
IB - 1	0.80	自由度	15
IB - 2	0.78	Sig.	0.000
IB - 5	0.71	—	—
IB - 3	0.70	—	—
特征值	3.628	—	—
解释变异量（%）	60.463	—	—
累计解释变异量（%）	60.463	—	—

资料来源：笔者计算。

（九）可雇佣能力初始量表的项目分析

可雇佣能力量表的 CITC 值和信度分析结果如表 5 - 29 所示，该量表 11

个题项的 CITC 值在 0.43～0.69 之间，大于 0.4 标准，各题项删除时的 Cronbach's α 值均小于量表整体的 α 值。

表 5 – 29　　　　　　　　可雇佣能力量表的 CITC 值和信度分析结果

测量题项	CITC	题项删除时的 Cronbach's α	Cronbach's α
PE – 1	0.59	0.87	
PE – 2	0.66	0.87	
PE – 3	0.60	0.87	
PE – 4	0.44	0.88	
PE – 5	0.69	0.87	
PE – 6	0.61	0.87	0.882
PE – 7	0.61	0.87	
PE – 8	0.69	0.87	
PE – 9	0.64	0.87	
PE – 10	0.43	0.88	
PE – 11	0.62	0.87	

资料来源：笔者计算。

可雇佣能力量表的探索性因素分析结果如表 5 – 30 所示，该量表的 KMO 值为 0.876，Bartlett 球形检验值为 741.273（df = 55，p < 0.000），说明样本适合进行因素分析。探索性因素分析结果，可雇佣能力量表的 11 个题项分别载于理论预设的 2 个因素，且旋转后的因素负荷均大于 0.45，累计解释变异量达到 62.269%，最终量表包含 2 个维度的 11 个题项。

表 5 – 30　　　　　　　　可雇佣能力量表探索性因素分析结果

测量题项	旋转后的因素负荷		最终样本适应性指标值	
	因素 1	因素 2		
PE – 9	0.83	0.11	KMO	0.876
PE – 8	0.82	0.18	Bartlett 球形检验值	741.273
PE – 11	0.80	0.11	自由度	55

续表

测量题项	旋转后的因素负荷		最终样本适应性指标值	
	因素 1	因素 2		
PE – 7	0.77	0.12	Sig.	0.000
PE – 5	0.69	0.35	—	—
PE – 6	0.62	0.33	—	—
PE – 10	0.49	0.20	—	—
PE – 4	0.01	0.85	—	—
PE – 3	0.22	0.84	—	—
PE – 1	0.27	0.75	—	—
PE – 2	0.35	0.75	—	—
特征值	5.134	1.716	—	—
解释变异量（%）	46.672	15.598	—	—
累计解释变异量（%）	46.672	62.269	—	—

资料来源：笔者计算。

四、正式问卷的生成

前文对初始量表进行了 CITC、信度和探索性因素分析，我们根据分析结果对初始问卷进行修订，删除量表中同质性较低的题项。最终量表由各项指标均达阈值的题项组成。工作塑造量表由三个分量表组成，增加工作资源包含 12 个题项，寻求工作挑战包含 5 个题项（删除第 18 题"当有参与机会时，我会抓住"），降低工作要求包含 5 个题项（删除第 21 题"我尽量让自己在工作中情绪上不太紧张"）；工作不安全感量表包含 6 个题项，其中数量型工作不安全感 3 个题项，质量型工作不安全感 3 个题项（删除第 5 题"我认为不久后公司会给我提供令人兴奋的工作"）；内部人身份感知量表包含 4 个题项（删除第 3 题"我感觉我是这个公司的局外人"和第 6 题"我感觉经常被公司忽视或冷落"）；组织地位感知量表包含 4 个题项；工作常规性量表包含 2 个题项（删除第 1 题"每天我的工作中都有些不同的事情做"）；尽责性量表包含 7 个题项（删除第 1 题"在工作上，我只求能应付过去便可"）；工作绩效量表包含 5 个题项（删除第 5 题"我会参与直接影响绩效评价的活动")；创新行为量表包含 6 个题项；可雇佣能力量表包含 11 个题项，其中内部可雇佣能力 4 个题项，外部可雇佣能力 7 个题项。

在此基础上，对所有保留题项重新编号，并结合在预测试过程发现的问题，对初始量表的题项表述、问卷编排形式等方面进行了修改和完善，由此形成正式的调查问卷，并在更大的范围内进行调查。

第六章　数据分析与实证检验

本章将使用第五章形成的正式问卷，进行大样本数据收集，借助于 SPSS、AMOS 等统计软件，在分析和保证数据质量的基础上，检验第四章所提出的一系列假设，并对检验结果进行总结。具体包括四部分内容：第一部分对正式调研收集的数据进行描述统计和信效度检验，第二部分检验控制变量对结果变量的影响，第三部分运用层级回归方法对研究假设进行检验，第四部分对假设检验结果进行小结。

第一节　样本特征与数据质量分析

一、数据收集方式与样本总量

正式调研数据收集始于 2015 年 3 月，至 2015 年 5 月结束。数据收集的方式主要有两种：一是依靠熟人关系网络收集数据；二是借助"问卷星"网络服务平台发放和回收问卷。后者主要是通过付费委托第三方的方式展开"样本服务"问卷调查。为了确保调研效果，在问卷发放之前先向受访者了解所在企业的柔性实践，然后再让受访者填答问卷。

为了减少网络问卷填写过程中的偏差，我们和受托方商定了网络问卷调查的实施细则，并确定了一系列的预防措施。包括：（1）设置必答题规定，即必答题如有漏选项则不能提交答卷，以预防答题过程中的疏漏。（2）设置答题的最低时间，根据五份网络问卷预答的平均用时估算，一份网络问卷答题的最低时间标准在 8 分钟左右，因此设置 480 秒作为最低答卷时间要求。在人工排查的过程中，删除了答题时间在 480 秒以内的问卷。（3）设置数道反向题。在人工排查的过程中，删除了明显不合理的反向题网络答卷。（4）为了避免重复答卷，我们设定了 IP 地址限制，每个网络 IP 地址只允许答题一次。（5）此外，在人工排查过程中，我们对极端值选择问卷也进行排除。

最终，正式调研的数据收集阶段共回收问卷417份。在回收的417份问卷中，剔除无效的问卷35份，其中包括填写时间不够480秒的问卷、同一变量测量中正向和反向计分题选项相同的问卷、连续10题均选择相同选项的问卷、存在题项漏答的问卷等，共获得382份有效问卷，有效回收率为91.6%。

二、样本的人口统计学特征

大样本数据的人口统计学特征如表6-1所示。

表6-1 样本数据的人口统计学特征（N=382）

项目	类别	样本数	百分比	项目	类别	样本数	百分比
性别	男	204	53.4	学历	高中、中专及以下	7	1.8
	女	178	46.6		大专	42	11.0
年龄	25岁以下	29	7.6		本科	298	78.0
	26~30岁	129	33.8		研究生	35	9.2
	31~35岁	146	38.2	职级	一般职员	76	19.9
	36~40岁	50	13.1		基层管理者	105	27.5
	41岁以上	28	7.3		中层管理者	153	40.1
司龄	1年以下	4	1.0		高层管理者	48	12.6
	1~3年	45	11.8	行业背景	制造	136	35.6
	3~5年	87	22.8		金融/保险	26	6.8
	5~7年	124	32.5		地产	31	8.1
	7年以上	122	31.9		医药卫生	19	5.0
职能部门	生产	61	16.0		计算机、软件、网络	65	17.0
	人事	40	10.5		批发、零售、餐饮	27	7.1
	财务	53	13.9		电力、燃气、水	14	3.7
	研发	94	24.6		教育、文化艺术	17	4.5
	行政	74	19.4		交通运输	15	3.9
	营销	48	12.6		社会服务业	14	3.7
	其他	12	3.1		其他	18	4.7

资料来源：笔者根据样本信息整理。

　　从表 6 - 1 中可以看出，参与调查的员工男性稍多，占样本总量的 53.4%。就年龄分析，参与调查的员工整体呈年轻化，26～35 岁的青年从业者占到样本总量的 72.0%。就教育背景来看，被调查者受教育程度水平非常高，基本都具有大专及以上学历，高中、中专及以下学历的被调查者仅占 1.8%；本科学历的被调查者最多，占比为 78.0%。

　　就司龄分析，参与调查的大部分员工在所在单位的工作年限超过了 5 年，有 5 年及以上司龄的员工占比为 64.4%。就职能领域而言，是生产、人事、财务、研发、行政、营销等各职能领域的员工数量较为平均，均有一定的人员规模。就职位等级而言，中基层管理者的数量较多，占调查样本总量的 67.6%。就行业背景而言，制造行业的被调查者最多，占比为 35.6%，其次是计算机/软件/网络产业，占比为 17.0%。

三、变量测量题项的描述性统计

　　为确保后续数据分析与检验方法的适切性，需先检验数据的正态性，只有数据接近正态分布方可进行下一步的统计分析，本书主要以偏度值（Skewness）和峰度值（Kurtosis）作为判断数据正态分布的依据。根据学者克莱因（Kline，1998）的观点，一般情况下，当偏度绝对值小于 3、峰度绝对值小于 10 时，可以认为样本基本服从正态分布。以此为标准，正式问卷的测量题项数据均服从或近似服从正态分布，可以进行下一步分析。本章所有测量题项的极值、均值、标准差、偏度和峰度等描述性统计量，详见附录 E。

四、正式问卷的信度检验

　　博伦（Bollen，1989）指出，构成一个有意义的潜在变量的最重要前提，是一组能够反映潜在构念意义的观察指标，构成潜在变量的题目必须具有相当的信效度，否则无法支撑一个潜在变量模式。

　　在做正式的实证检验之前需要对样本数据进行信度分析。信度代表量表的一致性或稳定性，通常一份量表在测量相同的特质或潜在的构念时，题项数目越多，量表的信度会越高。信度检验大多数采用克隆巴赫系数。结合第五章介绍的内部一致性系数分析方法，再次测得的各量表的克伦巴赫系数如表 6 -2 所示。

　　在表 6 -2 中，工作塑造量表包含增加工作资源、寻求工作挑战和降低工作要求三个分量表，分别报告其信度。增加工作资源、寻求工作挑战、降低工作要求、工作不安全感、内部人身份感知、组织地位感知、尽责性、工作绩效、创新行为、可雇佣能力等变量的测量量表信度值均在 0.7 以上，工作常规性的信度达到 0.6 这一可接受标准，表明测量工具具有较高的一致性和稳定性，数据的可信度较高。

表 6-2 各量表的最终信度测量结果

测量量表	量表条目	正式测量的克伦巴赫系数（N=382）
增加工作资源	12	0.909
寻求工作挑战	5	0.820
降低工作要求	5	0.858
工作不安全感	6	0.762
内部人身份感知	4	0.853
组织地位感知	4	0.862
工作常规性	2	0.692
尽责性	7	0.850
工作绩效	5	0.807
创新行为	6	0.893
可雇佣能力	11	0.886

资料来源：笔者计算。

五、正式问卷的效度检验

本书所使用的量表除了工作塑造量表的少部分题项外，均为相对成熟的量表，国内外已有研究已广为应用，并被验证具有良好的信效度。为了保证测量的跨情境等值性，邀请了两名有英语专业背景的管理学博士对量表进行翻译和回译，并请 1 名管理学教授和 3 名博士生再次进行内容的审核与修订。在正式调研之前，先在小范围内实施问卷的预调研，并根据预试的结果对问卷进行调整和修订，形成最终问卷，由此基本保证调研问卷的内容效度。

验证性因子分析在消除测量误差的情况下，通过分析与评价测量指标与假设模型的拟合程度来判断测量模型的有效性。若估计的模型与抽样数据得到很好的拟合，可以认为测量模型具有良好的构念效度。

常用的模型拟合评价指标主要包括 χ^2/df、GFI、NFI、IFI、TLI、CFI、

RMSEA 等指标，不同的学者给出的标准也各不相同。一般认为，χ^2/df 最好小于 2，小于 5 即可接受；GFI、NFI、IFI、TLI、CFI 取值范围为 0 ~ 1，越接近 1，表明模型的拟合效果越好，一般将 0.9 作为可接受标准；RMSEA 的取值范围介于 0 和 1 之间，越接近 0，表明理论模型与饱和模型之间差异越小，小于 0.05 即可接受，也有学者[①]建议放宽至 0.1 的标准，认为低于 0.1 即表明拟合较好，而低于 0.5 表示拟合非常好，低于 0.01 说明拟合非常出色。本章中各潜变量的模型适配拟合指数如表 6 - 3 所示，由表中结果可知，对比各指标的适配标准可以认为，总体而言，除了寻求工作挑战的部分指数稍微高于拟合标准，其他各测量模型均具有较好的拟合效果。需要说明的是，由于工作常规性潜变量仅包括 2 个题项，无法通过拟合指数判断拟合效果，故未在表 6 - 3 中报告该变量的拟合指数。

表 6 - 3　　　　　　　　潜变量的模型适配度检验

潜变量	χ^2	df	χ^2/df	RFI	NFI	IFI	TLI	CFI	RMSEA
适配标准	—	—	<5.0	>0.90	>0.90	>0.90	>0.90	>0.90	<0.1
增加工作资源	124.57	51	2.442	0.923	0.940	0.964	0.953	0.964	0.062
寻求工作挑战	35.431	5	7.086	0.888	0.944	0.952	0.902	0.951	0.126
降低工作要求	2.677	4	0.669	0.993	0.997	1.001	1.003	1.000	0.000
工作不安全感	11.926	8	1.491	0.980	0.989	0.996	0.993	0.996	0.036
内部人身份感知	9.270	2	4.635	0.964	0.988	0.991	0.972	0.991	0.098
组织地位感知	0.219	1	0.219	0.998	1.000	1.001	1.001	1.000	0.000
尽责性	7.184	3	2.395	0.959	0.988	0.993	0.975	0.993	0.061
工作绩效	0.036	2	0.018	1	1	1.003	1.008	1	0.000
创新行为	18.735	10	1.874	0.977	0.985	0.993	0.989	0.993	0.048
可雇佣能力	108.43	39	2.780	0.918	0.942	0.962	0.946	0.962	0.068

资料来源：笔者根据数据分析结果整理。

收敛效度或称内部效度，是指测量同一特质构念的测量指标落在同一个因素构念上的程度，一般用因素载荷（λ）、组合信度（CR）等指标来评

① STDGER J H. Structure model evaluation and modification: An internal estimation approach [J]. Multivariate Behavioral Research, 1990, 25 (2): 173 - 180.

鉴。因素载荷反映了个别题目反映潜变量的程度，测量题项的因素载荷越大，表示因素能够解释各种观察变量的变异程度越大，题项越能够有效反映潜在变量的特质，通常将因素载荷大于0.5作为判断的标准。作为检验潜变量模型的内在质量的判别标准之一，组合信度（又称构念信度、建构信度，composition reliability，CR）反映了测量题项的变异量被潜在变量解释的程度，一般认为，若是潜在变量的组合信度值在0.6以上，表示模型的内在质量较为理想。本章综合考虑这两个指标来判断各变量的聚合效度，各变量的标准化因素载荷、组合信度的具体指见表6-4。从表6-4可以看出，本章所涉及的潜在变量各测量题项的标准化因子载荷均大于0.5，组合信度系数均大于0.7，表明各测量模型内在质量佳，各潜在变量的聚合效度较好。

区别效度（discriminant validity）指在测量模型中，任何两个因素构念间必须能有效分离。具有区别效度的测量模型，测量不同因素构念的测量指标变量应落在不同因素构念上，而测量相同因素构念的观察变量则会落在同一个因素构念之上。从表6-4中可以看出，各潜在变量的测量模型中各题项均落在预期的因素构念上，没有发生题项横跨两个因素构念的情形，表明各测量模型有较好的区别效度。

表6-4　　　　　　　　潜变量的标准化因素载荷和CR值

潜变量	题项	标准化因素载荷	组合信度 CR
增加工作资源	JC-1	0.737	0.908
	JC-2	0.736	
	JC-3	0.652	
	JC-4	0.666	
	JC-5	0.665	
	JC-6	0.687	
	JC-7	0.666	
	JC-8	0.701	
	JC-9	0.619	
	JC-10	0.646	
	JC-11	0.657	
	JC-12	0.609	

续表

潜变量	题项	标准化因素载荷	组合信度 CR
寻求工作挑战	JC – 13	0.700	0.830
	JC – 14	0.622	
	JC – 15	0.729	
	JC – 16	0.717	
	JC – 17	0.700	
降低工作要求	JC – 18	0.564	0.844
	JC – 19	0.641	
	JC – 20	0.626	
	JC – 21	0.851	
	JC – 22	0.892	
工作不安全感	JI – 1	0.807	0.926
	JI – 2	0.902	
	JI – 3	0.851	
	JI – 4	0.780	
	JI – 5	0.807	
	JI – 6	0.779	
内部人身份感知	PIS – 1	0.896	0.868
	PIS – 2	0.832	
	PIS – 3	0.797	
	PIS – 4	0.610	
尽责性	CP – 1	0.713	0.861
	CP – 2	0.710	
	CP – 3	0.594	
	CP – 4	0.702	
	CP – 5	0.722	
	CP – 6	0.673	
	CP – 7	0.679	

潜变量	题项	标准化因素载荷	组合信度 CR
组织地位	OS－1	0.697	0.854
	OS－2	0.797	
	OS－3	0.722	
	OS－4	0.858	
创新行为	IB－1	0.730	0.899
	IB－2	0.767	
	IB－3	0.822	
	IB－4	0.730	
	IB－5	0.778	
	IB－6	0.816	
工作绩效	TP－1	0.762	0.787
	TP－2	0.592	
	TP－3	0.675	
	TP－4	0.652	
	TP－5	0.569	
可雇佣能力	PE－1	0.678	0.902
	PE－2	0.683	
	PE－3	0.708	
	PE－4	0.618	
	PE－5	0.710	
	PE－6	0.670	
	PE－7	0.646	
	PE－8	0.710	
	PE－9	0.670	
	PE－10	0.646	
	PE－11	0.692	

资料来源：笔者根据数据分析结果整理。

第二节　控制变量对工作塑造行为的影响

本节主要使用 SPSS 21.0 软件，运用独立样本 T 检验、方差分析等方法，考察性别、教育背景、职位等级、工作性质、从业年限等背景变量对工作塑造的影响。

一、性别对员工工作塑造行为的差异化影响

就性别对员工工作塑造行为的影响而言，男性员工和女性员工并未表现出差异。如表 6 - 5 所示，t 检验结果的统计量并不显著，表明员工的工作塑造行为在性别方面并无差异，男性员工和女性员工表现出大体相当的工作塑造行为。

表 6 - 5　　　　　　　　　员工工作塑造行为的性别差异比较

检验变量	性别	样本数	平均数	标准差	t 值	Sig.
增加工作资源	男	204	68.118	8.467	$-0.420^{n.s.}$	0.675
	女	178	68.478	8.223		
寻求工作挑战	男	204	26.779	3.949	$0.950^{n.s.}$	0.343
	女	178	26.376	4.341		
降低工作要求	男	204	21.167	6.113	$1.086^{n.s.}$	0.278
	女	178	20.472	6.375		

注：n.s. 表示不显著。

资料来源：笔者计算。

二、年龄对员工工作塑造行为的差异化影响

表 6 - 6 列出了不同年龄组员工工作塑造的描述性数据。进一步的分组比较结果如表 6 - 7 所示。方差同质性检验的结果为方差同质，增加工作资源方差分析结果不显著（整体检验的 F 值为 2.07）。寻求工作挑战和降低工作要求方差分析结果显著，表明对不同年龄的员工来说，工作塑造之寻求工作挑战和降低工作要求两个维度有显著差异。

最后，采用最小显著差异法（least significant difference，LSD 法）、实在显著性法（honestly significant difference，HSD 法）、雪费法（Scheffe' method）等事后比较方法做组间比较。以 HSD 方法为例，结果表明，26 ~ 30 岁年龄组比 31 ~ 35 岁年龄组、36 ~ 40 岁年龄组的员工表现出更多的降低工作

要求的行为。可能的原因是 26～30 岁年龄组的员工出生在 1985 年以后，根据新生代研究的相关文献，他们可能更缺少吃苦耐劳的精神，故会在工作要求方面有所放松。

表 6－6　　　　　　　不同年龄员工工作塑造行为的描述性统计

检验变量	年龄	样本数	平均数	标准差
增加工作资源	25 岁以下（A）	29	68.552	8.003
	26～30 岁（B）	129	68.217	7.880
	31～35 岁（C）	146	68.801	8.740
	36～40 岁（D）	50	65.520	9.208
	41 岁以上（E）	28	70.571	6.052
寻求工作挑战	25 岁以下（A）	29	27.276	3.731
	26～30 岁（B）	129	26.155	4.532
	31～35 岁（C）	146	27.062	4.133
	36～40 岁（D）	50	25.340	3.617
	41 岁以上（E）	28	27.679	2.709
降低工作要求	25 岁以下（A）	29	22.448	6.197
	26～30 岁（B）	129	22.473	5.258
	31～35 岁（C）	146	19.589	6.975
	36～40 岁（D）	50	19.320	5.633
	41 岁以上（E）	28	20.929	5.577

资料来源：笔者计算。

表 6－7　　　　　不同年龄员工工作塑造行为比较的方差分析摘要

检验变量	方差来源	平方和（SS）	自由度	平均平方和（MS）	F 检验	显著性	LSD 法	HSD 法	Scheffe 法
增加工作资源	组间	570.226	4	142.557 68.869	2.070	0.084	—		—
	组内	25963.672	377						
	总和	26533.898	381						

续表

检验变量	方差来源	平方和（SS）	自由度	平均平方和（MS）	F 检验	显著性	事后比较		
							LSD 法	HSD 法	Scheffe 法
寻求工作挑战	组间	181.829	4	45.457 16.802	2.705**	0.030	A > C	—	—
	组内	6334.465	377				C > D		
	总和	6516.293	381				E > D		
降低工作要求	组间	763.169	4	190.792 37.298	5.115***	0.001	A > C/D	B > C	B > C
	组内	14061.407	377				B > C/D	B > D	B > D
	总和	14824.576	381						

注：** 表示 p<0.01，*** 表示 p<0.001。

资料来源：笔者整理。

三、司龄对员工工作塑造行为的差异化影响

由于样本中"1 年及以内"司龄者仅 4 人，因此，本章在分析的过程中将其与"1~3 年"司龄组合并为一组，即"3 年及以内"司龄组。表 6-8 列出了不同司龄员工工作塑造行为的描述性统计数据。

表 6-8　　　　不同司龄员工工作塑造行为的描述性统计

检验变量	年龄	样本数	平均数	标准差
增加工作资源	3 年以内（A）	49	66.306	8.385
	3~5 年（B）	87	66.885	8.506
	5~7 年（C）	124	68.831	8.711
	7 年以上（D）	122	69.525	7.615
寻求工作挑战	3 年以内（A）	49	25.122	4.998
	3~5 年（B）	87	25.609	4.133
	5~7 年（C）	124	27.290	3.804
	7 年以上（D）	122	27.172	3.833
降低工作要求	3 年以内（A）	49	22.082	5.098
	3~5 年（B）	87	21.058	5.116
	5~7 年（C）	124	21.887	6.171
	7 年以上（D）	122	19.131	7.083

资料来源：笔者整理。

进一步的分组比较结果如表6-9所示。方差同质性检验的结果表明：增加工作资源、寻求工作挑战方差同质；降低工作要求方差不同质。工作塑造三个维度方差分析结果皆显著，表明不同司龄员工的工作塑造行为有显著差异。

表6-9　　　　　不同司龄员工工作塑造行为比较的方差分析摘要

检验变量	方差来源	平方和（SS）	自由度	平均平方和（MS）	F检验	显著性	事后比较		
							LSD法	HSD法	Scheffe法
增加工作资源	组间	586.769	3	195.590 68.643	2.849*	0.037	A < D B < D	—	—
	组内	25947.129	378						
	总和	26533.898	381						
寻求工作挑战	组间	291.382	3	97.127 16.468	5.898***	0.001	A < C A < D B < C B < D	A < C A < D B < C B < D	A < C A < D B < C B < D
	组内	6224.912	378						
	总和	6516.293	381						
降低工作要求	组间	571.869	3	190.623 37.706	5.056**	0.002	—	—	—
	组内	14252.707	378						
	总和	14824.576	381						

注：* 表示 $p < 0.05$，** 表示 $p < 0.01$，*** 表示 $p < 0.001$。

资料来源：笔者整理。

最后，采用 LSD 法、HSD 法、雪费法等事后比较方法做组间比较。以 LSD 方法为例，结果表明，5 年以上司龄的员工比 5 年以内司龄的员工表现出更多的工作塑造行为。可能的原因是，随着员工在组织中的工作年限的增加，他们在组织中的地位也随之升高，为工作塑造行为创造了便利条件；也可能是随着员工在组织中的工作年限的增加，他们越发熟悉或倦怠本职工作，期待更多的工作挑战。

四、教育程度对员工工作塑造行为的差异化影响

整体而言，本书的研究样本绝大多数具有本科及以上学历。由于样本中高中、中专及以下学历者仅 7 人，且大专学历者也较少，因此，在分析的过程中将原来的"高中/中专及以下"和"大专"两个组别合并为一组，即

"大专及以下"组。表6－10列出了不同学历员工工作塑造行为的描述性数据。

表6－10　　　　　　　　不同学历员工工作塑造行为的描述性统计

检验变量	年龄	样本数	平均数	标准差
增加工作资源	大专及以下（A）	49	63.327	10.148
	本科（B）	298	68.852	7.872
	研究生（C）	35	70.400	7.130
寻求工作挑战	大专及以下（A）	49	24.102	5.444
	本科（B）	298	26.980	3.831
	研究生（C）	35	26.771	3.361
降低工作要求	大专及以下（A）	49	21.102	5.201
	本科（B）	298	20.926	6.513
	研究生（C）	35	19.771	5.094

资料来源：笔者计算。

进一步的分组比较结果如表6－11所示。

方差同质性检验的结果为方差异质。在方差异质条件下做方差分析，其中，增加工作资源、寻求工作挑战两个维度达到显著水平；降低工作要求不显著，表明不同学历的员工在增加工作资源、寻求工作挑战方面存在显著差异。最后，采用Tamhane法、Dunnett's T3法等事后比较方法做组间比较。以Tamhane法为例，结果表明，比起本科和研究生学历的员工，大专及以下学历的员工表现出更少的工作塑造行为。可能的原因是低学历员工成就动机相对较低，缺少进行工作塑造的主动性。

表6－11　　　　　　　　不同学历员工工作塑造行为比较的方差分析摘要

检验变量	方差来源	平方和（SS）	自由度	平均平方和（MS）	F检验	显著性	事后比较 Tamhane法	事后比较 Dunnett's T3法
增加工作资源	组间	1457.219	2	195.590 68.643	11.012***	0.000	A＜B A＜C	A＜B A＜C
	组内	25076.679	379					
	总和	26533.898	381					

续表

检验变量	方差来源	平方和（SS）	自由度	平均平方和（MS）	F检验	显著性	事后比较	
							Tamhane法	Dunnett's T3法
寻求工作挑战	组间	349.753	2	97.127 16.468	10.748***	0.000	A < B A < C	A < B A < C
	组内	6166.540	379					
	总和	6516.293	381					
降低工作要求	组间	45.539	2	190.623 37.706	0.584	0.558	—	—
	组内	14799.037	379					
	总和	14824.576	381					

注：* 表示 $p < 0.05$，** 表示 $p < 0.01$，*** 表示 $p < 0.001$。

资料来源：笔者整理。

五、职级对员工工作塑造行为的差异化影响

表 6 – 12 列出了不同职位等级员工的工作塑造行为描述性数据。

表 6 – 12 　　　　　不同职级员工工作塑造行为的描述性统计

检验变量	年龄	样本数	平均数	标准差
增加工作资源	普通员工（A）	76	64.461	9.862
	基层管理者（B）	105	68.923	6.288
	中层管理者（C）	153	68.967	7.822
	高层管理者（D）	48	70.729	9.578
寻求工作挑战	普通员工（A）	76	24.263	4.878
	基层管理者（B）	105	26.438	3.733
	中层管理者（C）	153	26.994	3.486
	高层管理者（D）	48	29.333	3.674
降低工作要求	普通员工（A）	76	20.750	4.037
	基层管理者（B）	105	21.848	5.694
	中层管理者（C）	153	20.994	6.216
	高层管理者（D）	48	18.313	9.156

资料来源：笔者计算。

　　进一步的分组比较结果如表 6 – 13 所示。方差同质性检验的结果表明，寻求工作挑战方差同质；增加工作资源、降低工作要求方差异质。工作塑造的三个维度均达到显著水平，表明不同职级的员工其工作塑造行为有显著差异。分别在方差同质和方差异质条件下，进行组间比较。采用 LSD 法、HSD 法、Dunnett's T3 等事后比较方法做组间比较。以 LSD 方法为例，结果表明，高层管理者表现出最多的寻求工作挑战的行为，普通员工表现出最少的寻求挑战行为。可能的原因是，与普通员工相比，各个层级的管理者更倾向于通过寻求挑战行为获得更高的工作绩效以证明自我。与中低层管理者相比，高层管理者经常需要审时度势并做出重要决策，更容易表现出寻求挑战行为。

　　以 Dunnett's T3 法为例，普通员工表现出最少的增加工作资源行为。可能的原因是管理者有增加工作资源行为的先验经验，这些经验曾帮助他们走上管理岗位，他们会一如既往或者更进一步地做出增加工作资源的行为。比起高层管理者，中低层管理者表现出更多的降低工作要求的行为。可能的原因是，高层管理者与企业有更紧密的联系，如持有企业股权、基于组织绩效的薪酬，他们对企业负有重大的责任，会更加严格地要求自己。

表 6 – 13　　　　　　　不同职级员工工作塑造行为比较的方差分析摘要

检验变量	方差来源	平方和（SS）	自由度	平均平方和（MS）	F 检验	显著性	事后比较 LSD 法	事后比较 HSD 法	事后比较 Dunnett's T3 法
增加工作资源	组间	1515.043	3	505.014 66.187	7.630***	0.000	—	—	A < B
	组内	25018.854	378						A < C
	总和	26533.898	381						A < D
寻求工作挑战	组间	800.049	3	266.683 15.122	17.635***	0.000	A < B	A < B	—
							A < C	A < C	
	组内	5716.245	378				A < D	A < D	
							B < D	B < D	
	总和	6516.293	381				C < D	C < D	
降低工作要求	组间	417.458	3	139.153 38.114	3.651*	0.013	—	—	B > D
	组内	14407.118	378						C > D
	总和	14824.576	381						

注：* 表示 P < 0.05、** 表示 P < 0.01、*** 表示 P < 0.001。
资料来源：笔者整理。

第三节　研究假设检验

一、变量间的相关关系、同源误差与多重共线性

（一）变量间的相关关系

利用 SPSS 21.0 对各变量的均值、标准差以及变量间的相关关系进行分析，结果如表 6 - 14 所示。从表中可以看出，增加工作资源与降低工作要求、工作常规性、数量型工作不安全、质量型工作不安全呈现负相关关系，与其他变量均显著正相关；寻求工作挑战与工作常规性、数量型工作不安全、质量型工作不安全显著负相关，与内部人身份感知、组织地位、工作绩效、可雇佣能力、创新行为、尽责性显著正相关；降低工作要求与工作常规性、数量型工作不安全感正相关，与内部人身份感知、组织地位和工作绩效负相关；数量型工作不安全与降低工作要求、工作常规性和质量型工作不安全正相关，与其他变量负相关；质量型工作不安全与工作常规性和数量型工作不安全正相关；内部人身份感知、组织地位均与与增加工作资源和寻求工作挑战正相关，与降低工作要求相关；工作绩效与增加工作资源和寻求挑战正相关，与降低工作要求负相关；创新行为、内部可雇佣能力、外部可雇佣能力均与增加工作资源、寻求工作挑战正相关。变量间的相关关系为回归分析奠定了基础。

（二）共同方法偏差检验

本章运用 Harman 单因素分析法来检验共同方法偏差，将所有潜变量的测量题项同时进行主成分分析。未旋转的探索性因素分析得出特征根大于 1 的因素共计 10 个，其中最大特征根的因素解释了整体变异量的 34.423%，小于 50%，这表明，没有单一的因素可以解释绝大部分的变异，可以认为，本章所使用的数据没有严重的共同方法偏差问题。

（三）多重共线性诊断

通过计算将要进行的变量之间回归模型中的方差膨胀因子（VIF）值来检验多重共线性问题，结果显示，模型中各自变量的 VIF 值最小为 1.021，最大为 2.148，均小于 10，可以认为不存在严重的多重共线性问题，回归分析结果是可靠的。

表 6－14

变量的均值、标准差和相关系数矩阵

变量	均值	标准差	1	2	3	4	5	6	7	8	9	10	11	12
1. 增加工作资源	68.285	8.345												
2. 寻求工作挑战	26.592	4.136	0.742***											
3. 降低工作要求	20.843	6.238	-0.123*	-0.026										
4. 工作常规性	7.079	3.114	-0.424***	-0.353***	0.401***									
5. 数量型工作不安全感	9.840	4.579	-0.330***	-0.138**	0.427***	0.495***								
6. 质量型工作不安全感	8.607	3.298	-0.592***	-0.684***	0.048	0.349***	0.129*							
7. 内部人身份感知	22.547	4.169	0.574***	0.603***	-0.114*	-0.346***	-0.233***	-0.739***						
8. 组织地位	21.898	4.180	0.633***	0.677***	-0.039	-0.342***	-0.199***	-0.749***	0.751***					
9. 工作绩效	29.817	3.478	0.655***	0.467***	-0.135**	-0.260***	-0.325***	-0.343***	0.473***	0.493***				
10. 创新行为	32.715	5.074	0.793***	0.807***	-0.045	-0.427***	-0.244***	-0.707***	0.627***	0.720***	0.525***			
11. 内部可雇佣能力	22.422	3.640	0.661***	0.657***	-0.039	-0.350***	-0.256***	-0.686***	0.685***	0.809***	0.534***	0.725***		
12. 外部可雇佣能力	38.715	6.183	0.504***	0.486***	-0.035	-0.291***	-0.202***	-0.460***	0.442***	0.473***	0.454***	0.522***	0.591***	
13. 尽责性	39.560	5.006	0.733***	0.595***	-0.074	-0.367***	-0.272***	-0.447***	0.467***	0.497***	0.693***	0.657***	0.515***	0.395***

注：* 表示 $p < 0.05$，** 表示 $p < 0.01$，*** 表示 $p < 0.001$。
资料来源：笔者整理。

二、前因变量与工作塑造行为关系的实证检验

(一) 虚拟变量处理

在多元回归分析中，自变量应为计量变量（等距或等比变量），如果自变量为间断变量（名义或顺序变量），在投入回归模型时应先转化为虚拟变量（dummy variable）。本书的背景变量多是名义变量和顺序变量，因此，在做回归分析之前，首先对背景变量做了虚拟化处理。

具体地，性别变量以"女性"为参照组，虚拟变量为"男性与女性"的对比；学历变量中，以"本科"为参照组，学历虚拟变量_1 为"高中及以下与本科"之间的对比，学历虚拟变量_2 为"大专与本科"之间的对比，学历虚拟变量_3 为"研究生与本科"之间的对比；职级变量"普通员工"为参照组，职级虚拟变量_1 为"基层管理者与普通员工"的对比，职级虚拟变量_2 为"中层管理者与普通员工"的对比，职级虚拟变量_3 为"高层管理者与普通员工"的对比。

(二) 控制变量对工作塑造的影响

结合本书第二章和本章第二节的讨论，本部分将性别、年龄、学历、职级、司龄等人口统计变量作为控制变量。

首先检验控制变量对增加工作资源维度的影响。表 6 – 15 中的模型 1 为性别、年龄、学历、职级、司龄五类控制变量对增加工作资源维度的回归。结果表明，就增加工作资源维度而言，"高中 & 本科""大专 & 本科"虚拟变量的 β 值（标准化回归系数）为 -0.175（$p < 0.01$）、-0.178（$p < 0.01$），表示大专及以下学历的员工的增加工作资源的行为要低于本科学历的员工。"基层管理者 & 普通员工""中层管理者 & 普通员工""高层管理者 & 普通员工"虚拟变量的 β 值（标准化回归系数）分别为 0.194（$p < 0.01$）、0.186（$p < 0.01$）、0.172（$p < 0.01$），均达到显著性水平，说明相对于普通员工而言，管理者有更多的增加工作资源行为。此外，司龄也与增加工作资源行为正相关（β = 0.175，$p < 0.01$），司龄越长，员工表现出越多的增加工作资源行为。因此，学历、职级、司龄三个变量对增加工作资源均有不同程度的影响。

其次，检验控制变量与寻求工作挑战维度的相关性。表 6 – 15 中的模型 4 为性别、年龄、学历、职级、司龄五类控制变量对寻求工作挑战维度的回归。结果表明，"基层管理者 & 普通员工""中层管理者 & 普通员工""高

层管理者 & 普通员工"虚拟变量的 β 值（标准化回归系数）分别为 0.177（p < 0.001）、0.243（p < 0.001）、0.328（p < 0.001），均达到显著性水平，说明管理者比普通员工表现出更多的寻求工作挑战行为。此外，年龄与寻求工作挑战负相关（β = 0.133，p < 0.05），说明随着员工年龄的增长，他们表现出更少的寻求工作挑战的行为。性别、学历、司龄等均无影响。

表 6 - 15 中的模型 7 为性别、年龄、学历、职级、司龄五类控制变量对降低工作要求的回归。结果表明，各控制变量的回归结果不显著。

（三）工作不安全感对工作塑造的回归分析

前文指出，工作不安全感区分为数量型不安全感和质量型不安全感两个维度，接下来分别检验这两个维度与工作塑造之间的关系。

1. 数量型工作不安全感对工作塑造的回归分析

为检验数量型工作不安全感对增加工作资源的影响，表 6 - 15 中的模型 2 在模型 1 的基础上加入数量型工作不安全感变量，回归方程 F 值为 9.704（p < 0.001），β 值为 - 0.299（p < 0.001），ΔR^2 为 0.085，表明数量型工作不安全感能够解释增加工作资源 8.5% 的变异。用模型 3 做进一步的实证检验，加入数量型工作不安全感的平方变量，回归方程 F 值为 9.833（p < 0.001），β 值为 0.152（p < 0.001），表明数量型工作不安全感和增加工作资源之间存在 U 型关系，如图 6 - 1 所示，随着数量型工作不安全感的增强，员工表现出越少的增加工作资源行为，到达一定程度之后，数量型工作不安全感的增加，则正向影响增加工作资源行为。本书的假设 1a - 1 得到了验证。

为检验数量型工作不安全感对寻求工作挑战的影响，表 6 - 15 中的模型 5 在模型 4 的基础上加入数量型工作不安全感变量，回归方程 F 值为 9.374（p < 0.001），β 值为 - 0.110（p < 0.001），ΔR^2 为 0.012，表明数量型工作不安全感能够解释寻求工作挑战 1.2% 的变异。用模型 6 做进一步的实证检验，加入数量型工作不安全感的平方变量，回归方程 F 值为 9.565（p < 0.001），β 值为 0.156（p < 0.01），表明数量型工作不安全感和寻求工作挑战之间存在 U 型关系，如图 6 - 2 所示，随着数量型工作不安全感的增强，员工表现出越少的寻求工作挑战行为，到达一定程度之后，数量型工作不安全感的增加，则正向影响寻求工作挑战行为。本书的假设 1a - 2 得到了验证。

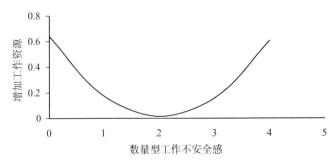

图 6 - 1   数量型工作不安全感与增加工作资源的关系

资料来源：笔者绘制。

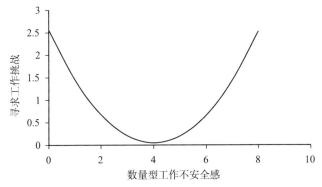

图 6 - 2   数量型工作不安全感与寻求工作挑战的关系

资料来源：笔者绘制。

　　为检验数量型工作不安全感对降低工作要求的影响，表 6 - 15 中的模型 8 在模型 7 的基础上加入数量型工作不安全感变量，回归方程 F 值为 10. 926（$p < 0.001$），β 值为 0. 419（$p < 0.001$），ΔR^2 为 0. 167，表明数量型工作不安全感能够解释降低工作要求 16. 7% 的变异。用模型 9 做进一步的实证检验，加入数量型工作不安全感的平方变量，回归方程 F 值为 10. 223（$p < 0.001$），β 值为 0. 083，结果不显著，表明数据不支持数量型工作不安全感与降低工作要求之间的 U 型关系；数量型工作不安全感的回归系数仍显著（β = 0. 389，$p < 0.001$），表明二者呈线性关系，如图 6 - 3 所示，数量型工作不安全感正向影响降低工作要求，即随着数量型工作不安全感的增强，员工会表现出更多的降低工作要求行为。本书的假设 1a - 3 未得到验证。

表 6 - 15　　工作不安全感（数量型工作不安全感）对工作塑造的回归分析

自变量		因变量								
		增加工作资源			寻求工作挑战			降低工作要求		
		模型 1	模型 2	模型 3	模型 4	模型 5	模型 6	模型 7	模型 8	模型 9
性别	男 & 女	- 0.039	- 0.004	0.002	0.028	0.041	0.047	0.064	0.016	0.019
	年龄	- 0.105	- 0.118 *	- 0.084	- 0.133 *	- 0.138 *	- 0.104	- 0.112	- 0.094	- 0.076
学历	高中 & 本科	- 0.175 **	- 0.150 **	- 0.170 **	- 0.153 **	- 0.144 **	- 0.164 **	- 0.005	- 0.040	- 0.050
	大专 & 本科	- 0.178 **	- 0.124	- 0.135 *	- 0.070	- 0.050	- 0.061	0.063	- 0.012	- 0.018
	研究生 & 本科	- 0.080	- 0.045	- 0.053	0.041	0.053	0.046	0.061	0.013	0.009
职级	基层 & 员工	0.194 **	0.183 **	0.170 **	0.177 **	0.173 **	0.159 **	0.077	0.093	0.086
	中层 & 员工	0.186 **	0.206 **	0.204 **	0.243 ***	0.251 ***	0.248 ***	0.056	0.028	0.027
	高层 & 员工	0.172 **	0.176 **	0.154 **	0.328 ***	0.329 ***	0.307 ***	- 0.104	- 0.111	- 0.123 *
司龄		0.175 **	0.143 *	0.114	0.202 **	0.190 **	0.160 **	- 0.074	- 0.029	- 0.045
数量型工作 不安全感			- 0.299 ***	- 0.354 ***		- 0.110 *	- 0.166 **		0.419 ***	0.389 ***
数量型工作 不安全感²				0.152 **			0.156 **			0.083
F 值		5.745 ***	9.704 ***	9.833 ***	9.707 ***	9.374 ***	9.565 ***	2.680 ***	10.926 ***	10.223 ***
ΔF		5.745 ***	39.917 ***	9.025 **	9.707 ***	9.707 *	9.707 **	2.680 **	80.009 ***	2.696
R^2		0.122	0.207	0.226	0.190	0.202	0.221	0.061	0.227	0.233
Adjusted R^2		0.101	0.186	0.203	0.171	0.180	0.198	0.038	0.207	0.210
ΔR^2		0.122	0.085	0.019	0.190	0.012	0.020	0.061	0.167	0.006

注：* 表示 $p < 0.05$，** 表示 $p < 0.01$，*** 表示 $p < 0.001$。
资料来源：笔者计算。

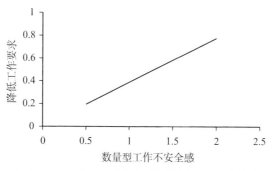

图 6 - 3　数量型工作不安全感与降低工作要求的关系
资料来源：笔者绘制。

2. 质量型工作不安全感对工作塑造的回归分析

为检验质量型工作不安全感对增加工作资源的影响，表6-16中的模型2在模型1的基础上加入质量型工作不安全感变量，回归方程F值为22.427（$p < 0.001$），β值为 -0.578（$p < 0.001$），ΔR^2 为0.255，表明质量型工作不安全感能够解释增加工作资源25.5%的变异。

表6-16　　工作不安全感（质量型工作不安全感）对工作塑造的回归分析

自变量		因变量								
		增加工作资源			寻求工作挑战			降低工作要求		
		模型1	模型2	模型3	模型4	模型5	模型6	模型7	模型8	模型9
性别	男 & 女	-0.039	-0.044	-0.002	0.028	0.013	0.018	0.064	0.065	0.066
	年龄	-0.105	0.031*	0.052	-0.133*	0.014	0.026	-0.112	-0.120	-0.117
学历	高中 & 本科	-0.175**	-0.099*	-0.138**	-0.153**	-0.070	-0.093*	-0.005	-0.009	-0.015
	大专 & 本科	-0.178*	-0.136*	-0.145*	-0.070	-0.025	-0.030	0.063	0.060	0.059
	研究生 & 本科	-0.080	-0.102	-0.108	0.041	0.016	0.013	0.061	0.062	0.061
职级	基层 & 员工	0.194**	0.083	-0.011	0.177**	0.056	0.068	0.077	0.083	0.086
	中层 & 员工	0.186**	-0.026	0.104	0.243***	0.014	0.022	0.056	0.069	0.071
	高层 & 员工	0.172**	-0.033	-0.048	0.328***	0.105*	0.097*	-0.104	-0.092	-0.095
	司龄	0.175**	0.044	0.040	0.202**	0.059	0.057	-0.074	-0.066	-0.067
质量型工作不安全感		—	-0.578**	-0.663***	—	-0.627***	-0.677***	—	0.034	0.021
质量型工作不安全感²		—	—	0.163***	—	—	0.095*	—	—	0.024
F值		5.745***	22.427***	21.721***	9.707***	35.654***	33.025***	2.680**	2.243**	2.228*
ΔF		5.745***	151.625***	9.517**	9.707***	218.171***	3.926*	2.680**	0.346	0.138
R^2		0.122	0.377	0.392	0.190	0.490	0.495	0.061	0.062	0.062
Adjusted R^2		0.101	0.360	0.374	0.171	0.476	0.480	0.038	0.036	0.034
ΔR^2		0.122	0.255	0.016	0.190	0.300	0.005	0.061	0.001	0.000

注：* 表示 $p < 0.05$，** 表示 $p < 0.01$，*** 表示 $p < 0.001$。

资料来源：笔者计算。

用模型 3 做进一步的实证检验，加入质量型工作不安全感的平方变量，回归方程 F 值为 21.721（p<0.001），β 值为 0.163（p<0.01），表明质量型工作不安全感与增加工作资源之间存在 U 型关系，如图 6-4 所示，随着质量型工作不安全感的增强，员工表现出越少的增加工作资源行为，到达一定程度之后，质量型工作不安全感的增加正向影响增加工作资源行为。本书的假设 1b-1 得到了验证。

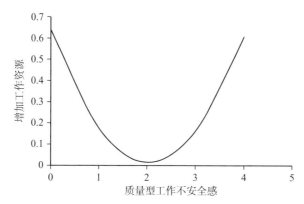

图 6-4 质量型工作不安全感与增加工作资源的关系

资料来源：笔者绘制。

为检验质量型工作不安全感对寻求工作挑战的影响，表 6-16 中的模型 5 在模型 4 的基础上加入质量型工作不安全感变量，回归方程 F 值为 35.654（p<0.001），β 值为 -0.627（p<0.001），ΔR^2 为 0.300，表明质量型工作不安全感能够解释寻求工作挑战 30% 的变异。用模型 6 做进一步的实证检验，加入质量型工作不安全感的平方变量，回归方程 F 值为 33.025（p<0.001），β 值为 0.095（p<0.05），表明质量型工作不安全感和寻求工作挑战之间存在 U 型关系，如图 6-5 所示，随着质量型工作不安全感的增强，员工表现出越少的寻求挑战行为，到达一定程度之后，质量型工作不安全感的增加，则正向影响寻求挑战行为。本书的假设 1b-2 得到了验证。

为检验质量型工作不安全感对降低工作要求的影响，表 6-16 中的模型 8 在模型 7 的基础上加入质量型工作不安全感变量，回归方程 F 值为 2.243（p<0.001），β 值为 0.034（不显著），ΔR^2 为 0.001，表明质量型工作不安全感对降低工作要求的影响不显著。本书的假设 1b-3 未能得到验证。

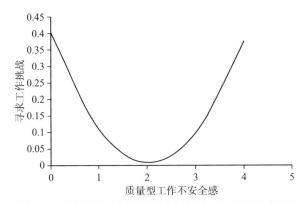

图 6 – 5   质量型工作不安全感与寻求工作挑战的关系

资料来源：笔者绘制。

（四）内部人身份感知对工作塑造的回归分析

为检验内部人身份感知对增加工作资源的影响，表 6 – 17 中的模型 2 在模型 1 的基础上加入内部人身份感知变量，回归方程 F 值为 20.148（p < 0.001），β 值为 0.536（p < 0.001），ΔR² 为 0.230，表明内部人身份感知能够解释增加工作资源 23% 的变异，内部人身份感知越高，越可能做出增加工作资源的行为。本书的假设 2a 得到了验证。

表 6 – 17   内部人身份感知对工作塑造的回归分析

	自变量	因变量								
		增加工作资源			寻求工作挑战			降低工作要求		
		模型 1	模型 2	模型 4	模型 5	模型 6	模型 8	模型 9	模型 10	模型 12
性别	男 & 女	− 0.039	− 0.055	− 0.049	0.028	0.013	0.015	0.064	0.068	0.037
	年龄	− 0.105	− 0.025	− 0.060	− 0.133 *	− 0.057	− 0.081	− 0.112	− 0.129 *	− 0.101
学历	高中 & 本科	− 0.175 **	− 0.071	− 0.018	− 0.153 **	− 0.053	− 0.013	− 0.005	− 0.026	− 0.032
	大专 & 本科	− 0.178 *	− 0.113	− 0.072	− 0.070	− 0.008	− 0.020	0.063	0.049	0.013
	研究生 & 本科	− 0.080	− 0.045	− 0.026	0.041	0.074	0.088	0.061	0.054	0.044
职级	基层 & 员工	0.194 **	0.071	0.029	0.177 **	0.059	0.025	0.077	0.102	0.082
	中层 & 员工	0.186 **	0.018	0.026	0.243 ***	0.082	0.051	0.056	0.091	0.101
	高层 & 员工	0.172 **	− 0.009	− 0.015	0.328 ***	0.154 **	0.15 **	− 0.104	− 0.067	− 0.058

续表

自变量	因变量								
	增加工作资源			寻求工作挑战			降低工作要求		
	模型 1	模型 2	模型 4	模型 5	模型 6	模型 8	模型 9	模型 10	模型 12
司龄	0.175 **	0.083	0.088	0.202 **	0.113 *	0.119	− 0.074	− 0.055	− 0.031
内部人身份感知		0.536 ***	0.429 ***		0.516 ***	0.442 ***		− 0.112 *	− 0.034
工作常规性 × 内部人身份感知			0.133 **			0.114 **			0.167 **
F 值	5.745 ***	20.148 ***	21.94 ***	9.707 ***	25.142 ***	23.535 ***	2.680 **	2.830 **	9.497 ***
ΔF	5.745 ***	131.615 ***	9.112 **	9.707 ***	133.043 ***	6.965 **	2.680 **	3.980 *	10.998 **
R^2	0.122	0.352	0.416	0.190	0.404	0.434	0.061	0.071	0.236
Adjusted R^2	0.101	0.334	0.397	0.171	0.388	0.415	0.038	0.046	0.211
ΔR^2	0.122	0.230	0.014	0.190	0.214	0.011	0.061	0.010	0.023

注：* 表示 $p < 0.05$，** 表示 $p < 0.01$，*** 表示 $p < 0.001$。

资料来源：笔者计算。

为检验内部人身份感知对寻求工作挑战的影响，表 6 - 17 中的模型 6 在模型 5 的基础上加入内部人身份感知变量，回归方程 F 值为 25.142（$p < 0.001$），β 值为 0.516（$p < 0.001$），ΔR^2 为 0.214，表明内部人身份感知能够解释寻求工作挑战 21.4% 的变异，内部人身份感知越高，越可能做出寻求工作挑战的行为。本书的假设 2b 得到了验证。

为检验内部人身份感知对降低工作要求的影响，表 6 - 17 中的模型 10 在模型 9 的基础上加入内部人身份感知变量，回归方程 F 值为 2.830（$p < 0.01$），β 值为 − 0.112（$p < 0.05$），ΔR^2 为 0.010，表明内部人身份感知能够解释降低工作要求 1% 的变异，内部人身份感知越高，表现出的降低工作要求的行为越少。本书的假设 2c 得到了验证。

（五）工作常规性在内部人身份感知与工作塑造关系中的调节效应检验

为检验工作常规性在内部人身份感知与工作塑造关系间的调节效应，模型 4、模型 8、模型 12 分别加入了工作常规性与内部人身份感知的乘积项。①

---

① 模型 4、模型 8、模型 12 分别在模型 3、模型 7、模型 11 基础上加入工作常规性与内部人身份感知的乘积项，ΔF 和 ΔR^2 值也是基于这些模型而来的，由于篇幅所限，此处没有报告回归结果。

　　实证数据表明，工作常规性在内部人身份感知与增加工作资源关系间的调节效应显著（F 值为 21.94，$\beta = 0.133$，$p < 0.01$），调节效应如图 6-6 所示，随着工作常规性程度的提高，内部人身份感知对员工增加工作资源行为的影响强度增加；随着工作常规性程度的降低，内部人身份感知对员工增加工作资源行为的影响强度减弱。本书的假设 3a 得到部分验证。

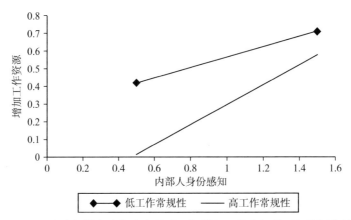

图 6-6　工作常规性在内部人身份感知与增加工作资源关系间的调节效应
资料来源：笔者绘制。

　　工作常规性在内部人身份感知与寻求工作挑战关系间的调节效应显著（F 值为 23.535，$\beta = 0.114$，$p < 0.01$），调节效应如图 6-7 所示，随着工作常规性程度的提高，内部人身份感知对员工寻求工作挑战行为的影响强度增加；随着工作常规性程度的降低，内部人身份感知对员工寻求工作挑战行为的影响强度减弱。本书的假设 3b 得到部分验证。

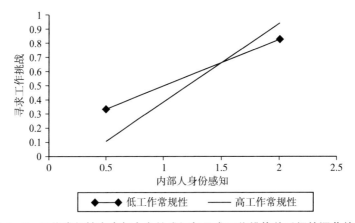

图 6-7　工作常规性在内部人身份感知与寻求工作挑战关系间的调节效应
资料来源：笔者绘制。

工作常规性在内部人身份感知与降低工作要求关系间的调节效应显著（F 值为 9.497，β = 0.167，p < 0.01），在加入工作常规性与内部人身份感知的乘积项之后，内部人身份感知对降低工作要求影响不再显著（β = -0.034），本书的假设 3c 未得到验证。

（六）组织地位感知对工作塑造的回归分析

为检验组织地位感知对增加工作资源的影响，表 6-18 中的模型 2 在模型 1 的基础上加入组织地位感知变量，回归方程 F 值为 26.661（p < 0.001），β 值为 0.613（p < 0.001），ΔR^2 为 0.296，表明组织地位感知能够解释增加工作资源 29.6% 的变异，感知的组织地位越高，越可能做出增加工作资源的行为。这与本书的假设 4a 有些不符，假设 4a 认为感知的组织地位越低，越可能做出增加工作资源的行为。故本书的假设 4a 仅仅得到部分得到验证。

为检验组织地位感知对寻求工作挑战的影响，表 6-18 中的模型 6 在模型 5 的基础上加入组织地位感知变量，回归方程 F 值为 35.711（p < 0.001），β 值为 0.618（p < 0.001），ΔR^2 为 0.300，表明组织地位感知能够解释寻求工作挑战 30% 的变异，组织地位感知越高，越可能做出寻求工作挑战的行为。这与假设 4b 有些不符，假设 4b 认为感知的组织地位越低，越可能做出寻求工作挑战的行为。故本书的假设 4b 仅仅得到部分得到验证。

为检验组织地位感知对降低工作要求的影响，表 6-18 中的模型 10 在模型 9 的基础上加入组织地位感知变量，回归方程 F 值为 2.428（p < 0.01），β 值为 -0.026 未达到显著水平，实证数据未能支持组织地位感知对降低工作要求的影响。因此，本书的假设 4c 未能得到验证。

表 6-18　　　　　　　　组织地位感知对工作塑造的回归分析

自变量		因变量								
		增加工作资源			寻求工作挑战			降低工作要求		
		模型 1	模型 2	模型 4	模型 5	模型 6	模型 8	模型 9	模型 10	模型 12
性别	男 & 女	-0.039	-0.036	-0.009	0.028	0.032	0.046	0.064	0.064	0.061
	年龄	-0.105	0.019	0.018	-0.133 *	-0.009	-0.010	-0.112	-0.117	-0.118
学历	高中 & 本科	-0.175 **	-0.072	-0.061	-0.153 **	-0.049	-0.024	-0.005	-0.009	0.009
	大专 & 本科	-0.178 *	-0.070	-0.077	-0.070	0.039	0.032	0.063	0.058	0.056
	研究生 & 本科	-0.080	-0.053	-0.036	0.041	0.067	0.078	0.061	0.060	0.059

续表

自变量		因变量								
		增加工作资源			寻求工作挑战			降低工作要求		
		模型 1	模型 2	模型 4	模型 5	模型 6	模型 8	模型 9	模型 10	模型 12
职级	基层 & 员工	0.194 **	0.068	0.021	0.177 **	0.050	0.016	0.077	0.082	0.080
	中层 & 员工	0.186 **	−0.014	−0.008	0.243 ***	0.042	0.051	0.056	0.065	0.059
	高层 & 员工	0.172 **	−0.028	−0.043	0.328 ***	0.127 **	0.124 **	−0.104	−0.096	−0.088
司龄		0.175 **	0.075	0.001	0.202 **	0.101 *	0.052	−0.074	−0.070	−0.067
组织地位感知		—	0.613 ***	0.344 ***	—	0.618 ***	0.455 ***	—	−0.026	−0.001
尽责性 × 组织地位感知		—	—	0.010	—	—	−0.056	—	—	−0.065
F 值		5.745 ***	26.661 ***	54.816 ***	9.707 ***	35.711 ***	41.367 ***	2.680 **	2.428 **	2.195 *
ΔF		5.745 ***	188.800 ***	0.077	9.707 ***	218.639 ***	2.086	2.680 **	0.207	1.322
R^2		0.122	0.418	0.641	0.190	0.490	0.574	0.061	0.061	0.067
Adjusted R^2		0.101	0.402	0.629	0.171	0.477	0.560	0.038	0.036	0.036
ΔR^2		0.122	0.296	0.000	0.190	0.300	0.002	0.061	0.001	0.003

注：＊表示 $p < 0.05$，＊＊表示 $p < 0.01$，＊＊＊表示 $p < 0.001$。

资料来源：笔者计算。

（七）尽责性在组织地位感知与工作塑造关系中的调节效应检验

为检验尽责性在组织地位感知与工作塑造关系间的调节效应，模型 4、模型 8、模型 12 分别加入了尽责性与组织地位感知的乘积项。[①]

实证数据表明，尽责性在组织地位感知与增加工作资源关系、寻求工作挑战、降低工作要求间的调节效应均不显著。因此，本书的假设 5 未得到验证。

三、工作塑造行为与结果变量间关系的实证检验

（一）工作塑造与工作绩效间关系的实证检验

如表 6 - 19 所示，模型 1 为控制变量对工作绩效的影响。结果表明，司

---

① 模型 4、模型 8、模型 12 分别在模型 3、模型 7、模型 11 基础上加入工作常规性与内部人身份感知的乘积项。ΔF 和 ΔR^2 值也是基于这些模型而来的，由于篇幅所限，此处没有报告回归结果。

龄对工作绩效有显著正向影响（β值为0.195，p < 0.01），在组织中的工作年限越长，越表现出更高的工作绩效水平。

模型2在模型1的基础上加入增加工作资源变量，回归方程F值为31.779（p < 0.001），β值为0.684（p < 0.001），ΔR^2为0.411，表明增加工作资源变量解释了工作绩效41.1%的变异，即随着员工增加工作资源行为的增多，其表现出更高的工作绩效水平。本书的假设6a得到了验证。

模型3在模型1的基础上加入寻求工作挑战变量，回归方程F值为12.894（p < 0.001），β值为0.506（p < 0.001），ΔR^2为0.207，表明寻求工作挑战变量解释了工作绩效20.7%的变异，即随着员工寻求工作挑战行为的增多，其表现出更高的工作绩效水平。本书的假设6b得到了验证。

模型4在模型1的基础上加入降低工作要求变量，回归方程F值为2.443（p < 0.001），β值为 - 0.109（p < 0.05），ΔR^2为0.011，表明降低工作要求变量解释了工作绩效1.1%的变异，即随着员工降低工作要求行为的增多，其表现出更低的工作绩效水平。本书的假设6c得到了验证。

（二）工作塑造与创新行为间关系的实证检验

如表6 - 19所示，模型5为控制变量对创新行为的影响。结果表明，年龄、学历、职级、司龄均对员工创新行为产生影响。其中，年龄负向影响创新行为，即随着年龄的增长，员工表现出更少的创新行为；比起本科学历的员工，高中学历的员工表现出更少的创新行为；比起普通员工，各级管理者表现出更多的创新行为。随着员工在组织中的年限增长，他们更容易表现出创新行为。

模型6在模型5的基础上加入增加工作资源变量，回归方程F值为76.569（p < 0.001），β值为0.743（p < 0.001），ΔR^2为0.485，表明增加工作资源变量解释了创新行为48.5%的变异，即随着员工增加工作资源行为的增多，其表现出更多的创新行为。本书的假设7a得到了验证。

表6 - 19　　　　　工作塑造对工作绩效、创新行为的回归分析

自变量		因变量							
		工作绩效				创新行为			
		模型1	模型2	模型3	模型4	模型5	模型6	模型7	模型8
性别	男 & 女	- 0.079	- 0.053	- 0.093 *	- 0.072	0.058	0.087 **	0.036	0.059
	年龄	- 0.001	0.071	0.067	- 0.013	- 0.110 *	- 0.032	- 0.008	- 0.112

续表

自变量		因变量							
		工作绩效				创新行为			
		模型 1	模型 2	模型 3	模型 4	模型 5	模型 6	模型 7	模型 8
学历	高中 & 本科	-0.034	0.085	0.043	-0.035	-0.148 **	-0.018	-0.031	-0.148 **
	大专 & 本科	-0.076	0.046	-0.040	-0.069	-0.123	0.009	-0.070	-0.122
	研究生 & 本科	0.043	0.011	-0.064	-0.037	0.029	0.088 *	-0.002	0.030
职级	基层 & 员工	0.071	-0.062	-0.019	0.079	0.214 **	0.070	0.078	0.216 **
	中层 & 员工	0.040	-0.087	-0.083	0.046	0.276 ***	0.138 **	0.090 *	0.278 ***
	高层 & 员工	0.030	-0.088	-0.136 *	0.018	0.314 ***	0.186 ***	0.062	0.312 ***
司龄		0.195 **	0.075	0.093	0.187 **	0.158 **	0.028	0.004	0.157 **
增加工作资源		—	0.684 ***	—	—	—	0.743 ***	—	—
寻求工作挑战		—	—	0.506 ***	—	—	—	0.767 ***	—
降低工作要求		—	—	—	-0.109 *	—	—	—	-0.021
F 值		2.200 *	31.779 ***	12.894 ***	2.443 **	9.598 ***	76.569 ***	73.561 ***	8.639 ***
ΔF		2.200 *	282.979 ***	103.667 **	4.446 *	9.598 ***	551.486 ***	527.080 ***	0.197
R^2		0.051	0.461	0.258	0.062	0.188	0.674	0.665	0.189
Adjusted R^2		0.028	0.447	0.238	0.036	0.169	0.665	0.656	0.167
ΔR^2		0.051	0.411	0.207	0.011	0.188	0.485	0.476	0.000

注: * 表示 $p < 0.05$, ** 表示 $p < 0.01$, *** 表示 $p < 0.001$。

资料来源: 笔者计算。

模型 7 在模型 5 的基础上中加入寻求工作挑战变量, 回归方程 F 值为 73.561 ($p < 0.001$), β 值为 0.767 ($p < 0.001$), ΔR^2 为 0.476, 表明寻求工作挑战变量解释了创新行为 47.6% 的变异, 即随着员工寻求工作挑战行为的增多, 其表现出更多的创新行为。本书的假设 7b 得到了验证。

模型 8 在模型 5 的基础上加入降低工作要求变量, 回归方程 F 值为 8.639 ($p < 0.001$), β 值为 -0.021 (p 值不显著), 实证数据未能发现降低工作要求对创新行为的影响。本书的假设 7c 未能得到验证。

（三）工作塑造与可雇佣能力间关系的实证检验

1. 工作塑造与内部可雇佣能力间关系的实证检验

如表 6-20 所示，模型 1 为控制变量对内部可雇佣能力的影响。结果表明，年龄、学历、职级、司龄均对员工内部可雇佣能力产生影响。其中，年龄负向影响内部可雇佣能力，即随着年龄的增长，员工表现出更低的内部可雇佣能力；比起本科学历的员工，高中和大专学历的员工表现出更低的内部可雇佣能力；比起普通员工，各级管理者表现出更强的内部可雇佣能力；随着员工在组织中的年限增长，他们内部可雇佣能力变强。

模型 2 在模型 1 的基础上加入增加工作资源变量，回归方程 F 值为 35.932（p < 0.001），β 值为 0.603（p < 0.001），ΔR^2 为 0.320，表明增加工作资源变量解释了内部可雇佣能力 32% 的变异，即随着员工增加工作资源行为的增多，其内部可雇佣能力变强。本书的假设 8a-1 得到了验证。

模型 3 在模型 1 的基础上加入寻求工作挑战变量，回归方程 F 值为 32.200（P < 0.001），β 值为 0.601（P < 0.001），ΔR^2 为 0.292，表明寻求工作挑战变量解释了内部可雇佣能力 29.2% 的变异，即随着员工寻求工作挑战行为的增多，其内部可雇佣能力变强。本书的假设 8b-1 得到了验证。

模型 4 在模型 1 的基础上加入降低工作要求变量，回归方程 F 值为 7.760（P < 0.001），β 值为 -0.026，统计结果不显著，表明降低工作要求对内部可雇佣能力没有影响。本书的假设 8c-1 未能得到验证。

2. 工作塑造与外部可雇佣能力间关系的实证检验

如表 6-20 所示，模型 5 为控制变量对外部可雇佣能力的影响。结果表明，年龄、职级、司龄均对员工外部可雇佣能力产生影响。其中，年龄负向影响外部可雇佣能力，即随着年龄的增长，员工表现出更低的外部可雇佣能力。比起普通员工，各级管理者表现出更强的外部可雇佣能力。随着员工在组织中的年限增长，他们外部可雇佣能力变强。

模型 6 在模型 5 的基础上加入增加工作资源变量，回归方程 F 值为 19.117（P < 0.001），β 值为 0.448（P < 0.001），ΔR^2 为 0.176，表明增加工作资源变量解释了外部可雇佣能力 17.6% 的变异，即随着员工增加工作资源行为的增多，其外部可雇佣能力变强。本书的假设 8a-2 得到了验证。

表 6-20   工作塑造对可雇佣能力的回归分析

自变量		因变量							
		内部可雇佣能力				外部可雇佣能力			
		模型 1	模型 2	模型 3	模型 4	模型 5	模型 6	模型 7	模型 8
性别	男 & 女	0.022	0.045	0.005	0.023	-0.014	0.003	-0.026	-0.012
年龄		-0.191 **	-0.128 **	-0.111	-0.194 **	-0.251 ***	-0.204 ***	-0.196 ***	-0.255 ***
学历	高中 & 本科	-0.107 *	-0.001	-0.015	-0.107 *	0.033	0.111 *	0.096 *	0.033
	大专 & 本科	-0.135 *	-0.027	-0.093	-0.133	0.008	0.088	0.037	0.010
	研究生 & 本科	-0.022	0.026	-0.047	-0.021	0.092	0.127 *	0.075	0.094
职级	基层 & 员工	0.210 **	0.093	0.104	0.212 **	0.297 ***	0.210 ***	0.223 ***	0.299 ***
	中层 & 员工	0.341 ***	0.228 ***	0.195	0.342 ***	0.341 ***	0.257 ***	0.240 ***	0.342 ***
	高层 & 员工	0.303 ***	0.199 ***	0.106 *	0.300 ***	0.365 ***	0.288 ***	0.229 ***	0.362 ***
司龄		0.160 **	0.054	0.039	0.158 **	0.177 **	0.098	0.093	0.175 **
增加工作资源		—	0.603 ***	—	—	—	0.448 ***	—	—
寻求工作挑战		—	—	0.601 ***	—	—	—	0.413 ***	—
降低工作要求		—	—	—	-0.026	—	—	—	-0.029
F 值		8.606 *	35.932 ***	32.200 ***	7.760 ***	8.106 ***	19.117 ***	16.072 ***	7.319 ***
ΔF		8.606 *	233.466 ***	202.577 **	0.288	8.106 ***	99.000 ***	73.536 ***	0.360
R^2		0.172	0.492	0.465	0.173	0.164	0.340	0.302	0.165
Adjusted R^2		0.152	0.478	0.450	0.151	0.144	0.322	0.283	0.142
ΔR^2		0.172	0.320	0.292	0.001	0.164	0.176	0.138	0.001

注: * 表示 $p < 0.05$, ** 表示 $p < 0.01$, *** 表示 $p < 0.001$。

资料来源: 笔者计算。

模型 7 在模型 5 的基础上加入寻求工作挑战变量, 回归方程 F 值为 16.072($p < 0.001$), β 值为 0.413($p < 0.001$), ΔR^2 为 0.138, 表明寻求工作挑战变量解释了外部可雇佣能力 13.8% 的变异, 即随着员工寻求工作挑战行为的增多, 其外部可雇佣能力变强。本书的假设 8b-2 得到了验证。

模型 8 在模型 5 的基础上加入降低工作要求变量, 回归方程 F 值为 7.319($p < 0.001$), β 值为 -0.029, 统计结果不显著, 表明降低工作要求对

外部可雇佣能力没有影响。本书的假设8c-2未能得到验证。

综合上述研究，将研究假设的验证情况汇总如表6-21所示。

表6-21   研究假设验证结果汇总

序号	假设内容	验证结果
假设1	工作不安全感对员工工作塑造行为的影响呈非线性	
假设1a-1	数量型工作不安全与工作塑造之增加资源维度呈U型相关	支持
假设1a-2	数量型工作不安全与工作塑造之寻求挑战维度呈U型相关	支持
假设1a-3	数量型工作不安全与工作塑造之降低要求维度呈倒U型相关	不支持
假设1b-1	质量型工作不安全与工作塑造之增加资源维度呈U型相关	支持
假设1b-2	质量型工作不安全与工作塑造之寻求挑战维度呈U型相关	支持
假设1b-3	质量型工作不安全与工作塑造之降低要求维度呈倒U型相关	不支持
假设2	内部人身份感知影响员工工作塑造行为	
假设2a	内部人身份感知水平越高，员工越可能增加工作资源	支持
假设2b	内部人身份感知水平越高，员工越可能寻求工作挑战	支持
假设2c	内部人身份感知水平越低，员工越可能降低工作要求	支持
假设3	工作常规性调节内部人身份感知与员工工作塑造行为的关系	
假设3a	当工作常规性较高时，内部人身份感知对增加工作资源的影响减弱；当工作常规性较低时，内部人身份感知对增加工作资源的影响增强	部分支持
假设3b	当工作常规性较高时，内部人身份感知对寻求工作挑战的影响减弱；当工作常规性较低时，内部人身份感知对寻求工作挑战的影响增强	部分支持
假设3c	当工作常规性较高时，内部人身份感知对降低工作要求的影响减弱；当工作常规性较低时，内部人身份感知对降低工作要求的影响增强	不支持
假设4	组织地位感知影响员工工作塑造行为	
假设4a	组织地位感知水平越低，员工越有可能增加资源	部分支持
假设4b	组织地位感知水平越低，员工越有可能寻求挑战	部分支持

续表

序号	假设内容	验证结果
假设 4c	组织地位感知水平越高，员工越有可能降低要求	不支持
假设 5	尽责性调节组织地位感知与员工工作塑造行为的关系	
假设 5a	当尽责性较高时，组织地位感知对增加工作资源的影响减弱；当尽责性较低时，组织地位感知对增加工作资源的影响增强	不支持
假设 5b	当尽责性较高时，组织地位感知对寻求工作挑战的影响减弱；当尽责性较低时，组织地位感知对寻求工作挑战的影响增强	不支持
假设 5c	当尽责性较高时，组织地位感知对降低工作要求的影响减弱；当尽责性较低时，组织地位感知对降低工作要求的影响增强	不支持
假设 6	员工工作塑造行为影响员工的工作绩效	
假设 6a	员工工作塑造行为之增加资源维度正向影响员工的工作绩效	支持
假设 6b	员工工作塑造行为之寻求挑战维度正向影响员工的工作绩效	支持
假设 6c	员工工作塑造行为之降低要求维度负向影响员工的工作绩效	支持
假设 7	员工工作塑造行为影响员工的创新行为	
假设 7a	员工工作塑造行为之增加资源维度正向影响员工的创新行为	支持
假设 7b	员工工作塑造行为之寻求挑战维度正向影响员工的创新行为	支持
假设 7c	员工工作塑造行为之降低要求维度正向影响员工的创新行为	不支持
假设 8	员工工作塑造行为影响员工可雇佣能力	
假设 8a - 1	员工工作塑造行为之增加资源维度正向影响员工的内部可雇佣能力	支持
假设 8a - 2	员工工作塑造行为之增加资源维度正向影响员工的外部可雇佣能力	支持
假设 8b - 1	员工工作塑造行为之寻求挑战维度正向影响员工的内部可雇佣能力	支持
假设 8b - 2	员工工作塑造行为之寻求挑战维度正向影响员工的外部可雇佣能力	支持
假设 8c - 1	员工工作塑造行为之降低要求维度负向影响员工的内部可雇佣能力	不支持
假设 8c - 2	员工工作塑造行为之降低要求维度正向影响员工的外部可雇佣能力	不支持

资料来源：笔者自行设计。

第七章　研究总结与展望

　　员工的工作塑造行为是近年来积极组织行为学领域的一个新兴研究主题，从构念的提出，内涵的界定到测量工具的开发，工作塑造研究得到不断深化与完善。本书将工作塑造行为嵌入具体的组织情境中，探讨了柔性工作情境中的工作塑造行为。本章将对主要的研究结论进行总结和讨论，归纳出本书的主要创新之处，提出管理启示，发现存在的主要不足，在此基础上对未来研究进行展望。

第一节　研究结论和讨论

一、柔性工作情境下员工工作塑造行为的质性研究结论

　　在文献梳理的基础上，遵循扎根理论的基本步骤，展开柔性工作情境下员工工作塑造行为的质性研究。通过对 18 位受访者的深度访谈和文本编码，形成柔性工作情境下员工工作塑造行为的内容、影响因素及作用结果。

（一）确定了柔性工作情境下员工工作塑造行为的内涵及维度

　　结合访谈资料与已有文献，明确了员工工作塑造的内涵：员工在外部环境压力或个体特征驱动下，为了寻求工作资源和工作要求之间的平衡而所做出的与工作相关的任务、关系和心理（或认知）等方面的改变。以工作要求－资源模型为基本理论依据，通过访谈编码发现，在柔性工作情境下，员工工作塑造行为包括：增加心理资源、增加结构性资源、增加社会性资源、寻求工作中的挑战、降低阻碍性工作要求五个维度。

　　与已有的文献（Tims and Bakker，2012；Petrou et al.，2012；Nielsen and Abildgaard，2012）相对比发现，增加心理资源是一个新的维度。可能的原因是，柔性工作情境中，员工能力要求、行为方式、认知方式等方面均会发

生变化，面临新的要求，这需要员工在应对这种柔性要求时进行心理调适，以便快速适应新的环境变化。

（二）识别了柔性工作情境下员工工作塑造的影响因素

通过访谈编码发现，工作安全、组织身份和组织地位是影响员工工作塑造的主要影响因素。在柔性工作情境下，若员工不能及时提升技能，改变认知，适应环境变化，则可能会面临着工作丧失或者失去某些重要的工作特征的风险，如丧失对工作的控制等；同时，能否维持组织身份也成为柔性背景下员工所关心的主要问题；此外，组织地位的差异也会变得更加明显，能够主动适应柔性要求的员工会感受到较高的组织地位，这些因素均会反映在员工的工作塑造行为中，成为他们采取何种方式来塑造工作的主要依据。

（三）预见了柔性工作情境下员工工作塑造的作用结果

访谈发现，员工的工作塑造行为会影响到员工的工作态度和工作产出，如工作绩效、创新绩效、工作倦怠等。员工采取不同的工作塑造行为会对结果产生不同的影响。

二、柔性工作情境下员工工作塑造行为的个体差异

在访谈过程中，不同的受访者表现出不同程度的工作塑造行为。通过对调研数据进行方差分析发现，不同背景信息的员工在工作塑造行为中的差异具有以下特征。

（1）不同年龄的员工工作塑造行为存在差异。分析结果发现，就寻求工作挑战维度而言，25岁以下员工比31~35岁员工表现更多的寻求挑战行为，36~40岁员工的寻求挑战行为较少；就降低工作要求而言，30岁以下员工的表现更多。可能的原因是，出生在1990年后的新生代员工更加喜欢冒险和挑战性工作，而36~40岁员工则更加注重工作的稳定性，不太愿意去增加工作的挑战性。

（2）不同司龄的员工，工作塑造行为也表现出差异。司龄在5年以上的员工比5年以内的员工表现出更多的增加工作资源和寻求工作挑战行为；7年以上的员工表现出最少的降低工作要求，可能是由于随着在组织中工作年限的增加，员工的工作能力得到提升，在组织中积累了一定的资源，能够较好地应对工作中的各项事务，同时抗压能力也得到增强，降低工作要求行为也会较少。

（3）不同教育程度的员工工作塑造行为也不同。相较于本科和研究生

学历的员工，大专以下学历的员工表现出更少的增加工作资源和寻求工作挑战行为，一方面可能由于本身的能力所限，另一方面可能是学历较低的员工成就动机相对较低，缺少工作塑造的主动性。

（4）不同职位等级的员工工作塑造行为也不相同。相比而言，普通员工表现出最少的增加工作资源和寻求挑战行为，高层管理者最多。一方面，管理者拥有更多的组织资源，增加了工作塑造的机会；另一方面，管理者承担重要的组织职责，通过增加资源和寻求挑战行为来推动组织发展。

三、柔性工作情境下员工工作塑造行为影响因素的实证检验

通过深度访谈和理论推演，基于 ERG 理论，本书建构了柔性工作情境下员工工作塑造的影响因素模型，并通过 382 份数据实证检验了工作不安全感、内部人身份感和组织地位感等前因变量对员工工作塑造行为的影响效应。主要的研究结论如下。

（一）工作不安全感与员工工作塑造行为呈现非线性关系

本书分别检验了数量型和质量型工作不安全感与员工工作塑造行为三个维度之间的关系，结果发现，不同维度的工作不安全感与工作塑造行为之间呈现不同的关系。

具体来说，数量型工作不安全感与增加工作资源、寻求工作挑战呈现 U 型关系，与降低工作要求正相关。随着员工感知的工作丧失可能性的不断增加，员工会选择减少工作投入，不太可能去承担更多的任务，更不可能去完成挑战性的工作，这样可能会"得不偿失"；当数量型工作不安全感达到一个临界值时，员工可能会认为与其"坐以待毙"，不如"奋力一搏"，在此心态下，员工可能试图通过工作塑造行为为自己争取保留工作的机会。没有发现数量型工作不安全与降低工作要求之间的关系，可能的原因是，工作不安全本身作为一种压力源，已经带给员工较大的心理压力，而这种压力无法通过降低工作要求得以缓冲，只有寻求积极的途径才可能得以释放。

其次，质量型工作不安全感与增加工作资源、寻求工作挑战之间呈现 U 型关系。质量型工作不安全感更多地涉及某些重要工作特征的丧失，如工作自由度、任务重要性等。当员工感知到自己从事工作的某些重要特征可能会丧失，如工作中自由决策权受到限制、工作中所需的技能多样性程度降低时，这时员工可能会选择增加工作任务、寻求更具挑战性的工作等工

作方式。一方面，争取自己的能力有更大的发挥作用的空间。另一方面，可能是"失之桑榆，收之东隅"的心理预期。本书同样没有发现质量型工作不安全感与降低工作要求之间的关系，可能的原因是，与其消极逃避，不如主动出击，通过积极行为来应对已有的压力，可能会减少压力带来的负面效应。

（二）内部人身份感知对员工工作塑造行为的影响

内部人身份感知对员工工作塑造行为存在直接影响。实证检验结果发现，内部人身份感知越高，员工表现出越多的增加工作资源、寻求工作挑战行为，越少的降低工作要求行为。组织身份在中国文化情境中显得尤为重要。组织身份不仅是一种群体归属感，更是获取资源的一种途径。在柔性工作情境中，员工的组织身份差异会更为明显。快速适应柔性环境的员工，有更强的能力响应组织的柔性要求，内部人身份感知更为强烈，这种感知会激发员工去寻觅更多的工作资源、寻求更大的工作挑战，表现出更多的工作塑造行为。

工作常规性对内部人身份感知与工作塑造关系的调节效应。随着工作常规性程度的提高，内部人身份感知对员工增加工作资源、寻求工作挑战的影响强度增加；随着工作常规性程度的降低，内部人身份感知对员工增加工作资源、寻求工作挑战的影响强度减弱。可能的原因是，工作常规性本身规定了员工的工作任务和职责，其程度越高，员工改变或塑造工作的可能性越小。当员工"局内人"感知越强烈时，越可能通过承担更多的职责外任务、参加组织中的新项目等方式来为组织做出更多的贡献。在低工作常规性情境下，员工内部人身份感知越强烈，会表现出越少的降低工作要求行为，而在高工作常规性情境下，这种关系不再显著。这表明，工作常规性越低，员工的工作自由度越大，越有发挥能力的空间，员工感知到内部人身份越强烈，越可能减少降低工作要求的行为，反而会表现出更高的角色外行为，使其行为符合感知的"局内人"形象。

（三）组织地位感知对员工工作塑造行为的影响

实证结果显示，组织地位感知对员工工作塑造行为有直接影响。组织地位感知越高，员工表现出越多的增加工作资源和寻求工作挑战行为。员工感知到的组织地位越高，工作中的权力较大，塑造工作的机会也较多，增加工作资源和寻求工作挑战的可能性增加；同时，员工会感受到所承担的责任较重，更有积极性和主动性去更好地完成工作。

结果未验证尽责性的调节作用，可能的原因在于：一方面，尽责性更多地体现在有效地完成与本职工作相关任务，而工作塑造行为则是员工主动承担额外的工作或任务、帮助其他员工完成任务、寻求有难度的任务等，这些任务都超出本职工作，尽责性在这些行为中可能表现得不是很突出；另一方面，员工工作塑造行为的做出，更多时候需要运用组织的资源、得到组织的支持，组织地位的影响会更加直接和强烈，个性特征因素的作用受到抑制。

四、柔性工作情境下中员工工作塑造行为的作用效应

通过对 382 份数据进行分析，检验了柔性工作情境下员工工作塑造行为对其工作绩效、可雇佣能力和创新行为的影响，具体结果如下。

（一）员工工作塑造行为对工作绩效的影响

实证检验结果表明，员工工作塑造行为对工作绩效存在着不同的影响。总体而言，增加工作资源、寻求工作挑战行为正向影响员工的工作绩效，即采取更多的增加工作资源、寻求工作挑战行为的员工，其工作绩效更好。通过增加心理资源，员工可以更好地应对工作中的各种压力；增加结构性资源，有助于员工从事不同的任务；增加社会性资源，能够提升员工的社会资本；寻求工作挑战，有助于提升员工解决问题的能力，这都利于员工更好地完成本职工作，从而产生较高的工作绩效。

降低工作要求负向影响员工的工作绩效，原因可能在于，工作要求源自工作职责范围之内，是员工的"分内之事"，员工降低工作要求，一方面说明员工可能不具备从事该职位所要求的各项能力，无法胜任该工作，难以应对工作的要求，所以也难以达到规定的工作绩效；另一方面，降低工作要求本身就意味着缩小工作任务范围、减少工作量，相应地，工作绩效也会较低。

（二）员工工作塑造行为对创新行为的影响

员工工作塑造行为的不同维度对创新行为的影响也存在差异。本书实证检验结果显示，增加工作资源、寻求工作挑战行为与员工创新行为正相关，即员工增加工作资源、寻求工作挑战的行为越多，员工的创新行为也表现得更多。员工增加工作资源、寻求工作挑战，表明该员工具有主动性，而这也是创新所需要的人格特质，同时也表明员工具备承担各种不同任务、应对挑战性任务的能力，具备了创新的能力要求；此外，在这一过程中，员工的创

造性思维、创新能力都被激发出来，以应对额外的任务和具有挑战性的工作，因此，可能会表现出更多的创新行为。研究没有发现降低工作要求与创新行为相关，可能的原因在于，创新行为更多还是基于工作范围内的创新，降低工作要求无疑减少了与工作的连接，员工对工作的投入和了解相应减少，与工作相关的创新意愿也大为降低，创新的机会大大减少，也就很少能表现出创新行为。

（三）员工工作塑造行为对可雇佣能力的影响

本书通过实证检验了员工工作塑造行为的不同维度对内部可雇佣能力、外部可雇佣能力的影响，研究结果揭示了以下内容。

1. 增加工作资源、寻求工作挑战正向影响员工的内部可雇佣能力

内部可雇佣能力反映的是员工在组织内部劳动力市场上的竞争力。通过增加心理资源，员工的心理弹性得到增强，能够从容应对组织柔性所带来的变化；通过增加结构性资源，员工承担额外的任务、积极参与组织的各项工作，相关能力得到提升；通过增加社会性资源，员工与上级、同事、客户建立更多更好的联系，社会资本增加；在完成挑战性任务过程中，员工了解到组织所需要的能力，自身创造性解决问题的能力得到提高，能够更好地应对挑战和风险，这些行为都极大提升了员工的各方面能力以及在组织中的影响力，增加了其被组织继续雇用的概率，内部可雇佣能力增强。

2. 增加工作资源、寻求工作挑战正向影响员工的外部可雇佣能力

员工的外部可雇佣能力是被外部其他组织雇用的可能性，反映出员工的外部劳动力市场竞争力。员工心理资源增加，使其可以更好地应对外部环境的变化，这种特质和资源具有一定的跨情境特性；通过增加结构性资源，员工的多样化技能得到锻炼和提升；社会性资源的增加，尤其是与客户、外部职业社群关系的建立和巩固，为外部就业提供了机会；挑战性任务完成过程中的能力也可以迁移到其他组织。这些都加大了员工在外部劳动力市场的竞争砝码，使其外部可雇佣能力提升。

研究没有发现降低工作要求与内部可雇佣能力、外部可雇佣能力间的相关关系，可能的原因是，降低工作要求本身是能力不足的表现，无论在组织内部还是外部，均不具备竞争力；同时，降低工作要求也减少了能力提升的机会。

综上所述，本书通过质性研究发现柔性工作情境中员工工作塑造行为的内容、影响因素及结果，通过实证检验了工作不安全感、内部人身份感知、

组织地位感知对工作塑造的影响，工作常规性的调节效应，工作塑造行为对工作绩效、创新行为以及可雇佣能力的影响。

第二节 研究创新点

通过上述研究总结，对比现有研究，本书可能的创新点如下。

（1）提炼了柔性工作情境下员工工作塑造行为的内涵，归纳出新的维度。在此基础上，修订了员工工作塑造行为量表，拓展了工作塑造内涵与内容研究。

现有研究中工作塑造的内容大致可以分为两大类，一类是瑞斯尼斯基和达顿（2001）提出的任务、关系和认知三维结构，一类是蒂姆斯和贝克尔（2012）基于工作要求－资源（JD－R）模型提出的四维结构。本书尝试将两种观点融合，以 JD－R 模型为依据，通过质性研究，挖掘和提炼出"增加心理资源"这一新的维度，并探讨了其他维度在柔性工作情境中的具体表现，将工作塑造的内容进一步拓展。现有 JD－R 模型应用研究中多强调外部的工作资源，而对个体的内部工作资源关注不足，本书则回应和突出了 JD－R 模型中所提出的"认知和心理"方面的资源。

此外，结合质性研究结果和现有文献对工作塑造量表进行了修订，补充了新的测量题项，并对现有题项进行调整，经过预调研和正式调研的量表质量检验，表现出较好的信度和效度，为后续中国文化背景下工作塑造测量工具提供了基础，有助于推动相关的实证研究。

（2）识别出柔性工作情境下员工工作塑造行为的影响因素，深化了基于中国企业的工作塑造行为的情境化研究。

工作塑造行为尽管是由员工个体做出的工作改变行为，但发生在工作场所，必然会受到工作情境因素的影响。现有研究大多存在两类问题，一是对个体特征因素关注较多并通过实证研究检验了相关影响，而对组织情境因素关注较少，且多停留在理论层面；二是嵌入具体工作情境中的影响因素涉及不多，多为一般情境的因素，如人－职不匹配、领导成员关系等。本书将工作塑造行为置于具体的情境——柔性工作情境下，通过质性研究，以 ERG 理论为理论框架，识别出柔性工作情境下对工作塑造行为产生影响的三个组织因素：工作不安全、组织身份和组织地位。并通过数据分析检验了它们的影响效应，深化了工作塑造在中国企业内外部环境变化下的情境化研究，扩充了工作塑造的组织影响因素，并丰富了 ERG 理论的应用研究。

（3）聚焦于柔性工作情境下的员工工作塑造行为，发展了柔性理论在员工层面的研究。

目前，国内外柔性工作情境对员工层面影响的研究相对较少，而且多聚焦在员工离职倾向、人际关系、工作绩效等几个方面。本书认为柔性工作情境作为柔性公司和人力资源柔性的一个重要组成部分，对其形成机理及多层面、多方位的影响机制仍需进一步挖掘。本书聚焦于员工的工作塑造行为，这一行为是员工将外在环境变化转化成具体工作产出的过程机制，通过具体的对工作的塑造，柔性工作情境对员工的影响和要求得以落实和体现，这为将来继续深入探讨柔性工作情境在员工层面的影响机制打开了思路，发展了相关研究。

第三节　管理启示

本书通过理论推演、质性研究和实证分析围绕柔性工作情境下的员工工作塑造行为展开研究，所得出的结论给组织管理实践带来一定的启示和意义。研究发现，在柔性工作情境下，员工工作塑造行为包括增加心理资源、增加结构资源、增加社会资源、寻求工作挑战和降低工作要求；工作不安全、组织身份、组织地位等因素均会影响员工的工作塑造行为，工作常规性起到调节作用；工作塑造行为影响到员工的工作绩效、创新行为和可雇佣能力。可见，在柔性工作情境下，员工的工作塑造行为非常重要，需要管理者给予足够关注，以正确引导员工的工作塑造行为与组织目标相一致。

一、合理设计工作，为员工提供相应的工作资源

员工的工作塑造行为是对工作本身所做出的各方面的改变，目的在于寻求工作资源－要求与自身能力偏好之间的平衡，以此获得更多工作意义和工作认同。本书研究发现，员工工作塑造行为包含增加心理资源、增加结构资源、增加社会资源、寻求工作挑战和降低工作要求五个维度，通过实证检验了增加工作资源（涵盖前三个维度）、寻求工作挑战正向影响员工的工作绩效、创新行为与可雇佣能力，而降低工作要求则负向影响员工的工作绩效。同时，工作常规性的调节效应也得到验证。因此，在具体的管理实践中，首

先，应当通过各种途径为员工提供工作相关的资源，如建立员工心理疏导机制，帮助员工进行心理调适；允许员工跨部门跨团队参与项目、提供各种技能培训和学习机会，增加员工承担更多任务的机会和能力；鼓励员工积极参加实践社群、疏通组织内部的沟通渠道，帮助员工扩展内外部社会资源；适当引进新项目和任务，增加工作难度，激发员工挑战工作的动机。其次，合理设计工作职责和要求，甄选能力合适的员工从事相应岗位，提高人－职匹配度，缓冲工作要求给员工带来的阻碍性压力，减少员工做出更多的降低工作要求行为的可能。最后，还应给予员工适度的工作自由度，将柔性融入工作设计中。本书研究发现，工作常规性越高，内部人身份感知与增加工作资源、寻求挑战行为的关系越强烈，工作常规性越低，内部人身份感知越强烈，员工降低工作要求行为越少，可以说，在某种程度上，工作常规性限制了员工工作塑造的机会。因此，组织应实施柔性化的工作设计，以鼓励员工进行工作塑造。

二、关注员工需要，为员工创设支持性组织情境

生存需要、关系需要和成长需要是个体的主要需要，在柔性工作情境中具体表现为工作安全、组织身份和组织地位的需要。本书也发现了三种不同需要对员工工作塑造行为的不同影响，相应地，管理者应采取不同的措施加以应对。

（一）提供适度的雇佣保障，为员工工作塑造行为提供动力

本书研究结果表明，工作不安全感与增加工作资源、寻求工作挑战的相关性呈 U 型，也就是说，工作不安全感对员工工作塑造行为的影响经历了先负向影响后正向影响的过程。在柔性工作情境下，工作不安全可能是一种常态，对员工的影响最为直接，关系到员工是否能够继续投入工作、产生良好的工作绩效。组织应当为员工提供适度的工作保障，使员工没有太多顾虑去增加更多的工作任务、迎接新的工作挑战。同时，也让员工感受到压力，激发员工更加积极主动地去塑造工作，以产生更高绩效。

（二）营造平等的组织氛围，为员工工作塑造行为提供支持

组织身份的不同，员工所拥有的资源可能也会不同，获得组织的支持程度也有差异。本书研究结果发现，内部人身份感知越高，员工表现出越多的增加工作资源、寻求工作挑战行为，越少的降低工作要求行为。可见，不同

的身份感知对员工工作塑造行为的影响也不同，在工作情境柔性化的背景下，组织身份的差异可能会越发明显。在组织管理实践中，应倡导公平、平等的氛围，淡化组织身份的差异对员工带来的影响，在薪酬、晋升、职业发展等方面给予员工公平的待遇和发展机会。同时，通过倡导平等的组织文化，强化员工的内部人身份认知，使员工感知到组织中大家都享有相同的权利和义务。

（三）拓宽员工的晋升渠道，为员工工作塑造行为提供机会

每个人都有追求成长、自我发展和自我实现的需要，在组织情境中，追求更高的组织地位是个人成就的一种直接体现。本书也发现，组织地位感知越高，员工表现出越多的增加工作资源和寻求工作挑战行为；方差分析的结果也发现，管理者比普通员工表现出更多的增加工作资源行为，可见组织地位的高低，在某种程度上影响员工工作塑造的机会。组织应积极拓宽员工的晋升渠道，给予员工充分发展和上升的空间，并为员工提供各种相应的组织支持，提高员工的组织地位感知，帮助员工实现个人成长和发展，进而产生更多的增加工作资源和寻求工作挑战行为，为组织带来更好的绩效。

三、重视员工差异，引导员工实施积极工作塑造

本书通过实证检验发现，员工个人背景信息与个性特征的差异也反映在员工的工作塑造行为中。不同年龄、不同司龄、不同教育程度的员工表现出的工作塑造行为存在明显的差异。如相对于年龄更大的员工，26～30岁的员工表现出更多的降低工作要求的行为。他们出生在1985年以后，是真正的新生代员工。相关研究表明，他们更加注重休闲式的工作生活方式，尽可能减轻工作中的压力。因此，组织应重视新生代员工的特点，通过设计相应的工作职位、职业发展通道、灵活的工作方式等途径，有针对性地引导他们做出更多的积极工作塑造行为。在组织中，工作年限较长的员工表现出更多的工作塑造行为。组织应给予老员工足够的重视和关心，对他们实施有效的再激励，诱发更多的寻求工作挑战行为。

总之，组织应积极通过各种管理实践和方式，激发员工工作塑造行为，并引导员工个体工作塑造行为与组织目标和要求相一致，进而带来更多的工作产出，提升组织绩效，实现组织目标。

第四节 研究局限性与未来展望

一、研究局限性

本书以柔性工作情境为情境变量来探讨员工的工作塑造行为，一方面由于柔性工作情境对员工层面的影响相关研究较少，另一方面员工的工作塑造行为自提出至今也仅十多年时间，相关理论也仍处在不断完善中。因而，本书在模型完整性、测量工具的使用等方面还存在一定的局限性，具体体现在以下方面。

（1）本书通过质性研究归纳出柔性工作情境下员工工作塑造行为的内容、影响因素与作用机制模型，但模型的完备性与综合性方面还存在局限性。首先是员工工作塑造内容的全面性问题。受限于研究条件，本书的质性研究结果基于对18位受访者的访谈资料而来，访谈样本的局限性可能会影响到工作塑造内容的全面性。其次，本书主要从 ERG 理论出发，关注了工作不安全感、内部人身份感知、组织地位等三个前因变量的影响，没有将更多的因素纳入研究框架中。再次，就员工工作塑造的作用机制而言，本书主要关注了工作绩效、创新行为和可雇佣能力三个结果变量，没有涉及员工的工作态度类和情感类变量，如工作满意度、组织承诺、工作投入等可能的影响结果，正如本书第二章文献综述提到的，这些结果变量已被验证受到工作塑造行为的影响。

（2）本书采用横截面数据对所有研究假设进行检验，考察柔性工作情境下员工工作塑造行为与前因变量、结果变量之间的关系。采用横截面数据是基于数据的可获性和便利性，便于为研究数据的收集与实证研究，但是这也存在一定的不足，无法实施追踪研究，难以捕捉柔性工作情境变化中员工工作塑造的动态变化过程，以及工作塑造与相关变量间的动态关系，这是本书研究后续需要进一步完善的地方，也是未来研究的发展方向。

（3）受限于研究条件，本书在问卷调查中采用被访者自我陈述的方式来填写问卷，各变量的测量量表均由员工依据自身感受和实际情境进行填写。尽管检验结果表明研究所使用的数据没有严重的共同方法偏差问题，但自评方式本身所固有的社会赞许性倾向问题仍然存在，如员工可能不愿意报告更多的降低工作要求行为。本书在问卷发放之前采取了一些措施来尽可能降低员工的社会赞许性倾向，如强调纯粹的学术研究目的、阐明调查的匿名性和保密承诺、打乱变量的题项顺序等。当然也有学者认为，自评可能比他评更加符合实际情况，学者樊景立和郑伯埙（Farh and Cheng，1997）在研究中发现，员工自评绩效不但没有放大偏差，反而出现自谦偏差，自评结果比主管评价结果更为严苛。

二、未来研究展望

鉴于本书研究存在的不足，结合现有相关研究，未来研究可从以下方面进行拓展和深入。

（一）员工工作塑造量表的开发与完善

本书所使用的员工工作塑造量表有两个主要的来源，一是借鉴已有研究中广为使用的量表及题项，二是通过质性研究提炼而来，并通过预调研（N = 138）和正式调研（N = 382）过程对量表的信度和效度等方面进行了检验，结果表明具有较好的质量。未来研究可在更大范围内对该量表进行检验，并加以完善。同时，本书聚焦于柔性工作情境的具体情境，因此，工作塑造的内容嵌入了情境因素。就工作塑造量表而言，未来研究可进一步拓展研究情境，开发出更适合中国员工工作情境、更具通用性的工作塑造量表。

另一方面，本书中的工作塑造量表以工作要求 – 资源模型为基本模式，从工作资源和工作要求两个方面来衡量员工的工作塑造行为。那么工作塑造行为是否还有其他的表现形式，如被动与主动、消极与积极等，这可能是未来研究深化的一个方向。

（二）柔性工作情境下员工工作塑造的影响因素研究

本书仅仅从 ERG 理论出发，探讨了工作不安全感、内部人身份感知和组织地位感知对员工工作塑造的影响，未来研究可以从以下方面拓展其他影响因素对员工工作塑造的研究。

1. 组织因素对员工工作塑造的影响研究

柔性工作情境表现在诸多方面，如工作流程的变化、工作任务的变化、工作完成方式和群体合作方式的变化，甚至领导方式的变化等。这些情境因素都会影响员工的工作塑造行为。现有研究也已经发现，员工工作塑造受到组织方面因素的影响，结合前期访谈资料，可以发现员工工作塑造的影响因素还可以从以下方面考察。

（1）工作特征因素。工作情境柔性化对工作特征的影响最为显著，且工作特征变化与员工工作塑造行为也较为密切，直接影响员工工作塑造行为的可能性与程度。本书探讨了工作常规性这一因素的调节效应。未来研究可关注工作自主性、任务互异性、技能多样性等因素对员工工作塑造的影响。

（2）领导者因素。员工工作塑造行为发生在工作场所，其行为是否得到领导的支持与协助，也会影响到工作塑造的发生。柔性工作情境给管理者带来新的目标和管理挑战，不同风格的管理者应对的方式不同，对员工的影响也会有所不同。变革型领导、家长式领导、交易型领导等不同领导风格在柔性的背景下是否会有不同的内涵，其对员工工作塑造行为又会带来哪些不同的影响，可以作为未来研究的一个切入点。

（3）组织支持因素。在柔性背景下，组织是否支持员工积极主动实施工作变革，会影响员工工作塑造行为的动机和意愿。访谈中有被访者提到，组织支持是其改变行为得以顺利实施的关键因素。

2. 个性特征对员工工作塑造行为的影响研究

本书仅将个体尽责性作为一个调节变量进行探讨，需要提及的是，柔性工作情境可以看作一种组织变革，对员工提出各方面新的要求，如何应对这种变革所带来的压力与挑战，员工的个性特征在很大程度上发挥着主要作用。主动性人格、个体的开放性、宜人性等个性特征都可能会影响员工的工作塑造行为。

（三）柔性工作情境下员工工作塑造行为的动态研究

本书中，工作塑造行为是一种具体的行为表现，是结果而非塑造的过程。从本质上看，工作塑造行为是员工在工作中所做出的一系列改变，是一个动态的过程，可能每天都会做出改变，也可能一段时间才有改变；工作情境柔性本身也蕴含着变化。因此，未来研究可以进行历时研究或日志法，来考察员工工作塑造行为在工作情境柔性化背景下的动态变化过程，生动地描述出员工的具体工作塑造行为表现以及行为的变化，更好地剖析这种变化的趋势以及背后的深层次原因。未来研究可能需要以动态视角通过开展纵向研究，收集历时数据，更加丰富地刻画员工工作塑造的过程，更为客观和科学地剖析和解释员工工作塑造行为与其影响因素、结果变量之间的关系。

（四）中国文化情境下群体工作塑造行为研究

本书将工作塑造的主体着眼于员工个体。柔性工作情境可能会对所有员工产生影响，同时也要求更多的员工之间的合作。因此，员工的群体工作塑造行为将是将来需要关注的一个研究方向。通过本书第二章文献梳理发现，学界已经开始关注群体工作塑造行为，并取得了一定的研究进展。但总体而言，仍处于起步阶段，群体工作塑造的内涵界定、操作化、形成机制和作用机制等研究主题还需学者深入挖掘和探讨。此外，在中国文化情境下，在集体主义思想和中庸文化的影响下，员工作为个体而实施工作塑造行为可能会承担一定的心理压力和外在风险，寻求行为的一致性成为员工可能的选择方式，这点与西方文化背景下的群体工作塑造行为可能会有差异，这也是未来研究需要厘清的问题。

（五）员工工作塑造行为对结果变量的影响研究

本书主要探讨了员工工作塑造行为对工作绩效、创新行为和可雇佣能力的影响，侧重于工作和个人的产出方面。瑞斯尼斯基和达顿（2001）提出工作塑造的概念时，强调工作塑造的目的在于员工创建新的工作意义和工作认同。因此，未来研究可以关注工作塑造对工作相关认知变量的影响，如工作认同、职业认同等。同时，工作塑造行为也会影响到员工对组织的态度和情感，如组织认同、组织承诺、工作满意度等。这也是研究可能发展的方向。此外，本书仅探讨了工作塑造对相关结果变量的直接影响，后续研究可尝试打开这一关系机制中的"黑箱"，找寻其间的中介机制，以更好地解释这一作用过程。

（六）员工工作塑造行为的双刃剑效应

瑞斯尼斯基和达顿（2001）在提出工作塑造概念时，认为员工可以自发地通过对工作做出改变进而获得工作意义感。所以工作塑造行为是员工基于自身考虑而实施的主动性行为。现有研究也已证实工作塑造行为对个体、团队及组织带来的积极影响。但既然工作塑造行为的出发点是员工，那么员工在实施此类行为时就有可能影响到同事（coworker）的工作行为、团队目标，甚至与组织要求不完全一致。工作塑造行为会给组织带来哪些负面影响，员工在做出特定工作塑造行为之前如何进行权衡，如何有效地规避其负面效应、引导员工表现出更多的利于组织的工作塑造行为呢？这些都可能是未来研究需要关注的主题。

（七）不同群体的工作塑造行为研究

新生代的"90后"员工逐渐成为职场主力，他们更加渴望得到内心的满足，更加注重自我价值的实现，同时又更加具有创造力和工作激情。在工作场所中，面对组织、领导、同事和工作，他们又会呈现出怎样的工作塑造行为，这些行为与"80后""70后"员工又有何不同呢？未来可尝试研究特定群体的工作塑造行为，挖掘其行为的形成机制及源头，这将对员工管理提供非常有价值的启发。此外，由于不同行业间的差异，特定行业员工工作塑造行为可能会有独特之处，关注不同行业从业人员的工作塑造行为，也将丰富对工作塑造的研究。

总之，工作塑造的未来研究仍有很大的空间与前景，需要研究者不断地开拓与深化。

附录 A　访谈提纲

一、访谈提纲（一）

1. 贵单位是否存在灵活的用工方式？例如聘用兼职人员、临时工、派遣员工、外包等。

2. 贵单位是否存在柔性的管理方式？例如工作扩大化、轮岗等。

3. 您单位的这些柔性化的管理措施对你产生了什么影响？例如对你的工作心态、工作行为等有什么影响。

二、访谈提纲（二）

1. 请问您目前的职位是什么，主要的工作职责和内容是什么？

2. 从您开始从事目前岗位到现在，工作中有做过什么改变吗？若有，它是如何改变的？

3. 尽管组织会规定成员们应该从事的工作责任，但有时候成员们反而会为自己制定一些工作责任。您在工作中会这样做吗？若有，告诉我您是什么时候以及如何做到的。

4. 您曾经积极主动地改变您在工作中与他人的关系吗？（如改变交往的对象数量、范围、频率、程度等）。

5. 除了职位要求之外，您会主动改变与工作相关的知识、技能和能力吗？若有，您是什么时候及如何做到的？

6. 您会自己主动地重新定位自己在工作中的角色吗？若有，请具体说明这一过程。

7-1. 您有积极主动地改变您对工作的看法吗？若有，可以告诉我您是什么时候以及如何改变的吗？

7-2. 您认为您的工作目的或意义是什么？您是怎么样得出这个结论的？从开始工作到现在，这个想法有改变过吗？若有，可以告诉我您是什么时候以及如何改变的吗？

8. 如果您有机会在当前组织中去设计自己的工作，您觉得会怎么做？相较您目前的工作，这个工作会有什么不同？

9. 上述各项改变对您对于工作态度及工作绩效有影响吗？如果有，主要体现在哪些方面？

10. 您单位的柔性管理措施有哪些？这些柔性化措施对您的工作态度和行为有什么影响？

11. 背景信息：性别、年龄、工作年限、任现职年限、教育程度、职位及职务、公司性质、所属行业、（若方便）请告知公司名称。

三、保密承诺书

为维护研究的伦理道德，研究者做出以下保密承诺：

（1）对研究对象的个人信息保密，研究中设计到任何对个人有所指向的信息都将用 ** 隐去。

（2）对研究对象提及的第三人、第三方的信息进行匿名处理。

（3）所有的研究资料，包括问卷、访谈录音、访谈逐字稿都由研究者妥善保管，保证信息不遗失。

（4）所有的资料仅为学术研究服务，不为任何商业形式的发表服务。

保密人签名：□□

附录 B 开放性编码

附表 1　　　　　　　　　　工作塑造结构维度的开放性编码

原始访谈资料	一级编码	二级编码	三级编码
【17-7-1】（我的）工作本身是很烦琐的，但也没有特别困难的事情，我觉得我的工作还是很有意义的。（例如）为他们纠正国际收支申报的错误，如果他们自己申报的话，国家统计局以及其他部门在统计历年信息比如全年的进出口信息、GDP 信息就会发生误差	强调工作的社会意义		
【2-6-1】由于工作岗位的原因，在组织发展中扮演着非常多且不可或缺的角色，因而会经常就自己如何更好地做好职责工作进行自我评估和检讨 【1-7-1】随着时间的累积，会发现其实不是这样子的，对待人力资源的工作应该跳出日常性工作的圈子，从更高的角度来看它在组织中存在的价值	强调工作对组织的意义	增加心理资源	增加工作资源
【11-7-5】我觉得我的工作是很有价值的，会影响至少100个人，没有我，大家都别想发工资啦，哈哈哈 【17-9-1】我认识到了工作的意义，所以也愿意以一种认真积极的态度去做	强调工作是重要的		
【7-2-4】不会，心态放平，不是所有问题都会以自己的意志为转移 【8-7-1】（对待工作）现在是积极向上的看法，刚开始是玩的一种心态——因为家庭的压力 【11-7-1】看档案也很有意思呢，每个人档案都是一部奋斗史 【15-2-1】人嘛，总还是有梦想有追求点儿好，不能碌碌无为一辈子，得去尝试一下	积极认知工作元素		

续表

原始访谈资料	一级编码	二级编码	三级编码
【2-7-4】当出现不满的情绪时，我会尽力去克制，很简单，因为我知道：第一，存在即合理；第二，解决抱怨是没有实际意义的，我需要的是如何更好地解决问题；第三，我知道成功的路上都是孤独的，正因为不好走所以正是我的机会 【10-5-3】这也算是一种心态调整吧，你有扎实的专业知识，能够解决工作中的问题，当你感到疲倦时，想到大家都还比较看好你，也就没什么了 【11-7-3】（领导）有一回写工作总结的时候，不把我的工作写进去，弄得我很生气。后来我调整下心态，改变下工作方法，学习了写总结的小窍门，就觉得没啥了	调整工作中的不利因素	增加心理资源	增加工作资源
【11-5-3】也要关注自己的职业生涯，比如说我想几年以后当个小领导，我现在就会去招聘启事上看看人力资源经理需要的素质能力是哪些，如果觉得自己真是差好远弱爆了，就会注意相关方面的锻炼和积累	发展职业能力		
【12-2-4】后来公司请一家培训公司做内训，讲到了反馈的重要性，我才深深地意识到自己之前的工作很不到位，应该主动及时汇报进度 【12-4-1】发现沟通不太顺畅的时候，会试着分析原因，看自己说话的方式、时机是不是有问题	提升沟通技巧	增加结构资源（有助于有效完成工作任务）	
【10-5-3】这个学习是自发性的，我们岗位还涉及别的专业，我想多学点，对自己有好处 【14-5-1】自发学习。因为接手到这方面的事情，需要提前学习一下	自发性学习		
【2-5-1】不断地自我学习，及时总结，汲取生活工作中的经验教训，有时去请教优秀的伙伴……通过不断学习，能够少走弯路，快速成长	持续性学习		
【3-5-1】改变最根本的还是学习，学习新的思想、理念、方法	学习新思想、方法		
【6-5-1】工作需要什么技能，我都会去学习，家里书柜里有很多专业书，也会找同行朋友讨教 【10-5-1】我们是技术岗位，日常工作需要有理论知识做支撑，虽然手头上的活儿是一成不变的，但是其中遇到的理论问题却是需要不断学习的，所以我会在工作中带着问题去思考，工作之余再补充些专业知识的学习，以此来提升自己的专业水平 【17-5-1】这些知识都是平时必须要关注和掌握的，不然的话，我只是采集到了数据，并不能解读数据背后的意义	学习专业知识和提升技能		

续表

原始访谈资料	一级编码	二级编码	三级编码
【8-4-1】比如在我们办公室有位员工的小毛病特别多，别人也很烦她，但是我不会因为这些问题而不和她说话什么的，而是尽量改善我们之间的关系，尽量做到融洽 【17-4-1】比如加班后经常一起吃饭，经常性地聚餐，达到同事之间更多更好地交流，提升生活中的感情，工作中可以更好地向他们请教。在工作中会主动给长者提供帮助，来改善同事之间的关系	优化同事关系	增加社会资源	增加工作资源
【1-4-1】需要与各部门的负责人建立良好的沟通关系，可通过工作沟通、私下交流等形式促进彼此的了解 【6-4-2】进每个企业我都请中层吃过饭，有的让老板买单有的自己买单。还有私人交流、工作上配合，利益上也尽量为他们争取 【8-2-3】我会定时向各工段索要分析指标，以查看生产是否正常，还会定向相关部门要一些数据，来分析对我们部门的影响	优化横向部门联系		
【11-4-1】阿姨们（年长的女同事）会让我找各个大领导签字，我很乐意承担这种工作——可以多和领导接触，直接汇报，显得我既勤快又专业	获取领导好感		
【1-4-2】在进行公司内部制度流程改革的时候需要来自公司高层的充分支持，这个时候需要多次的沟通来增进相互理解信任 【12-2-6】工作主动性增加，而不是等着领导向自己要结果；向领导汇报进度，有利于为工作争取资源，而不是一味埋头苦干	取得领导支持		
【9-3-1】周末有时候需要去烟酒店买饮料，我都会主动介绍我们的酒	加强与客户的联系		
【11-4-2】我就积极地推销管理信息系统。对于档案电子信息化，领导还都挺赞同的，也接洽了用友公司，正在推进	加强与供应商的联系		
【11-4-4】因为我一个人在××（地名），不是很好玩，就积极地参加校友会的活动，包括聚餐、分享会、爬山、唱歌等各种活动。另外最近也发现了一个新的组织，叫××（人名）书友会，打算多多参加活动，好好学习	加强与社交圈的联系		

续表

原始访谈资料	一级编码	二级编码	三级编码
【4-3-1】除了正常的工作职责外，会经常找一些非正式的内容增加非正式的工作职责。一方面是增加自己专业方面的技能，另一方面也充实自己的生活 【2-3-1】经常增加额外非正式要求的工作职责	增加非正式的工作职责	扩大职责	
【6-3-1】我所经历的企业没真正的岗位职责，就是说要揣摩老板意图、体会员工的需求，寻找平衡点，哪一方失衡，就多做做这方面的工作	在工作需要的地方投入更多		
【7-3-1】我会承担起工作说明书之外的一些职责，（这些职责）大多数会是上级领导或董事长的直接安排	完成领导交办的事情		
【8-2-1】当领导交代完工作后，我会按照他的要求更细化地完成。（比如说）领导让分析 PVC（注：树脂粉，化工材料）的最少三个下游产品，我会找到五个甚至更多来分析，并且（是）全方位的分析，例如它的价格、销售的行情、国际行情等 【16-3-2】在解答完客户问题后，发现解答错误或不完整（时）会及时回拨，（虽然）单位并没有对此做硬性要求	高质量完成任务		寻求工作挑战
【14-2-1】调整了公司一些表格的格式，为了简化流程 【16-2-1】（虽然）单位给我们制定了针对某些业务的标准话术，按话术解答就行。但自己会觉得标准话术还是太啰唆，自己会根据自己（的）习惯进行精简，做到短而精	高效率完成任务	使工作更具挑战性	
【11-2-1】（我的）工作职责不断扩大，同时作为办公室最年轻的一员，承担所有跑腿、修电脑等各种杂活，成功地向"全能运动员"转换	成长为多面手		
【11-7-4】虽然别人觉得是简单的人事工作，但是我从专业的角度看，就知道每一件事情都是很重要的，即使好些是手工劳动，可以自我把工作上升到战略高度	战略性思考工作		

续表

原始访谈资料	一级编码	二级编码	三级编码
【4-3-4】端技术行业饭碗的，都应该明白"不进则退"的道理，（特别是在）现在这社会科技的发展一日千里（的情况下）	在技术上不断追求进步	持续保持成长	寻求工作挑战
【9-6-1】原来觉得自己就是推销酒的，通过说服烟酒店老板把酒卖给他完事，后来慢慢会从整个市场的角度考虑问题，会考虑整个团队怎么去运转，并试着从老板角度思考一种新酒怎么去铺市场，怎么去做促销活动，旺季怎么压货给代理商	在视野上不断开拓		
【5-5-2】工作还是挺好的一个提升自己专业能力和综合能力的机会，要把自己当成一个职业人去考虑，提升人才市场上的竞争力	在职业化上不断成长		
【16-5-1】比如支付宝或者微信方面的业务，并不是××行业，但自己有时候也会去做，去实践体验，自己熟悉了，以后遇到了也好解答	尝试了解新业务	引入新方法	
【11-4-2】另外我也建了一个我们系统的人力资源群，将所有下属公司的人都拉进来，这样布置工作就好办了，而且很快就跟下属单位的人力也熟悉了	利用信息化手段		
【1-3-1】之前部门除了常规的人事和一些行政工作之外，还有一些跟法务、物流相关的工作，通过与公司领导沟通，将这些工作进行剥离	剥离一些工作职责	减少职责	降低工作要求
【16-6-2】刚开始想太简单了，就想着服务好每个客户，后来发现不是这么回事，有些客户说话太气人了，不值得为他全心全意服务，就算服务了也是喂白眼狼，他也不知道感谢 【16-7-1】要是让每一个客户都满意，这活儿真的没法干了	降低服务的质量	降低工作预期	
【6-6-2】起初觉得自己这个角色很重要，恨不得对每个招进来的人像当家人一样负起责任，现在我只想令我上级满意，先让他信任我，再谈其他的	减少负责的人数		
【5-7-2】杂七杂八是主事儿，主要工作是兼职，但是也在降低预期，工作总会有不如意的	认为工作是琐事缠身		
【3-4-1】还是会发现一些同事的人品不佳，会改变和他的关系，会少打交道，保持一般的同事关系就好	依据交往对象品性确立关系	保持人际距离	

附表 2　　　　　　　　　　　柔性工作情境的开放性编码

原始访谈资料	一级编码	二级编码	三级编码
【11-10-2】为了完成这个项目，单位用了一批临时人员，这些人工作非常上心，我们单位承诺和表现突出的签长期合同。跟他们一比，我觉得自己在工作上的投入太少了，主要是动力不足，得多花点心思在工作上了	临时工积极的工作投入与自己形成对比	数量柔性引致工作动力	人力资源柔性对员工工作态度及行为的影响
【2-10-3】公司有很多轮岗机会，培训也挺多的，但也是需要有一定资历和知识基础的，普通员工参加的学习啊什么的都比较基础，所以自己还是得额外多补课，不然没机会参加这种培训，轮岗什么的也是看资历的，当然有时候也看能力，所以还是得多提升自己才行	轮岗、培训机会需要有能力活资历才能抓住	功能柔性引致工作动力	
【8-10-2】我们好多项目都是和外面的专家合作的，我们需要他们的技术呀，所以我们就得和他们维持好关系，虽然我不是专业的，不搞技术这块，但你也得不断学习，才能和他们对上话，和他们打交道也是一种技术	对外合作鞭策自己不断地学习新东西		
【13-10-2】我们单位也使用实习生，我也带过两个实习生。我觉得他们工作很规矩，也比较卖力，有时候我也从他们身上学到很多东西，甚至会有一些危机感，不学一些新东西可能就跟不上形势了。不过我们单位实习生转正好像不怎么容易，大概就 3∶1 的样子 【15-10-1】我们公司每年也会招一些实习生，大多都是做些基础性的工作，核心点、重要些的工作基本还是得正式员工来做，交给实习生不放心啊，但其实他们也工作还挺认真的，也挺卖力，平时和同事关系挺融洽的，可能他们也想努力表现，争取留下来吧	实习生认真的工作态度给自己造成压力	数量柔性引致工作压力	
【12-10-1】有一些岗位会有少量临时工，主要是在业务量特别大的时候。有时候你会发现，这个临时工居然能做这么好，你会觉得好像别人抢你饭碗的感觉，没办法，自己就只有拼了，你总不能还不如临时工吧，不然自己就成临时工了，呵呵	临时工的高绩效给自己带来危机感	数量柔性引致工作不安全感	

续表

原始访谈资料	一级编码	二级编码	三级编码
【11-10-1】单位用的临时人员、派遣工什么的,好像对我们没有什么影响	临时工、派遣工没给自己造成影响	数量柔性没有影响	人力资源柔性对员工工作态度及行为的影响
【6-10-1】公司给我们提供了很多锻炼的机会,比如轮岗、"沉淀"到分公司积累阅历之类的,对我成长帮助很大,我也很认可公司的这些做法	轮岗有效地帮助自己成长	功能柔性促进可雇佣性提升	

附表3　　　　　　　　工作塑造相关变量的开放性编码

原始访谈资料	一级编码	二级编码	三级编码
【4-3-4】端技术饭碗的,都应该明白"不进则退"的道理,(特别是在)现在这社会科技的发展一日千里(的情况下)	"不进则退"的忧患意识	忧患意识	工作安全
【6-2-3】我又好强,又觉得到了年纪,商务不适合我长期做,就自学去了	考虑离开生命周期短的职业	风险规避	
【12-5-1】肯定会(持续学习和提升技能)啊,不然早被淘汰了。再说自己也享受那种学习和成长带来的快乐	避免被职场淘汰		
【3-2-15】我觉得主要是内外部环境逼迫你改变,在面对外部环境时,个体如何设置目标,如何让自己和大流保持一致,加上个人诉求,导致我做出一些改变	和主流保持一致	应对环境压力	
【11-2-2】是啊,阿姨们让我帮忙,总不能不帮吧,而且其中一个身体还不好……阿姨们都对我挺好的,不好意思拒绝,反正也不难	人际关系压力		

原始访谈资料	一级编码	二级编码	三级编码
【9-3-2】就是企业归属感、荣誉感（使然），有时候其他产品有什么问题也会帮忙解决，这样可以维护我们品牌形象，从而保证良性发展 【9-3-7】我要不帮忙解决（问题），他永远不进我们产品，再加上他会在同行圈子里到处说，很影响公司形象	维护公司形象	高组织认同	组织成员身份
【1-7-5】通过人力资源体系的不断完善，建立和谐、高效的团队文化，实现企业发展目标	达成企业目标	实现组织绩效	
【11-7-6】因为是在集团公司，所以还要对下属公司的人力资源管理工作提供指导，觉得级别还挺高的，好多下属公司的都管我叫 x 老师，极大地满足我的虚荣心啊	声誉伴随着工作塑造责任	声望	组织地位
【3-3-5】人都会有新要求，会去改变……若到了中高层，可能会考虑组织的发展吧，现在没有 【7-3-6】（工作塑造时）话语权相对不足，同时面临打破各部门的既得利益，容易受到抵制	高职位更容易进行工作塑造	职位权力	
【11-6-3】我希望自己的可替代性减弱，希望自己能够快速了解各项工作，能随时接替阿姨们（同事）的工作，毕竟阿姨们都快退休了，如果我变成全能小帮手，我晋升的可能性就大 【8-6-1】原来的定位就是找个工作上班就可以，现在有了自己的家庭，也就有了压力，这种压力迫使我需要增加知识和能力，来获得高工资和高职位	借工作塑造创造晋升机会	晋升空间	
【11-2-5】工作方式还有一个特点，就是自由度比较大。因为工作量不算太不饱和，所以有的时候得看自己想把工作做成啥样	工作自由度影响塑造幅度	工作自主性	任务特征
【10-2-3】（我的工作职责）可以说基本没变。我们的工作必须遵守安全规章制度，来不得半点疏忽，所以说，要想做好，就需脚踏实地，按规程办事，认真负责 【13-2-4】上级单位为加强管理，开发了一套管理系统，为此组织财务、人资、项目、合同人员参加培训，以后涉及内容要在管控系统填报资料	工作流程约束了工作塑造	任务常规性	

续表

原始访谈资料	一级编码	二级编码	三级编码
【10-4-2】我觉得保持一定的距离比较好，可能跟性格有关，除了几个关系好的，跟一般的同事关系都那样，没有过分亲密，也不孤立。至于领导，跟他们交际的机会少之又少，我也不会主动去套近乎	性格影响人际交往	外倾性人格	个性特征
【4-7-4】每一次小小的"完成"都能给自己内心带来丝丝窃喜，哪怕一点点的挑战也有一瞬间鼓舞 【15-6-1】最近工作觉着自己太陌生，太给师傅丢面子，也觉着自己很没面子，所以现在要试图去改变，去提高自己，证明自己没那么菜	挑战和建树影响工作塑造	成就动机	
【7-3-8】（工作塑造时）会有阻碍，领导也会（设置阻碍），有时需要一个平衡 【11-2-9】我们作为省属国有企业，与同行很多公司都有沟通交流，对比其他公司的先进经验，我们确实显得落后，领导也意识到这一点，但是推行起来总是有点障碍	领导鼓励或限制工作塑造	领导支持	组织支持
【7-6-1】有时会，有时也不会，毕竟会出于更深的考虑，有时会为了长远考虑而暂时地容忍。从公司目前的情况看，时机不成熟	组织政策限制工作塑造	组织条件	
【11-9-2】会的，至少晨会这个每天梳理工作方式就很有用，还有就是每日一个 deadline，让我肯定会全身心投入的	工作塑造影响工作投入	增进工作投入水平	工作投入
【17-9-2】说到绩效的话，肯定是（随着）对工作进一步的了解，绩效也会提高……作为一个拖延症患者，我写每个月的外汇分析报告的话基本上都会从截止日期前的最后一天开始写，一般当天还是可以完成的，一方面说明了我的拖沓，另一方面也说明了我对工作有了一定的熟练性，才能在相对不太长的时间里完成啊。这也是一种工作绩效的提高吧 【1-4-3】与他人的关系是需要主动去改变的，尤其是初到一个新的环境。对业务的了解程度，对公司内部潜在文化的了解程度都会影响的工作的效果和效率	工作塑造有助于工作效率的提升	增进任务绩效	工作绩效

续表

原始访谈资料	一级编码	二级编码	三级编码
【4-7-5】这种"完成"算不上什么成功，没有惊天动地也不会技惊四座，只是些微之举，（但是）又恰好能解决问题或另辟蹊径	工作塑造意味着另辟蹊径地解决问题	产生创新绩效	工作绩效
【10-5-3】这也算是一种心态调整吧，如果你有扎实的专业知识，能够解决工作中的问题，当你感到疲倦时，想到大家都还比较看好你，也就没什么了 【7-9-1】有时感觉做同样的工作时间久了，（会有）职业倦怠，总想换一下其他性质的工作	工作塑造与职业倦怠互相影响	克服职业倦怠	工作倦怠

附录 C　预调研问卷

工作塑造调查问卷（一）

尊敬的女士/先生：

您好！非常感谢您在百忙之中接受我们课题组的问卷调查。

这是一份纯学术研究调查问卷，主题是关于员工工作塑造行为的研究。工作塑造是指个体在工作中改变任务边界、关系边界、工作意义和重要性的认知等。您的意见是本研究重要的资料来源，您的协助对我们非常重要。本问卷采用匿名方式，不涉及商业机密或个人隐私，答案无对错之分。出于学术规范的严肃性以及本人的人格保证，您所填写的一切将会被严格保密并仅限于学术研究之用，敬请您放心填写。如果您对本书或研究结果感兴趣，请您与我们联系，电子邮箱：cug832@163.com。

衷心地感谢您的参与和支持！

祝您身体健康、万事如意！

第一部分　个人信息，以下部分仅做统计分类使用，敬请不要漏填

1. 您的性别：□男性；□女性

2. 年龄：□20 岁及以下；□21～25 岁；□26～30 岁；□31～35 岁；□36～40 岁；□41 岁以上

3. 教育程度：□高中、中专及以下；□大专；□本科；□硕士研究生及以上

4. 您在本单位内的工作年限：□1 年及以内；□1～3 年；□3～5 年；□5～7 年；□7 年以上

5. 您在本单位中的职位：□普通员工；□基层管理者；□中层管理者；□高层管理者

6. 您所在职能部门：□生产；□人事；□财务；□研发；□行政；□营销；□其他

7. 您的企业所在的行业是＿＿＿＿＿＿＿＿（只填一个最主要的行业）

第二部分　请您根据自己日常工作中的真实感受，对下列描述进行评价，并在相应的数字上打"√"，数字越大表示对该项越赞同。即：1 = 非常不同意；2 = 不同意；3 = 有些不同意；4 = 不确定；5 = 有些同意；6 = 同意；7 = 非常同意

	工作塑造	您的同意程度						
JC – 1	我会在观念上进行重构，强调我的工作是重要的和有意义的	1	2	3	4	5	6	7
JC – 2	我会进行心理上的调适，认为我的工作对公司成功是重要的	1	2	3	4	5	6	7
JC – 3	我会进行心理上的调适，认为我的工作是具有社会影响力的	1	2	3	4	5	6	7
JC – 4	针对工作环境中的不利因素，我会在心态上积极调整	1	2	3	4	5	6	7
JC – 5	我尝试在工作中学习新事物	1	2	3	4	5	6	7
JC – 6	我尝试发展我的能力	1	2	3	4	5	6	7
JC – 7	我会经常性地学习专业知识，以提升专业技能	1	2	3	4	5	6	7
JC – 8	我确保我的能力最大化发挥	1	2	3	4	5	6	7
JC – 9	我采取了一些措施以增加我在工作中和别人打交道的机会	1	2	3	4	5	6	7
JC – 10	为了有效地达成工作目标，我采取了一些措施以拓宽我的人际圈子	1	2	3	4	5	6	7
JC – 11	我会向上级寻求指导和反馈	1	2	3	4	5	6	7
JC – 12	我会向同事寻求咨询和建议	1	2	3	4	5	6	7
JC – 13	在熟悉工作后，我尝试使我的工作更具挑战性	1	2	3	4	5	6	7
JC – 14	我通常会承担额外任务，尽管没有额外收入	1	2	3	4	5	6	7
JC – 15	如果完成工作，我会要求更多任务	1	2	3	4	5	6	7

续表

	工作塑造	您的同意程度						
JC – 16	当有新方法引入时，我会是最先学习并运用它们的人之一	1	2	3	4	5	6	7
JC – 17	当没有太多工作时，我认为这是开始新项目的机会	1	2	3	4	5	6	7
JC – 18	当有参与机会时，我会抓住	1	2	3	4	5	6	7
JC – 19	我会降低自己的工作预期和主动性	1	2	3	4	5	6	7
JC – 20	我会减少自己的工作量以确保较小的工作负担	1	2	3	4	5	6	7
JC – 21	我尽量让自己在工作中情绪不太紧张	1	2	3	4	5	6	7
JC – 22	我尽量在工作中减少接触影响我情绪的人	1	2	3	4	5	6	7
JC – 23	我采取了一些措施以缩小我在工作中的关系网（这样我就能把更多的努力放在拓宽公司外的人际关系而不是公司内的）	1	2	3	4	5	6	7
JC – 24	我采取了一些措施以限制我在公司中扮演的角色（这样我就能把更多的时间和精力放在朋友、家庭和个人爱好上）	1	2	3	4	5	6	7
	任务常规性	您的同意程度						
TR – 1	每天我的工作中都有些不同的事情做	1	2	3	4	5	6	7
TR – 2	我所做的大部分工作里，每天都没有新的东西	1	2	3	4	5	6	7
TR – 3	我的工作只是每天例行公事	1	2	3	4	5	6	7
	尽责性	您的同意程度						
CP – 1	在工作上，我只求能应付过去便可	1	2	3	4	5	6	7
CP – 2	一旦确定了目标，我会坚持努力实现它	1	2	3	4	5	6	7
CP – 3	我常常仔细考虑之后才做出决定	1	2	3	4	5	6	7
CP – 4	别人认为我是个慎重的人	1	2	3	4	5	6	7
CP – 5	做事讲究逻辑和条理是我的一个特点	1	2	3	4	5	6	7
CP – 6	我喜欢一开头就把事情计划好	1	2	3	4	5	6	7
CP – 7	我工作或学习很勤奋	1	2	3	4	5	6	7
CP – 8	我是个倾尽全力做事的人	1	2	3	4	5	6	7

第三部分　请您根据自己对公司的真实感受，对下列描述进行评价，并在相应的数字上打"√"，数字越大表示对该项越赞同。即：1 = 非常不同意；2 = 不同意；3 = 有些不同意；4 = 不确定；5 = 有些同意；6 = 同意；7 = 非常同意

工作不安全感		您的同意程度						
JI – 1	我很担心自己在想要离开这个公司之前就不得不离开	1	2	3	4	5	6	7
JI – 2	我认为未来自己有失去目前工作的可能	1	2	3	4	5	6	7
JI – 3	我为未来失去工作而担忧	1	2	3	4	5	6	7
JI – 4	我很看好在这个公司中将来的职业发展机会	1	2	3	4	5	6	7
JI – 5	我认为不久后公司会给我提供令人兴奋的工作	1	2	3	4	5	6	7
JI – 6	我相信公司在未来仍需要我的工作能力	1	2	3	4	5	6	7
JI – 7	我在公司的待遇水平很有前景	1	2	3	4	5	6	7
内部人身份感知		您的同意程度						
PIS – 1	我深深觉得我是公司的一部分	1	2	3	4	5	6	7
PIS – 2	我的公司让我坚信我是其中的一分子	1	2	3	4	5	6	7
PIS – 3	我感觉我是这个公司的局外人	1	2	3	4	5	6	7
PIS – 4	我感觉被公司接纳为其中一员	1	2	3	4	5	6	7
PIS – 5	我感觉在公司中我是局内人	1	2	3	4	5	6	7
PIS – 6	我感觉经常被公司忽视或冷落	1	2	3	4	5	6	7
组织地位感知		您的同意程度						
OS – 1	公司给予我很大的尊重	1	2	3	4	5	6	7
OS – 2	公司给我机会做重要的决策	1	2	3	4	5	6	7
OS – 3	公司重视我的贡献	1	2	3	4	5	6	7
OS – 4	公司给我权利去尝试新事物	1	2	3	4	5	6	7

第四部分　请您根据自己工作表现及工作能力的真实感受，对下列描述进行评价，并在相应的数字上打"√"，数字越大表示对该项越赞同。即：1 = 非常不同意；2 = 不同意；3 = 有些不同意；4 = 不确定；5 = 有些同意；6 = 同意；7 = 非常同意

工作绩效		您的同意程度						
TP－1	我充分完成了公司安排的工作任务	1	2	3	4	5	6	7
TP－2	我会履行工作说明书中规定的职责	1	2	3	4	5	6	7
TP－3	我完成了公司期望我完成的任务	1	2	3	4	5	6	7
TP－4	我达到了工作的正式绩效要求	1	2	3	4	5	6	7
TP－5	我会参与直接影响绩效评价的活动	1	2	3	4	5	6	7
TP－6	我不会忽视一些必须要做的工作	1	2	3	4	5	6	7
创新行为		您的同意程度						
IB－1	我总是寻求应用新的流程、技术与方法	1	2	3	4	5	6	7
IB－2	我经常提出有创意的点子和想法	1	2	3	4	5	6	7
IB－3	我经常与别人沟通并推销自己的新想法	1	2	3	4	5	6	7
IB－4	为了实现新想法，想办法争取所需资源	1	2	3	4	5	6	7
IB－5	为了实现新想法，制订合适的计划和规划	1	2	3	4	5	6	7
IB－6	整体而言，我是一个具有创新精神的人	1	2	3	4	5	6	7
可雇佣能力		您的同意程度						
PE－1	即使公司裁员，我也相信自己能留下来	1	2	3	4	5	6	7
PE－2	我在公司的人际网络有助于我的职业生涯发展	1	2	3	4	5	6	7
PE－3	虽然与我目前的工作不同，我深知自己在公司中的潜在机会	1	2	3	4	5	6	7
PE－4	与做同类工作的同事相比，我在公司得到更多的尊重	1	2	3	4	5	6	7
PE－5	我从当前工作中获得的技能可用于公司之外的其他工作	1	2	3	4	5	6	7
PE－6	我获得公司的再培训，使我更容易在别处被雇用	1	2	3	4	5	6	7

	可雇佣能力				您的同意程度			
PE – 7	虽然与我当前工作有差异，我深知自己在公司之外的机会	1	2	3	4	5	6	7
PE – 8	如果需要，我能够轻松地在同类公司找到一份工作	1	2	3	4	5	6	7
PE – 9	我能轻松地在其他公司获得一份类似的工作	1	2	3	4	5	6	7
PE – 10	雇主愿意雇用技能水平与工作经历同我相似的员工	1	2	3	4	5	6	7
PE – 11	我在别处也能找到与自己的技能、经验相关的工作	1	2	3	4	5	6	7

＊＊＊＊＊＊问卷到此结束，再次感谢您的大力支持！＊＊＊＊＊＊

附录 D　正式调研问卷

工作塑造调查问卷（一）

尊敬的女士/先生：

您好！非常感谢您在百忙之中接受我们课题组的问卷调查。

这是一份纯学术研究调查问卷，主题是关于员工工作塑造行为的研究。工作塑造是指个体在工作中改变任务边界、关系边界、工作意义和重要性的认知等。您的意见是本研究重要的资料来源，您的协助对我们非常重要。本问卷采用匿名方式，不涉及商业机密或个人隐私，答案无对错之分。出于学术规范的严肃性以及本人的人格保证，您所填写的一切将会被严格保密并仅限于学术研究之用，敬请您放心填写。如果您对本书或研究结果感兴趣，请您与我们联系，电子邮箱：cug832@163.com。

衷心地感谢您的参与和支持！

祝您身体健康、万事如意！

第一部分　个人信息，以下部分仅做统计分类使用，敬请不要漏填

1. 您的性别：□男性；□女性
2. 年龄：□20 岁及以下；□21～25 岁；□26～30 岁；□31～35 岁；□36～40 岁；□41 岁以上
3. 教育程度：□高中/中专及以下；□大专；□本科；□硕士研究生及以上
4. 您在本单位内的工作年限：□1 年及以内；□1～3 年；□3～5 年；□5～7 年；□7 年以上
5. 您在本单位中的职位：□普通员工；□基层管理者；□中层管理者；□高层管理者
6. 您所在职能部门：□生产；□人事；□财务；□研发；□行政；□营销；□其他
7. 您的企业所在的行业是＿＿＿＿＿＿＿＿（只填一个最主要的行业）

第二部分　请您根据自己日常开展工作中的真实感受，对下列描述进行评价，并在相应的数字上打"√"，数字越大表示对该项越赞同。即：1 = 非常不同意；2 = 不同意；3 = 有些不同意；4 = 不确定；5 = 有些同意；6 = 同意；7 = 非常同意

	工作塑造	您的同意程度						
JC – 1	我会在观念上进行重构，强调我的工作是重要的和有意义的	1	2	3	4	5	6	7
JC – 2	我会进行心理上的调适，认为我的工作对公司成功是重要的	1	2	3	4	5	6	7
JC – 3	我会进行心理上的调适，认为我的工作是具有社会影响力的	1	2	3	4	5	6	7
JC – 4	针对工作环境中的不利因素，我会在心态上积极调整	1	2	3	4	5	6	7
JC – 5	我尝试在工作中学习新事物	1	2	3	4	5	6	7
JC – 6	我尝试发展我的能力	1	2	3	4	5	6	7
JC – 7	我会经常性地学习专业知识，以提升专业技能	1	2	3	4	5	6	7
JC – 8	我确保我的能力最大化发挥	1	2	3	4	5	6	7
JC – 9	我采取了一些措施以增加我在工作中和别人打交道的机会	1	2	3	4	5	6	7
JC – 10	为了有效地达成工作目标，我采取了一些措施以拓宽我的人际圈子	1	2	3	4	5	6	7
JC – 11	我会向上级寻求指导和反馈	1	2	3	4	5	6	7
JC – 12	我会向同事寻求咨询和建议	1	2	3	4	5	6	7
JC – 13	在熟悉工作后，我尝试使我的工作更具挑战性	1	2	3	4	5	6	7
JC – 14	我通常会承担额外任务，尽管没有额外收入	1	2	3	4	5	6	7
JC – 15	如果完成工作，我会要求更多任务	1	2	3	4	5	6	7

续表

工作塑造		您的同意程度						
JC - 16	当有新方法引入时，我会是最先学习并运用它们的人之一	1	2	3	4	5	6	7
JC - 17	当没有太多工作时，我认为这是开始新项目的机会	1	2	3	4	5	6	7
JC - 18	我会降低自己的工作预期和主动性	1	2	3	4	5	6	7
JC - 19	我会减少自己的工作量以确保较小的工作负担	1	2	3	4	5	6	7
JC - 20	我尽量在工作中减少接触影响我情绪的人	1	2	3	4	5	6	7
JC - 21	我采取了一些措施以缩小我在工作中的关系网（这样我就能把更多的努力放在拓宽公司外的人际关系而不是公司内的）	1	2	3	4	5	6	7
JC - 22	我采取了一些措施以限制我在公司中扮演的角色（这样我就能把更多的时间和精力放在朋友、家庭和个人爱好上）	1	2	3	4	5	6	7
任务常规性		您的同意程度						
TR - 1	我所做的大部分工作里，每天都没有新的东西	1	2	3	4	5	6	7
TR - 2	我的工作只是每天例行公事	1	2	3	4	5	6	7
尽责性		您的同意程度						
CP - 1	一旦确定了目标，我会坚持努力地实现它	1	2	3	4	5	6	7
CP - 2	我常常仔细考虑之后才做出决定	1	2	3	4	5	6	7
CP - 3	别人认为我是个慎重的人	1	2	3	4	5	6	7
CP - 4	做事讲究逻辑和条理是我的一个特点	1	2	3	4	5	6	7
CP - 5	我喜欢一开头就把事情计划好	1	2	3	4	5	6	7
CP - 6	我工作或学习很勤奋	1	2	3	4	5	6	7
CP - 7	我是个倾尽全力做事的人	1	2	3	4	5	6	7

第三部分 请您根据自己对公司的真实感受，对下列描述进行评价，并在相应的数字上打"√"，数字越大表示对该项越赞同。即：1 = 非常不同意；2 = 不同意；3 = 有些不同意；4 = 不确定；5 = 有些同意；6 = 同意；7 = 非常同意

工作不安全感		您的同意程度						
JI-1	我很担心自己在想要离开这个公司之前就不得不离开	1	2	3	4	5	6	7
JI-2	我认为未来自己有失去目前工作的可能	1	2	3	4	5	6	7
JI-3	我为未来失去工作而担忧	1	2	3	4	5	6	7
JI-4	我很看好在这个公司中将来的职业发展机会	1	2	3	4	5	6	7
JI-5	我相信公司在未来仍需要我的工作能力	1	2	3	4	5	6	7
JI-6	我在公司的待遇水平很有前景	1	2	3	4	5	6	7
内部人身份感知		您的同意程度						
PIS-1	我深深觉得我是公司的一部分	1	2	3	4	5	6	7
PIS-2	我的公司让我坚信我是其中的一分子	1	2	3	4	5	6	7
PIS-3	我感觉被公司接纳为其中一员	1	2	3	4	5	6	7
PIS-4	我感觉在公司中我是局内人	1	2	3	4	5	6	7
组织地位感知		您的同意程度						
OS-1	公司给予我很大的尊重	1	2	3	4	5	6	7
OS-2	公司给我机会做重要的决策	1	2	3	4	5	6	7
OS-3	公司重视我的贡献	1	2	3	4	5	6	7
OS-4	公司给我权利去尝试新事物	1	2	3	4	5	6	7

第四部分　请您根据自己工作表现及工作能力的真实感受，对下列描述进行评价，并在相应的数字上打"√"，数字越大表示对该项越赞同。即：
1 = 非常不同意；2 = 不同意；3 = 有些不同意；4 = 不确定；5 = 有些同意；6 = 同意；7 = 非常同意

工作绩效		您的同意程度						
TP – 1	我充分完成了公司安排的工作任务	1	2	3	4	5	6	7
TP – 2	我会履行工作说明书中规定的职责	1	2	3	4	5	6	7
TP – 3	我完成公司期望我完成的任务	1	2	3	4	5	6	7
TP – 4	我达到了工作的正式绩效要求	1	2	3	4	5	6	7
TP – 5	我不会忽视一些必须要做的工作	1	2	3	4	5	6	7
创新行为		您的同意程度						
IB – 1	我总是寻求应用新的流程、技术与方法	1	2	3	4	5	6	7
IB – 2	我经常提出有创意的点子和想法	1	2	3	4	5	6	7
IB – 3	我经常与别人沟通并推销自己的新想法	1	2	3	4	5	6	7
IB – 4	为了实现新想法，想办法争取所需资源	1	2	3	4	5	6	7
IB – 5	为了实现新想法，制订合适的计划和规划	1	2	3	4	5	6	7
IB – 6	整体而言，我是一个具有创新精神的人	1	2	3	4	5	6	7
可雇佣能力		您的同意程度						
PE – 1	即使公司裁员，我也相信自己能留下来	1	2	3	4	5	6	7
PE – 2	我在公司的人际网络有助于我的职业生涯发展	1	2	3	4	5	6	7
PE – 3	虽然与我目前的工作不同，但我深知自己在公司中的潜在机会	1	2	3	4	5	6	7
PE – 4	与做同类工作的同事相比，我在公司得到更多的尊重	1	2	3	4	5	6	7
PE – 5	我从当前工作中获得的技能可用于公司之外的其他工作	1	2	3	4	5	6	7
PE – 6	我获得公司的再培训，使我更容易在别处被雇用	1	2	3	4	5	6	7

续表

可雇佣能力		您的同意程度						
PE－7	虽然与我当前工作有差异，我深知自己在公司之外的机会	1	2	3	4	5	6	7
PE－8	如果需要，我能够轻松地在同类公司找到一份工作	1	2	3	4	5	6	7
PE－9	我能轻松地在其他公司获得一份类似的工作	1	2	3	4	5	6	7
PE－10	雇主愿意雇用技能水平与工作经历同我相似的员工	1	2	3	4	5	6	7
PE－11	我在别处也能找到与自己的技能，经验相关的工作	1	2	3	4	5	6	7

＊＊＊＊＊问卷到此结束，再次感谢您的大力支持！＊＊＊＊＊＊

附录 E　正式问卷测量问项的描述性统计

测量题项	最小值	最大值	均值	标准差	偏度	峰度
JC-1	1.00	7.00	5.5602	0.89048	-1.192	2.837
JC-2	1.00	7.00	5.7094	1.03069	-1.086	2.205
JC-3	1.00	7.00	5.3953	0.99778	-0.888	1.568
JC-4	2.00	7.00	5.7723	0.96824	-0.821	0.858
JC-5	2.00	7.00	5.9555	1.01465	-1.108	1.349
JC-6	2.00	7.00	5.8822	0.95530	-0.961	1.223
JC-7	3.00	7.00	5.8770	0.94358	-0.694	0.250
JC-8	3.00	7.00	5.7147	0.99064	-0.722	0.299
JC-9	1.00	7.00	5.5393	0.99988	-0.702	1.034
JC-10	1.00	7.00	5.5681	1.04960	-1.064	1.920
JC-11	2.00	7.00	5.6257	0.99799	-0.740	0.495
JC-12	2.00	7.00	5.6859	0.94786	-0.693	0.625
JC-13	1.00	7.00	5.5550	1.01478	-0.824	1.426
JC-14	1.00	7.00	5.0707	1.10723	-0.817	1.315
JC-15	1.00	7.00	5.0497	1.26331	-0.518	0.048
JC-16	2.00	7.00	5.5000	0.99276	-0.728	1.071
JC-17	1.00	7.00	5.4162	1.02312	-0.903	1.651
JC-18	1.00	7.00	3.7827	1.65135	0.094	-0.967
JC-19	1.00	7.00	3.7644	1.59954	0.150	-1.000
JC-20	1.00	7.00	4.9869	1.38509	-0.959	0.955
JC-21	1.00	7.00	4.1021	1.59479	0.008	-0.844
JC-22	1.00	7.00	4.2068	1.57128	-0.174	-0.886
TR-1	1.00	7.00	3.4869	1.83394	0.251	-1.119

续表

测量题项	最小值	最大值	均值	标准差	偏度	峰度
TR - 2	1.00	7.00	3.5916	1.72696	0.213	-0.930
CP - 1	3.00	7.00	5.7487	0.91628	-0.695	0.628
CP - 2	2.00	7.00	5.5969	0.96652	-0.679	0.820
CP - 3	1.00	7.00	5.3874	1.08274	-0.917	1.371
CP - 4	2.00	7.00	5.5864	0.95386	-0.513	0.241
CP - 5	2.00	7.00	5.6178	1.05018	-0.704	0.552
CP - 6	2.00	7.00	5.7801	0.92718	-0.979	1.789
CP - 7	2.00	7.00	5.8429	0.99153	-1.110	1.607
JI - 1	1.00	7.00	3.4293	1.64866	0.276	-0.977
JI - 2	1.00	7.00	3.2723	1.68340	0.359	-0.951
JI - 3	1.00	7.00	3.1387	1.72799	0.499	-0.826
JI - 4	1.00	7.00	2.8298	1.19485	0.935	1.146
JI - 5	1.00	7.00	2.9764	1.25782	0.753	0.677
JI - 6	1.00	7.00	2.8010	1.22836	0.769	0.722
PIS - 1	1.00	7.00	5.7225	1.17116	-1.457	2.889
PIS - 2	1.00	7.00	5.5628	1.24861	-1.046	1.256
PIS - 3	1.00	7.00	5.7147	1.11762	-1.007	1.365
PIS - 4	1.00	7.00	5.5471	1.44238	-1.348	1.638
OS - 1	1.00	7.00	5.6361	1.08003	-1.121	2.298
OS - 2	1.00	7.00	5.3037	1.37733	-1.013	0.943
OS - 3	1.00	7.00	5.4869	1.19429	-1.214	2.195
OS - 4	1.00	7.00	5.4712	1.29929	-0.983	0.861
TP - 1	3.00	7.00	5.9948	0.81002	-0.646	0.588
TP - 2	2.00	7.00	5.9921	0.95431	-1.059	1.258
TP - 3	3.00	7.00	6.0105	0.84176	-0.816	1.000

续表

测量题项	最小值	最大值	均值	标准差	偏度	峰度
TP - 4	2.00	7.00	5.9084	0.99314	- 0.963	0.926
TP - 5	2.00	7.00	5.9110	1.01041	- 1.018	1.499
IB - 1	2.00	7.00	5.4162	0.87667	- 0.541	0.701
IB - 2	1.00	7.00	5.4346	1.09624	- 0.794	1.101
IB - 3	1.00	7.00	5.2749	1.04006	- 0.795	1.298
IB - 4	1.00	7.00	5.4215	1.11673	- 0.978	1.802
IB - 5	1.00	7.00	5.6492	1.04114	- 1.180	2.488
IB - 6	1.00	7.00	5.5183	1.09804	- 1.003	1.925
PE - 1	1.00	7.00	5.7199	1.03866	- 0.874	1.011
PE - 2	1.00	7.00	5.6545	1.21278	- 1.105	1.332
PE - 3	1.00	7.00	5.5393	1.12349	- 1.086	1.990
PE - 4	1.00	7.00	5.5079	1.20528	- 1.036	1.240
PE - 5	1.00	7.00	5.5419	1.24318	- 0.982	0.920
PE - 6	1.00	7.00	5.3743	1.37035	- 1.067	0.961
PE - 7	1.00	7.00	5.3927	1.13764	- 0.738	0.494
PE - 8	1.00	7.00	5.5654	1.16135	- 1.059	1.551
PE - 9	1.00	7.00	5.4921	1.16317	- 1.017	1.414
PE - 10	1.00	7.00	5.5707	1.15651	- 0.736	0.438
PE - 11	1.00	7.00	5.7775	1.10128	- 1.138	1.932

参考文献

［1］［法］阿尔弗雷德·格罗塞. 身份认同的困境［M］. 王鲲，译. 北京：社会科学文献出版社，2010.

［2］［荷］亨克·傅伯达. 创建柔性——如何优势保持竞争［M］. 项国鹏，译. 北京：人民邮电出版社，2005.

［3］［美］查尔斯·汉迪. 个人与组织的未来［M］. 周旭华，译. 北京：中国人民大学出版社，2006.

［4］［美］丹尼尔·A. 雷恩. 管理思想的演变［M］. 赵睿，译. 北京：中国科学出版社，2000.

［5］［美］唐纳德·A. 舍恩. 反映的实践者——专业工作者如何在行动中思考［M］. 夏林清，译. 北京：教育科学出版社，2007.

［6］［英］卡麦兹. 建构扎根理论：质性研究实践指南［M］. 边国英，译. 重庆：重庆大学出版社，2009.

［7］鲍静静. 员工组织地位感知与离职倾向的实证研究——双组织承诺的中介作用［D］. 南京：南京航空航天大学，2013.

［8］蔡欣芸. 不当督导对工作塑造与寻求回馈之影响研究——以自我效能为中介变项［D］. 中国台湾嘉义：中正大学，2015.

［9］陈诚. 领导－成员交换对工作绩效的影响：内部人身份认知的中介作用［D］. 广州：广东财经大学，2014.

［10］陈向明. 扎根理论的思路和方法［J］. 教育研究与实验，1999（4）：58－63.

［11］陈向明. 质的研究方法与社会科学研究［M］. 北京：教育科学出版社，2000.

［12］陈晓萍，徐淑英，樊景立. 组织与管理研究的实证方法［M］. 北京：北京大学出版社，2008.

［13］程德俊. 动态环境下人力资源柔性战略［M］. 南京：南京大学出版社，2009.

［14］范明林，吴军. 质性研究［M］. 上海：格致出版社，上海人民出版社，2009.

[15] 冯冬冬，陆昌勤，萧爱铃. 工作不安全感与幸福感，绩效的关系：自我效能感的作用 [J]. 心理学报，2008，40（4）：448－455.

[16] 顾远东，周文莉，彭纪生. 组织支持感对研发人员创新行为的影响机制研究 [J]. 管理科学，2014，27（1）：109－119.

[17] 韩帅瑛. 工作重塑，工作投入与员工工作绩效关系的研究 [D]. 大连：东北财经大学，2013.

[18] 韩洋. 人力资源柔性管理与软件外包承接能力的实证分析——基于大连软件外包产业的调查 [D]. 大连：东北财经大学，2010.

[19] 韩翼，廖建桥，龙立荣. 雇员工作绩效结构模型构建与实证研究 [J]. 管理科学学报，2007，10（5）：62－77.

[20] 韩翼. 雇员工作绩效结构模型构建与实证研究 [D]. 武汉：华中科技大学，2006.

[21] 何如玉. 人力资源弹性策略与组织绩效、组织承诺之研究——以国内钢铁业为例 [D]. 中国台湾桃园：中原大学，2005.

[22] 胡巧婷，王海江，龙立荣. 新员工工作重塑会带来积极的结果吗？领导成员交换与个体传统性的作用 [J]. 心理学报，2020（5）：659－668.

[23] 胡青，王胜男，张兴伟，等. 工作中的主动性行为的回顾与展望 [J]. 心理科学进展，2011，19（10）：1534－1543.

[24] 胡三嫚. 工作不安全感及其对组织结果变量的影响机制 [D]. 武汉：华中师范大学，2008.

[25] 蒋建武. 基于不同理论基础的战略人力资源管理与组织绩效关系研究：比较与展望 [J]. 科学学与科学技术管理，2007，28（11）：186－190.

[26] 蒋琳锋，袁登华. 个人主动性的研究现状与展望 [J]. 心理科学进展，2009，17（1）：165－171.

[27] 柯志忠. 金融保险业人力资源弹性运用之研究——以 FB 产物保险公司为例 [D]. 中国台湾高雄：中山大学，2002.

[28] 李超. 组织中正式/非正式地位与员工创新绩效关系的比较研究 [D]. 武汉：华中科技大学，2011.

[29] 李辉，金辉. 工作重塑就能提高员工创造力吗？一个被调节的中介模型 [J]. 预测，2020（1）：9－16.

[30] 李新建，孟繁强，王健友. 超组织人力资源管理研究：机理、模式与应用 [M]. 太原：山西人民出版社，2011.

[31] 李燕萍，吴欢伟．人力资源的柔性管理 [J]．经济管理（新管理），2003（16）：55 - 60.

[32] 李中斌，李文芳．企业人力资源柔性管理研究述评 [J]．重庆工学院学报：社会科学版，2009，23（1）：14 - 17.

[33] 廖建桥，景珍思，刘文兴，等．晋升机会缺失对员工工作绩效的影响——内在动机与内部地位感知的中介作用 [J]．工业工程与管理，2015，20（1）：15 - 21.

[34] 廖秋菊．主动性人格，员工 - 组织价值观匹配，心理授权与工作形塑关系研究 [D]．苏州：苏州大学，2013.

[35] 林玉涵．创意风格与工作塑造之研究——以幼儿园园长与教师为例 [D]．中国台湾台北：政治大学，2013.

[36] 凌玲，卿涛．培训能提升员工组织承诺吗——可雇佣性和期望符合度的影响 [J]．南开管理评论，2013，16（3）：127 - 139.

[37] 刘湘丽．工业发达国家的工作设计理论与实践 [J]．经济管理，2001（4）：30 - 37.

[38] 罗玉越，舒晓兵，史茜．付出 - 回馈工作压力模型：西方国家十年来研究的回顾与评析 [J]．心理科学进展，2011，19（1）：107 - 116.

[39] 梅胜军．柔性人力资源管理、战略创业与高技术企业绩效关系的实证研究 [J]．科学学与科学技术管理，2010（8）：157 - 162.

[40] 孟繁强，李新建．技能柔性形成机制研究——基于高级技能工人短缺的思考 [J]．华东经济管理，2010（5）：99 - 101.

[41] 孟繁强，赵瑞美，李新建．企业人力资源柔性管理：数量与功能柔性的研究与启示 [J]．科学管理研究，2007，25（5）：95 - 98，120.

[42] 聂会平，王培根，范靖．人力资源柔性与匹配关系的辨识 [J]．科技管理研究，2010（7）：153 - 155.

[43] 聂会平．人力资源柔性及其对组织绩效的作用研究 [D]．武汉：武汉理工大学，2009.

[44] 齐亚静，伍新春．工作重塑对教师工作投入和职业倦怠的影响：一项交叉滞后设计 [A]．中国心理学会第十七届全国心理学学术会议论文摘要集 [C]．2014.

[45] 钱肇基．柔性管理 [M]．北京：中国电力出版社，1999.

[46] 秦晓蕾，杨东涛．柔性战略与企业绩效：人力资源管理战略职能中介效应研究 [J]．商业经济与管理，2009（6）：36 - 41.

[47] 任俊．积极心理学 [M]．上海：上海教育出版社，2006.

［48］沈磊. 内生柔性导向的人力资源管理系统对知识型员工知识分享行为的影响机制研究［D］. 杭州：浙江大学，2014.

［49］谭亚莉，万晶晶. 多重视角下的个体可雇佣能力研究现状评介与未来展望［J］. 外国经济与管理，2010（6）：38 - 45.

［50］唐玲霞. 上司支持感对员工知识共享的影响机理研究——基于内部人身份感知和知识自我效能感的双中介分析［D］. 成都：西南财经大学，2014.

［51］田喜洲，马珂，左晓燕等. 为了无法回应的呼唤：从职业遗憾到自我重塑［J］. 外国经济与管理，2015（4）：66 - 75.

［52］涂红伟，严鸣，周星. 工作设计对知识型员工和体力工作者的差异化影响：一个现场准实验研究［J］. 心理学报，2011，43（7）：810 - 820.

［53］汪林，储小平，倪婧. 领导 - 部属交换、内部人身份认知与组织公民行为——基于本土家族企业视角的经验研究［J］. 管理世界，2009（1）：96 - 107，188.

［54］王登峰，崔红. 中西方人格结构差异的理论与实证分析［J］. 心理学报，2008，40（3）：327 - 338.

［55］王弘钰，崔智淞. 教练型领导如何促进员工工作重塑？——一个多层次被调节的中介模型［J］. 江苏社会科学，2018（2）：61 - 71.

［56］王璐，高鹏. 扎根理论及其在管理学研究中的应用问题探讨［J］. 外国经济与管理，2010，32（12）：10 - 18.

［57］王雁飞，蔡如茵，林星驰. 内部人身份认知与创新行为的关系——一个有调节的中介效应模型研究［J］. 外国经济与管理，2014，36（10）：40 - 53.

［58］王桢. 团队工作重塑的形成与影响机制［J］. 心理科学进展，2020（3）：390 - 404.

［59］魏秋江，段锦云，范庭卫. 研究员工和组织关系的新视角：个别协议［J］. 心理科学进展，2010（10）：1601 - 1605.

［60］魏新，何颖，罗伊玲，奚青. 工作重塑的研究热点与方向：一项基于知识图谱软件的可视化分析［J］. 中国人力资源开发，2018（1）：71 - 82.

［61］温忠麟，侯杰泰，马什赫伯特. 结构方程模型检验：拟合指数与卡方准则［J］. 心理学报，2004，36（2）：186 - 192.

［62］吴明隆. 问卷统计分析实务——SPSS 操作与运用［M］. 重庆：

重庆大学出版社，2010.

[63] 吴巍. 基于员工发展的工作设计方法研究 [D]. 长春：东北师范大学，2012.

[64] 吴昭怡. 从工作塑造看工作创新——以台湾大车队为例 [D]. 中国台湾台北：政治大学，2009.

[65] 谢琳，杜纲. 人力资源柔性管理的评价指标体系及分析模型 [J]. 西安电子科技大学学报：社会科学版，2006，16（3）：103-107.

[66] 谢文心，杨纯，周帆. 资质过剩对员工工作形塑行为关系的研究——工作疏离感与心理弹性的作用 [J]. 科学学与科学技术管理，2015，36（2）：149-160.

[67] 辛迅，苗仁涛. 工作重塑对员工创造性绩效的影响——一个有调节的双中介模型 [J]. 经济管理，2018（5）：108-122.

[68] 辛迅. 社会学习理论视角下领导——下属之间的工作重塑传递效应研究 [J]. 中国人力资源开发，2017（3）：18-27.

[69] 徐燕，赵曙明. 雇佣保障与员工创新行为的双路径关系模型研究 [J]. 科技进步与对策，2011（21）：136-139.

[70] 徐长江，陈实. 工作重塑干预：对员工工作自主性的培养 [J]. 心理科学进展，2018（8）：1501-1510.

[71] 严丹，司徒君泉. 人力资源系统柔性与企业绩效——基于动态环境下的实证研究 [J]. 华东经济管理，2013，27（1）：134-139.

[72] 杨纯. 资质过剩对员工工作形塑及工作脱离行为影响研究 [D]. 杭州：浙江大学，2014.

[73] 杨红明，廖建桥. 知识员工管理的新视角：工作要求-资源模型 [J]. 科学学与科学技术管理，2009（10）：171-176.

[74] 杨杰，方俐洛，凌文桂. 对绩效评价的若干基本问题的思考 [J]. 中国管理科学，2000，8（4）：74-80.

[75] 杨睿. 人力资源柔性管理对员工个人绩效影响的实证研究——以组织认同为中介变量 [D]. 成都：西南财经大学，2013.

[76] 杨勇，刘子琪，曹井柱. 心理弹性、工作重塑对创造力和创意实施行为的作用机制——基于服务业情境研究 [J]. 东北大学学报：社会科学版，2020（3）：29-37.

[77] 尹俊，王辉，黄鸣鹏. 授权赋能领导行为对员工内部人身份感知的影响：基于组织的自尊的调节作用 [J]. 心理学报，2012，44（10）：1371-1382.

[78] 尹奎, 刘娜. 工作重塑、工作意义与任务复杂性、任务互依性的调节作用 [J]. 商业研究, 2016 (11): 112-116.

[79] 尹奎, 刘永仁, 李元勋. 员工政治技能, 建言行为及组织地位感知间互动影响研究 [J]. 现代财经 (天津财经大学学报), 2013 (2): 65-71.

[80] 俞明传, 顾琴轩, 朱爱武. 员工实际介入与组织关系视角下的内部人身份感知对创新行为的影响研究 [J]. 管理学报, 2014, 11 (6): 834-846.

[81] 岳春光. 基于工作要求-资源模型的创业女性工作资源与创业绩效关系研究 [D]. 杭州: 浙江大学, 2010.

[82] 张春雨, 韦嘉, 陈谢平等. 工作设计的新视角: 员工的工作重塑 [J]. 心理科学进展, 2012, 20 (8): 1305-1313.

[83] 张梦怡. 差序式领导对员工工作满意度的影响及其作用机制: 内部人身份感知 [D]. 开封: 河南大学, 2014.

[84] 张正堂. 战略人力资源管理研究——创造企业持续竞争优势 [M]. 北京: 商务印书馆, 2012.

[85] 赵东方. 动态制造环境下生产单元组织柔性仿真研究 [D]. 重庆: 重庆大学, 2012.

[86] 赵红丹, 汤先萍. 内部人身份认知研究述评 [J]. 外国经济与管理, 2015, 37 (4): 56-65.

[87] 赵瑞美, 高勋. 人力资源管理柔性理论评析 [J]. 青岛科技大学学报: 社会科学版, 2008, 24 (1): 65-70.

[88] 赵瑞美, 李新建. 人力资源管理柔性研究的主流观点及实践意义 [J]. 科技管理研究, 2008, 28 (12): 389-391.

[89] 赵小云, 郭成. 工作重塑: 获得意义性工作及个人成长的新途径 [J]. 心理科学, 2014 (1): 190-196.

[90] 郑昉. 高校教师工作形塑的实证研究 [D]. 开封: 河南大学, 2009.

[91] 郑其绪. 柔性管理 [M]. 东营: 石油大学出版社, 1996.

[92] 郑雅琴, 贾良定, 尤树洋. 灵活性人力资源管理系统与心理契约满足——员工个体学习目标导向和适应性的调节作用 [J]. 经济管理, 2014, 36 (1): 67-76.

[93] 周城. 柔性组织结构对企业能力体系构筑的影响 [D]. 武汉: 华中农业大学, 2009.

［94］周浩，龙立荣. 工作不安全感、创造力自我效能对员工创造力的影响［J］. 心理学报，2011，43（8）：929 – 940.

［95］周建涛，廖建桥. 权力距离导向与员工建言：组织地位感知的影响［J］. 管理科学，2012，25（1）：35 – 44.

［96］周盛琳. 组织变革情境下员工工作形塑的前因机制研究［D］. 杭州：浙江大学，2014.

［97］朱朴义，胡蓓. 可雇佣性与员工态度行为的关系研究——工作不安全感的中介作用［J］. 管理评论，2014（11）：129 – 140.

［98］朱晓辉，凌文轻. 人力资源管理柔性化——柔性管理的关键［J］. 商业研究，2005（3）：23 – 25.

［99］ALDERFER C P. An empirical test of a new theory of human needs［J］. Organizational behavior and human performance，1969，4（2）：142 – 175.

［100］AMABILE T M. A model of creativity and innovation in organizations［J］. Research in Organizational Behavior，1988，10：123 – 167.

［101］AMBROSE M L，KULIK C T. Old friends，new faces：Motivation research in the 1990s［J］. Journal of Management，1999，25（3）：231 – 292.

［102］ANDERSON C，JOHN O P，KELTNER D et al. Who attains social status? Effects of personality and physical attractiveness in social groups［J］. Journal of personality and social psychology，2001，81（1）：116 – 132.

［103］ANDERSON C，SRIVASTAVA S，BEER J S et al. Knowing your place：self-perceptions of status in face-to-face groups［J］. Journal of personality and social psychology，2006，91（6）：1094 – 1110.

［104］APPELBAUM E，BAILEY T，BERG P et al. Manufacturing advantage：Why high performance work systems pay off［M］. Ithaca，NY：Cornell University Press，2000.

［105］ARAFA A，ELMARAGHY W H. Manufacturing strategy and enterprise dynamic capability［J］. CIRP Annals – Manufacturing Technology，2011，60（1）：507 – 510.

［106］ARMSTRONG – STASSEN M，SCHLOSSER F. Perceived organizational membership and the retention of older workers［J］. Journal of Organizational Behavior，2011，32（2）：319 – 344.

［107］ARTHUR M B. The boundaryless career：A new perspective for organizational inquiry［J］. Journal of Organizational Behavior，1994，15（4）：295 – 306.

[108] ASHFORD S J, LEE C, BOBKO P. Content, cause, and consequences of job insecurity: A theory-based measure and substantive test [J]. Academy of Management journal, 1989, 32 (4): 803 – 829.

[109] ATKINSON J. Flexibility of fragmentation? The United Kingdom labour market in the Eighties [J]. Labour and Society, 1987, 12 (1): 87 – 105.

[110] ATKINSON J. Manpower strategies for flexible organizations [J]. Personnel Management, 1984, 16 (8): 28 – 31.

[111] BABBAGE C. On the economy of machinery and manufactures [M]. London: Knight, 1835.

[112] BAGOZZI R P, YI Y. On the evaluation of structural equation models [J]. Journal of Academy of Marketing Science, 1988, 16 (1): 63 – 78.

[113] BAGOZZI R P, YOUJAE Y, PHILLIPS L W. Assessing construct validity in organizational research [J]. Administrative Science Quarterly, 1991, 36 (3): 421 – 458.

[114] BAJZIKOVA L, SAJGALIKOVA H, WOJCAK E et al. Are Flexible Work Arrangements Attractive Enough for Knowledge-intensive Businesses? [J]. Procedia – Social and Behavioral Sciences, 2013, 99 (11): 771 – 783.

[115] BAKKER A B, DEMEROUTI E, SCHAUFELI W. Dual processes at work in a call center: An application of the job demands-resources model [J]. European Journal of Work and Organizational Psychology, 2003, 12 (4): 393 – 417.

[116] BAKKER A B, DEMEROUTI E. The Job demands-resources model: State of the art [J]. Journal of Managerial Psychology, 2007, 22 (3): 309 – 328.

[117] BAKKER A B, TIMS M, DERKS D. Proactive personality and job performance: The role of job crafting and work [J]. Human Relations, 2012, 65 (10): 1359 – 1378.

[118] BANDURA A. Self-efficacy: Toward a unifying theory of behavioral change [J]. Psychological Review, 1977, 84 (2): 191 – 215.

[119] BARKOW J H, AKIWOWO A A, BARUA T K et al. Prestige and culture: a biosocial interpretation [and comments and replies] [J]. Current Anthropology, 1975, 16 (3): 553 – 572.

[120] BARNETT B R, BRADLEY L. The Impact of organizational support for career development on career satisfaction [J]. Career Development International, 2007, 12 (7): 617 – 636.

[121] BAXTER G, SOMMERVILLE I. Socio-technical systems: From design methods to systems engineering [J]. Interacting with Computers, 2011, 23 (1): 4 – 17.

[122] BELTRAN – MARTIN I, ROCA – P V, ESCRIG – TENA A et al. Human Resource flexibility as a mediating variable between high performance work systems and performance [J]. Journal of Management, 2008, 34 (3): 1009 – 1044.

[123] BERDARDIN H J, BEATTY R W. Performance Appraisal: Assessing Human Behavior at Work [M]. Boston: Kent Publish, 1984.

[124] BERG J M, DUTTON J E, WRZESNIEWSKI A. Job crafting and meaningful work [M] // DIK B J, BYRNE Z S, STEGER M F. Purpose and meaning in the workplace. Washington DC: American Psychological Association, 2013.

[125] BERG J M, DUTTON J E. Crafting a fulfilling job: Bringing passion into work [EB/OL]. www. centerforpos. org. 2011 – 4 – 15.

[126] BERG J M, GRANT A M, JOHNSON V. When callings are calling: Crafting work and leisure in pursuit of unanswered occupational callings [J]. Organization Science, 2010, 21 (5): 973 – 994.

[127] BERG J M, GRANT A M, JOHNSON V. Your callings are calling: crafting work and leisure in pursuit of unanswered occupational callings. Manuscript submitted for publication. University of Michigan and University of North Carolina at Chapel Hill, 2008.

[128] BERG J M, WRZESNIEWSKI A, DUTTON J E. Perceiving and responding to challenges in job crafting at different ranks: When proactivity requires adaptivity [J]. Journal of Organizational Behavior, 2010, 31 (2 – 3): 158 – 186.

[129] BERNTSON E, MARKLUND S. The relationship between perceived subsequent health [J]. Work and Stress, 2007, 21 (3): 279 – 292.

[130] BEVERIDGE W. Unemployment: A Problem of Industry [M]. London: Longmans, 1909.

[131] BEYERS W B, LINDAHL D P. Workplace flexibilities in the producer services [J]. Service Industries Journal, 1999, 19 (1): 35 – 60

[132] BHATTACHARYA M, GIBSON D E, HAROLD DOTY D. The effects of flexibility in employee skills, employee behaviors, and human resource practices on firm performance [J]. Journal of Management, 2005, 31 (4): 622 – 640.

［133］BLAU P M. Exchange and power in social life ［M］. New York: Wiley, 1964.

［134］BLYTON P M J. HRM and the Limits of Flexibility ［M］//BLYTON P T P. Reassessing Human Resource Management. London: Sage, 1992: 116 - 130.

［135］BLYTON P, MORRIS J. A flexible future? Prospects for Employment and Organization ［M］. Berlin: De Gruyter, 1991.

［136］BORMAN W C, MOTOWIDLO S J. Task and contextual performance: The meaning for personnel selection research ［J］. Human Performance, 1997, 10 (2): 99 - 109.

［137］BORMAN W C, MOTOWIDLO S J. Expanding the criterion domain to include elements of contextual performance ［M］. SCHMITT N, BORMAN W C. Personnel Selection in Organizations. San Francisco: Jossey - Bass, 1993: 71 - 98.

［138］BRASS D J. Being in the right place: A structural analysis of individual influence in an organization ［J］. Administrative science quarterly, 1984, 29 (4): 518 - 539.

［139］BROSCHAK J P, DAVIS - BLAKE A. Mixing standard work and nonstandard work deals: The consequences of heterogeneity in employment arrangement ［J］. Academy of Management Journal, 2006, 49 (2): 371 - 393.

［140］BUNDERSON J S, THOMPSON J A. The call of the wild: Zookeepers, callings, and the double-edged sword of deeply meaningful work ［J］. Administrative science quarterly, 2009, 54 (1): 32 - 57.

［141］CAMPBELL J P, MCHENRY J, WISE L L. Modeling the Performance Prediction Problem in a Population of Job ［J］. Personnel Psychology, 1990, 43 (2): 313 - 333.

［142］CAPLAN R D, COBB S, FRENCH JR J R P et al. Job demands and worker health: Main effects and occupational differences ［J］. US Department of Health Education, and Welfare, Washington, DC, 1975.

［143］CAPPELLI P, NEUMARK D. External job churning and internal job flexibility ［J］. Industrial relations, 2001, 43 (1): 148 - 182.

［144］CARMELI A, GILAT G, WEISBERG J. Perceived external prestige, organizational identification and affective commitment: A stakeholder approach ［J］. Corporate Reputation Review, 2006, 9 (2): 92 - 104.

［145］ CHALLENGER R, LEACH D J, STRIDE C B et al. New model of job design: Initial evidence and implications for future research ［J］. Human Factors and Ergonomics in Manufacturing & Service Industries, 2012, 22 （3）: 197 – 212.

［146］ CHANG S, GONG Y P, WAY S et al. Flexibility-oriented HRM systems, absorptive capacity, and market responsiveness and firm innovativeness ［J］. Journal of Management, 2013, 39 （7）: 1924 – 1951.

［147］ CHEN C Y, YEN C H, TSAI F C. Job crafting and job engagement: The mediating role of person-job fit ［J］. International Journal of Hospitality Management, 2014, 37: 21 – 28.

［148］ CHEN Z X, ARYEE S. Delegation and employee work outcomes: An examination of the cultural context of mediating processes in China ［J］. Academy of Management Journal, 2007, 50 （1）: 226 – 238.

［149］ CHENG Y, CHEN C W, CHEN C J et al. Job insecurity and its association with health among employees in the Taiwanese general population ［J］. Social science & medicine, 2005, 61 （1）: 41 – 52.

［150］ CHERN A. The principles of sociotechnical design ［J］. Human Relations, 1978, 29: （8） 783 – 792.

［151］ CLEGG C, SPENCER C. A circular and dynamic model of the process of job design ［J］. Journal of Occupational and Organizational Psychology, 2007, 80 （2）: 321 – 339.

［152］ COENEN M, KOK R A W. Workplace flexibility and new product development performance: The role of telework and flexible work schedules ［J］. European management journal, 2014, 32 （4）: 564 – 576.

［153］ CROSS M. Flexibility and Integration at the Workplace ［J］. Employee Relations, 1985, 7 （1）: 3 – 7.

［154］ CROWE E, HIGGINS T E. Regulatory focus and strategic inclinations: Promotion and prevention in decision-making ［J］. Organizational Behavior and Human Decision Processes, 1997, 69 （2）: 117 – 132.

［155］ DASTMALCHIAN A, BLYTON P. Workplace flexibility and the changing nature of work: An introduction ［J］. Canadian Journal of Administrative Sciences, 2001, 18 （1）: 1 – 4.

［156］ DAVY J A, KINICKI A J, SCHECK C L. A test of job security's direct and mediated effects on withdrawal cognitions ［J］. Journal of Organizational

Behavior, 1997, 18 (4): 323 - 349.

[157] DE DREU C K W, NIJSTAD B A, Van Knippenberg D. Motivated information processing in group judgment and decision making [J]. Personality and Social Psychology Review, 2008, 12 (1): 22 - 49.

[158] DE LANGE A H, TARIS T W, KOMPIER M A J et al. The very best of the millennium: longitudinal research and the demand-control - (support) model [J]. Journal of occupational health psychology, 2003, 8 (4): 282 - 305.

[159] DEKKER S W A, SCHAUFELI W B. The effects of job insecurity on psychological health and withdrawal: a longitudinal study [J]. Australian psychologist, 1995, 30 (1): 57 - 63.

[160] DEMEROUTI E, BAKKER A B, HALBESLEBEN J R B. Productive and counterproductive job crafting: a daily diary study [J]. Journal of Occupational Health Psychology, 2015, 20 (4): 457 - 469.

[161] DEMEROUTI E, BAKKER A B, NACHREINER F et al. The job demands-resources model of burnout [J]. Journal of Applied Psychology, 2001, 86 (3): 499 - 512.

[162] DIERDORFF E C, MORGESON F P. Consensus in work role requirements: the influence of discrete occupational context on role expectations [J]. Journal of Applied Psychology, 2007, 92 (5): 1228 - 1241.

[163] FRESE M, GARST H, FAY D. Making things happen: reciprocal relationships between work characteristics and personal initiative in a four-wave longitudinal structural equation model [J]. Journal of Applied Psychology, 2007, 92 (4): 1084 - 1102.

[164] FRESE M, KRING W, SOOSE A et al. Personal initiative at work: Differences between East and West Germany [J]. Academy of Management Journal, 1996, 39 (1): 37 - 63.

[165] FRIED Y, GRANT A M, LEVI A S et al. Job design in temporal context: A career dynamics perspective [J]. Journal of Organizational Behavior, 2007, 28 (7): 911 - 927.

[166] FUGATE M, KINICKI A J, ASHFORTH B E. Employability: A psycho-social construct, its dimensions, and applications [J]. Journal of Vocational behavior, 2004, 65 (1): 14 - 38.

[167] FUGATE M, KINICKI A J. A dispositional approach to employability: development of a measure and test of implications for employee reactions to

organizational change ［J］. Journal of Occupational and Organizational Psychology, 2008, 81（3）: 503 – 527.

［168］ GALINSKY E, SAKAI K, WIGTON T. Workplace flexibility: From research to action ［J］. The Future of Children, 2011, 21（2）: 141 – 161.

［169］ GEORGE O, YAW A D. Flexible management of workers: Review of employment practices in the construction industry in Singapore ［J］. Construction Management and Economics, 1998, 16（4）: 397 – 408.

［170］ GERWIN D. An agenda for research on the flexibility of manufacturing processes ［J］. International Journal of Operations & Production Management, 1987, 7（1）: 38 – 49.

［171］ GHITULESCU B E. Shaping tasks and relationships at work: Examing the antecedents and consequences of employee job crafting ［D］. Pittsburgh: University of Pittsburgh, 2006.

［172］ GILBRETH F B. Motion study ［M］. London: Constable and Company, 1911.

［173］ GITTLEMAN M, JOYCE M. "Flexible" Work place Practices: Evidence from a nationally representative Survey ［J］. Industrial and Labor Relations Review, 1998, 52（1）: 99 – 115.

［174］ GOLDEN W, POWELL P. Towards a definition of flexibility: in search of the Holy Grail? ［J］. Omega, 2000, 28（4）: 373 – 384.

［175］ GORDON H J. Craft your job! Improving Well-being, Decision Making and Performance in Healthcare ［D］. 2015.

［176］ GRAEN G B, SCANDURA T A. Toward a psychology of dyadic organizing ［J］. Research in organizational behavior, 1987, 9: 175 – 208.

［177］ GRANT A M, ALEXANDER K, GRIESBECK A et al. Crafting task significance in service work: Meaning-making through difference-making ［Z］. Manuscript submitted for publication, University of Michigan, 2007.

［178］ GRANT A M, BERG J M, CABLE D M. Job titles as identity badges: How self-reflective titles can reduce emotional exhaustion ［J］. Academy of Management Journal, 2014, 57（4）: 1201 – 1225.

［179］ GRANT A M, PARKER S K. Redesigning Work Design Theories: The Rise of Relational and Proactive Perspectives ［J］. The Academy of Management Annals, 2009, 3（1）: 317 – 375.

［180］ GREENHALGH L, ROSENBLATT Z. Job insecurity: Toward conceptual clarity [J]. Academy of Management review, 1984, 9 (3): 438 – 448.

[181] GROOT W, De BRINK H M V. Education, training and employability [J]. Applied economics, 2000, 32 (5): 573 – 581.

[182] HACKMAN J R, OLDHAM G R. Development of the job diagnostic survey [J]. Journal of Applied psychology, 1975, 60 (2): 159 – 170.

[183] HACKMAN J R, OLDHAM G R. Motivation through the design of work: Test of a theory [J]. Organizational behavior and human performance, 1976, 16 (2): 250 – 279.

[184] HACKMAN J R, OLDHAM G R. Work redesign [M]. MA: Addison – Wesley, 1980.

[185] HACKMAN J R, OLDHAM G, JANSON R, Purdy K. A new strategy for job enrichment [J]. California Management Review, 1975, 17: 57 – 71.

[186] HACKMAN J R. Work redesign and motivation [J]. Professional Psychology, 1980, 11 (3): 445.

[187] HEKKERT – KONING V B M. To craft or not to craft: The relationships between regulatory focus, job crafting and work outcomes [J]. Career Development International, 2015, 20 (2): 147 – 162.

[188] HELLGREN J, SVERKE M, ISAKSSON K. A two-dimensional approach to job insecurity: Consequences for employee attitudes and well-being [J]. European Journal of Work and Organizational Psychology, 1999, 8 (2): 179 – 195.

[189] HERZBERG F, MAUSNER B, SNYDERMAN B B. The motivation to work [M]. New York: Wiley, 1959

[190] HERZBERG F. The managerial choice [M]. Homewood, IL: Dow Jones – Irwin, 1976.

[191] HIGGINS E T. Promotion and prevention: Regulatory focus as a motivational principle [J]. Advances in Experimental Social Psychology, 1998, 30: 1 – 46.

[192] HILL E J, ERICKSON J J, HOLMES E K et al. Workplace flexibility, work hours, and work-life conflict: finding an extra day or two [J]. Journal of Family Psychology, 2010, 24 (3): 349 – 358.

[193] HILLAGE J, POLLARD E. Employability: Developing a framework for policy analysis [R]. Research Brief No. 85. London: Department for Education and Employment, 1998.

［194］ HOBFOLL S E. Conservation of resources: A new attempt at conceptualizing stress ［J］. American Psychologist, 1989, 44 (3): 513 – 524.

［195］ HORNUNG S, ROUSSEAU D M, GLASER J et al. Beyond top-down and bottom-up work redesign: Customizing job content through idiosyncratic deals ［J］. Journal of Organizational Behavior, 2010, 31 (2 – 3): 187 – 215.

［196］ HORNUNG S, ROUSSEAU D M, GLASER J. Creating flexible work arrangements through idiosyncratic deals ［J］. Journal of Applied Psychology, 2008, 93 (3): 655 – 664.

［197］ HUANG H J, CULLEN J B. Labour flexibility and related HRM practices: A study of large Taiwanese manufactures ［J］. Canadian Journal of Administrative Sciences, 2001, 18 (1): 33 – 39.

［198］ IBARRA H. Network centrality, power, and innovation involvement: Determinants of technical and administrative roles ［J］. Academy of management journal, 1993, 36 (3): 471 – 501.

［199］ IVERSON R D, CURRIVAN D B. Union participation, job satisfaction, and employee turnover: an event-history analysis of the exit-voice hypothesis ［J］. Industrial Relations: A Journal of Economy and Society, 2003, 42 (1): 101 – 105.

［200］ JACOBSON D. Toward a theoretical distinction between the stress components of the job insecurity and job loss experiences ［J］. Research in the Sociology of Organizations, 1991, 9 (1): 1 – 19.

［201］ JANSSEN O, VAN YPEREN N W. Employees' goal orientations, the quality of leader-member exchange, and the outcomes of job performance and job satisfaction ［J］. Academy of Management Journal, 2004, 27 (3): 368 – 384.

［202］ JANSSEN O. The joint impact of perceived influence and supervisor supportiveness on employee innovative behavior ［J］. Journal of Occupational and Organizational Psychology, 2005, 78 (4): 573 – 579.

［203］ JEFFREY H E, GRZYWACZ J G, ALLEN S et al. Defining and conceptualizing workplace flexibility ［J］. Community, Work and Family, 2008, 11 (2): 149 – 163.

［204］ JOHNSON J V, HALL E M, THEORELL T. Combined effects of job strain and social isolation on cardiovascular disease morbidity and mortality in a random sample of the Swedish male working population ［J］. Scandinavian Journal of Work, Environment & Health, 1989, 15: 271 – 279.

［205］KANTER R M. The change masters: Corporate entrepreneurs at work ［M］. New York: Simon&Schuster, 1983.

［206］KANTER R. When a thousand flowers bloom: Structural, collective, and social conditions for innovation in organizations ［J］. Research in organizational behavior, 1988, 10: 169 – 211.

［207］KARA S, KAYIS B, O'KANE S. The role of human factors in flexibility management: a survey ［J］. Human Factors and Ergonomics in Manufacturing & Service Industries, 2002, 12 (1): 75 – 119.

［208］KARASEK J R A. Job demands, job decision latitude, and mental strain: Implications for job redesign ［J］. Administrative Science Quarterly, 1979, 24 (2): 285 – 308.

［209］KETKAR S, SETT P K. HR flexibility and firm performance: Analysis of a multi-level causal model ［J］. The International Journal of Human Resource Management, 2009, 20 (5): 1009 – 1038.

［210］KETKAR S, SETT P K. Environmental dynamism, human resource flexibility, and firm performance: Analysis of a multi-level causal model ［J］. The International Journal of Human Resource Management, 2010, 21 (8): 1173 – 1206.

［211］KIM T Y, HON A H Y, CRANT J M. Proactive personality, employee creativity, and newcomer outcomes: A longitudinal study ［J］. Journal of Business and Psychology, 2009, 24 (1): 93 – 103.

［212］KINNUNEN U, MAUNO S, NATTI J et al. Organizational antecedents and outcomes of job insecurity: A longitudinal study in three organizations in Finland ［J］. Journal of Organizational Behavior, 2000, 21 (4): 443 – 459.

［213］KIRA M, Van EIJNATTEN F M, BALKIN D B Crafting sustainable work: development of personal resources ［J］. Journal of Organizational Change Management, 2010, 23 (5): 616 – 632.

［214］KLEYSEN R F, STREET C T. Towards a multi-dimensional measure of individual innovative behavior ［J］. Journal of Intellectual Capital, 2001, 2 (3): 284 – 296.

［215］KO I. Crafting a job: Creating optimal experiences at work ［D］. Claremont, CA: The Claremont Graduate University, 2011.

［216］KRIJNEN H G. The flexible firm ［J］. Long Range Planning, 1979, 12 (2): 63 – 75.

［217］ KRISTOF – BROWN A L, ZIMMERMAN R D, JOHNSON E C. Consequences of individual's fit at work：A meta-analysis of person-job, person-organization, person-group, and person-supervisor fit ［J］. Personnel Psychology, 2005, 58（2）：281 – 342.

［218］ KULIK C T, OLDHAM G R, HACKMAN J R. Work design as an approach to person-environment fit ［J］. Journal of Vocational Behavior, 1987, 31：278 – 296.

［219］ LAPALME M E, STAMPER C L, SIMARD G et al. Bringing the outside in：Can "external" workers experience insider status？ ［J］. Journal of Organizational Behavior, 2009, 30（7）：919 – 940.

［220］ LAURENCE G A. Workaholism and expansion and contraction oriented job crafting：The moderating effects of individual and contextual factors Unpublished doctoral dissertation ［D］. Syracuse NY：Syracuse University, 2010.

［221］ LAVE J, WENGER E. Situated Learning：Legitimate peripheral participation ［M］. Cambridge：University of Cambridge Press, 1991.

［222］ LEAN C, APPELBAUM E, SHEVCHUK I. Work process and quality of care in early childhood education：The role of job crafting ［J］. Academy of Management Journal, 2009, 52（6）：1169 – 1192.

［223］ LEPAK D P, TAKEUCHI R, SNELL S A. Employment flexibility and firm performance：Examining the interaction effects of employment mode, environmental dynamism, and technological intensity ［J］. Journal of Management, 2003, 29（5）：681 – 703.

［224］ Lippmann S. Workplace Flexibility：Realigning 20th – Century Jobs for a 21st – Century Workforce ［J］. Contemporary Sociology：A Journal of Reviews, 2011, 40（4）：442 – 443.

［225］ LIPS – WIERSMA M, Hall D T. Organizational career development is not dead：A case study on managing the new career during organizational change ［J］. Journal of Organizational Behavior, 2007, 28（6）：771 – 792.

［226］ LOPEZ – CABRALES A, VALLE R, GALAN J L. Employment relationships as drivers of firm flexibility and learning ［J］. Personnel Review, 2011, 40（5）：625 – 642.

［227］ LU L. Culture, Self, and Subjective Well-being：Cultural Psychological and Social Change Perspectives ［J］. Psychologia, 2008, 51（4）：290 – 303.

［228］ Luu T. Collective job crafting and team service recovery performance：

a moderated mediation mechanism ［J］. Marketing Intelligence & Planning, 2017, 35 (5): 641 –656.

［229］ LYONS P. The crafting of jobs and individual differences ［J］. Journal of Business and Psychology, 2008, 23: 25 –36.

［230］ MACDUFFIE J P. Human resource bundles and manufacturing performance: Organizational logic and flexible production systems in the world auto industry ［J］. Industrial and Labor Relations Review, 1995, 48 (2): 197 –221.

［231］ Mäkikangas A, Aunola K, Seppälä P, Hakanen J. Work engagement-team performance relationship: Shared job crafting as a moderator ［J］. Journal of Occupational & Organizational Psychology, 2016, 89 (4): 772 –790.

［232］ Mäkikangas A, Bakker A B, Schaufeli W B. Antecedents of daily team job crafting ［J］. European Journal of Work & Organizational Psychology, 2017, 26 (3): 421 –433.

［233］ MÄKIKANGAS A, KINNUNEN U. Psychosocial work stressors and well-being: Self-esteem and optimism as moderators in a one-year longitudinal sample ［J］. Personality and individual differences, 2003, 35 (3): 537 –557.

［234］ MARMOT M, SIEGRIST J, THEORELL T et al. Health and the psychosocial environment at work ［M］ // In M MARMOT, R G WILKINSON. Social determinants of health. Oxford: Oxford University Press, 1999: 105 –131.

［235］ MARTÍNEZ – SÁNCHEZ A, PÉREZ – PÉREZ M, DE – LUIS – CARNICER P et al. Telework, human resource flexibility and firm performance ［J］. New Technology, Work and Employment, 2007, 22 (3): 208 –223.

［236］ MARTINEZ – SANCHEZ A, VELA – JIMENEZ M J, PEREZ – PEREZ M et al. Workplace flexibility and innovation The moderator effect of inter-organizational cooperation ［J］. Personnel Review, 2008, 37 (6): 647 –665.

［237］ MARTOCCHIO J J. Strategic compensation: A human resource management approach ［M］. New Jersey: Prentice Hall, 2014.

［238］ MASLOW A H. A theory of human motivation ［J］. Psychological review, 1943, 50 (4): 370 –396.

［239］ MASLOW A H. Motivation and Personality ［M］. New York: Harper and Row Publishing House, 1987.

［240］ MASTERSON S S, STAMPER C L. Perceived organizational membership: An aggregate framework representing the employee-organization relationship

［J］. Journal of Organizational Behavior，2003，24（5）：473 – 490.

［241］ Mcclelland G P，Leach D J，Clegg C W，Mcgowan I. Collaborative crafting in call centre teams ［J］. Journal of Occupational & Organizational Psychology，2014，87（3）：464 – 486.

［242］ MICHIE J，SHEEHAN M. Business strategy，human resources，labour market flexibility and competitive advantage ［J］. The International Journal of Human Resource Management，2005，3：445 – 464.

［243］ MILLIMAN J，VON GLINOW M A，NATHAN M. Organizational life cycles and strategic international human resource management in multinational companies：Implications for congruence theory ［J］. Academy of Management Review，1991，16（2）：318 – 339.

［244］ MIREIA V，OLGA T，CHRIS B. Labor flexibility and firm performance ［J］. International Advances in Economic Research，2000，6（4）：649 – 661.

［245］ MORGESON F P，CAMPION M A. Work design ［C］. BORMAN W，ILGEN D，KLIMOSKI R. Handbook of psychology：industrial and organizational psychology. Hoboken NJ：Wiley，2003：423 – 452.

［246］ MORRISON E W，PHELPS C C. Taking charge at work：Extra role efforts to initiate workplace change ［J］. Academy of Management Journal，1999，42（3）：403 – 419.

［247］ MURPHY R J. Field Performance of a Digital Transient Surge Recorder ［J］. IEEE Transactions on Power Delivery，1990，5（2）：899 – 904.

［248］ NG I，DASTMALCHIAN A. Organizational flexibility in Canada：A study of control and safeguard rules ［J］. International Journal of Human Resources，1998，9（3）：445 – 456.

［249］ NGO H Y，LOI R. Human resource flexibility，organizational culture and firm performance：An investigation of multinational firms in Hong Kong ［J］. The International Journal of Human Resource Management，2008，19（9）：1654 – 1666.

［250］ NICHOLSON N. A theory of work role transitions ［J］. Administrative science quarterly，1984，29（2）：172 – 191.

［251］ NIELSEN K，ABILDGAARD J S. The development and validation of a job crafting measure for use with blue-collar workers ［J］. Work and Stress：An International Journal of Work，Health and Organizations，2012，26（4）：365 – 384.

[252] NOONAN M C, ESTES S B, GLASS J L. Do workplace flexibility policies influence time spent in domestic labor? [J]. Journal of Family Issues, 2007, 28 (2): 263 –288.

[253] OFORI G, DEBRAH Y A. Flexible management of workers: Review of employment practices in the construction industry in Singapore [J]. Construction Management and Economics, 1998, 16 (4): 397 –408.

[254] OLDHAM G R, HACKMAN J R. Not what it was and not what it will be: The future of job design research [J]. Journal of Organizational Behavior, 2010, 31 (2 –3): 463 –479.

[255] ORGAN D W. Organizational citizenship behavior: The good soldier syndrome [M]. Lexington MA: Lexington Books, 1988.

[256] ORIGO F, PAGANI L. Workplace flexibility and job satisfaction: Some evidence from Europe [J] International Journal of Manpower, 2008, 29 (6): 539 –566.

[257] ORR J E. Talking about machines: An ethnography of a modern job [M]. Ithaca, NY: ILR Press & Cornell University Press, 1996.

[258] OVERBECK J R, PARK B. Powerful perceivers, powerless objects: Flexibility of powerholders' social attention [J]. Organizational behavior and human decision processes, 2006, 99 (2): 227 –243.

[259] PAGELL M, KRAUSE D R. Re-exploring the relationship between flexibility and the external environment [J]. Journal of Operations Management, 2004, 21 (6): 629 –649.

[260] PATCHEN M. Participation, achievement and involvement on the job [M]. Englewood Cliffs, NJ: Prentice –Hall, 1970.

[261] PERRETTI F, NEGRO G. Filling empty seats: How status and organizational hierarchies affect exploration versus exploitation in team design [J]. Academy of Management Journal, 2006, 49 (4): 759 –777.

[262] PETROU P, DEMEROUTI E, PEETERS M C W et al. Crafting a job on a daily basis: Contextual correlates and the link to work engagement [J]. Journal of Organizational Behavior, 2012, 33: 1120 –1141.

[263] PETROU P, DEMEROUTI E, SCHAUFELI W B. Job crafting in changing organizations: Antecedents and implications for exhaustion and performance [J]. Journal of Occupational Health Psychology, 2015, 20 (4): 470 –480.

[264] PFEFFER J. Management as symbolic action: The creation and maintenance of organizational paradigms [C]. CUMMINGS L L, STAW B M. Research in organizational behavior, Greenwich CT: JAT press, 1981: 1 – 52.

[265] PFEIFER C. Flexibility, dual labour markets, and temporary employment [J]. Management Revue, 2005, 16 (3): 404 – 422.

[266] PODSAKOFF P M, MACKENZIE S B, Paine J B et al. Organizational citizenship behaviors: A critical review of the theoretical and empirical literature and suggestions for future research [J]. Journal of Management 2000, 26 (3): 513 – 563.

[267] RICHTER P, HACKER W. Workload and strain: Stress, fatigue, and burnout in working life [J]. Heidelberg, Germany: Asagner, 1998.

[268] ROSENBLATT Z, RUVIO A. A test of a multidimensional model of job insecurity: The case of Israeli teachers [J]. Journal of organizational behavior, 1996, 17 (1): 587 – 605.

[269] ROTHWELL A, ARNOLD J. Self-perceived employability: Development and validation of a scale [J]. Personnel Review, 2007, 36 (1): 23 – 41.

[270] ROUSSEAU D M, HO V T, GREENBERG J. I – Deals: Idiosyncratic terms in employment relationships [J]. Academy of Management Review, 2006, 31: 977 – 994.

[271] ROUSSEAU D M. Organizational behavior in the new organizational era [J]. Annual Review of Psychology, 1997, 48: 515 – 546.

[272] SALANCIK G R, PFEFFER J. A social information processing approach to job attitudes and task design [J]. Administrative science quarterly, 1978, 23 (2): 224 – 253.

[273] SANCHEZ R. Strategic flexibility in product competition [J]. Strategic management journal, 1995, 16: 135 – 159

[274] SANDERS J, De GRIP A. Training, task flexibility and the employability of low-skilled workers [J]. International Journal of Manpower, 2004, 25 (1): 73 – 89.

[275] SCHEIN E H, BENNIS W G. Personal and organizational change through group methods: The laboratory approach [M]. New York: Wiley, 1965.

[276] SCHEIN E H. Occupational socialization in the professions: The case of role innovation [J]. Journal of Psychiatric Research, 1971, 8: 521 – 530.

[277] SCOTT S G, BRUCE R A. Determinants of innovative behavior: A

path model of individual innovation in the workplace [J]. Academy of Management Journal, 1994, 37 (3): 580 - 607.

[278] SEO Y, KO J, PRICE J L. The determinants of job satisfaction among hospital nurses: a model estimation in Korea [J]. International Journal of Nursing Studies, 2004, 41 (4) 437 - 446.

[279] SHERIDAN A, CONWAY L. Workplace flexibility: Reconciling the needs of employers and employees [J]. Women in Management Review, 2001, 16 (1): 5 - 11.

[280] SHIMIZU K, HITT M A. Strategic flexibility: Organizational preparedness to reverse ineffective strategic decisions [J]. The Academy of Management Executive, 2004, 18 (4): 44 - 59.

[281] Shin Y, Hur W M, Choi W H. Coworker support as a double-edged sword: a moderated mediation model of job crafting, work engagement, and job performance [J]. International Journal of Human Resource Management, 2020, 31 (11): 1417 - 1438.

[282] SIEGRIST J. Adverse health effects of high-effort/low-reward conditions [J]. Journal of Occupational Health Psychology, 1996, 1: 27 - 41.

[283] SIMMERING M J, COLQUITT J A, NOE R A et al. Conscientiousness, autonomy fit, and development: A longitudinal study [J]. Journal of Applied Psychology, 2003, 88 (5): 954 - 963.

[284] SLEMP G R, VELLA - BRODRICK D A. The job crafting questionnaire: A new scale to measure the extent to which employees engage in job crafting [J] International Journal of Wellbeing, 2013, 3 (2): 126 - 146.

[285] SMITH A. An inquiry into the nature and cause of the wealth of nations [M]. SMITH A. The wealth of nations. London: W. Strahan & T. Cadell, 1776.

[286] SMITH K G, COLLINS C J, CLARK K D. Existing knowledge, knowledge creation capability, and the rate of new product introduction in high-technology firms [J]. Academy of Management Journal, 2005, 48 (2): 346 - 357.

[287] SNOW C C, SNELL S A. Staffing as strategy [M]. SCHIMITT N, BORMAN W C. Personnel Selection in Organizations. San Francisco: Jossey - Bass, 1993: 448 - 478.

[288] SPATARO S E. Not all differences are the same: The role of informal status in predicting reactions to demographic diversity in organizations. Working

paper, Yale School of Management, OB – 03, Yale, New Haven, CT, 2002.

[289] STAMPER C L, MASTERSON S S. Insider or outsider? How employee perceptions of insider status affect their work behavior [J]. Journal of Organizational Behavior, 2002, 23 (8): 875 – 894.

[290] STAW B M, BOETTGER R D. Task revision: A neglected form of work performance [J]. Academy of Management Journal, 1990, 33 (3): 534 – 559.

[291] STIRPE L, BONACHE J, REVILLA A. Differentiating the workforce: The performance effects of using contingent labor in a context of high-performance work systems [J]. Journal of Business Research, 2014, 67: 1334 – 1341.

[292] STRAUSS A L, CORBIN J. Basics of qualitative research: Grounded theory procedures and techniques [M]. Newbury Park: Sage, 1990.

[293] STRAUSS A L. Qualitative analysis for social scientists [M]. New York: Cambridge University Press, 1987.

[294] STRAZDINS L, D'SOUZA R M, L – Y LIM L et al. Job strain, job insecurity, and health: rethinking the relationship [J]. Journal of Occupational Health Psychology, 2004, 9 (4): 296 – 305.

[295] SUPER D E. The psychology of careers [M]. New York: Harper & Brothers, 1957.

[296] SVERKE M, HELLGREN J, NASWALL K. No security: A meta-analysis and review of job insecurity and its consequences [J]. Journal of occupational health psychology, 2002, 7 (3): 242 – 264.

[297] SWIDER B W, ZIMMERMAN R D, BOSWELL W R et al. Understanding Your Standing: Multiple Indicators of Status and Their Influence on Employee Attachment [J]. Corporate Reputation Review, 2011, 14 (3): 159 – 174.

[298] TAYLOY F W. The principles of scientific management [M]. New York: W. W. Norton, 1911.

[299] THOMAS H D C, ANDERSON N. Changes in newcomers' psychological contracts during organizational socialization: A study of recruits entering the British Army [J]. Journal of Organizational Behavior, 1998, 19 (S1): 745 – 767.

[300] Tims M, Bakker A B, Derks D, Rhenen W V. Job crafting at the team and individual level [J]. Group Organization Management, 2013, 38 (4): 427 – 454.

[301] TIMS M, BAKKER A B, DERKS D et al. Job crafting at the team and individual level: Implications for work engagement and performance [J]. Group & Organization Management, 2013, 38 (4): 427 – 454.

[302] TIMS M, BAKKER A B, DERKS D. Daily job crafting and the self-efficacy-performance relationship [J]. Journal of Managerial Psychology, 2014, 29 (5): 490 – 507.

[303] TIMS M, BAKKER A B, DERKS D. Development and validation of the job crafting scale [J]. Journal of Vocational Behavior, 2012, 80: 173 – 186.

[304] TIMS M, BAKKER A B. Job crafting: Towards a new model of individual job redesign [J]. South African Journal of Industrial Psychology, 2010, 36 (2): 12 – 20.

[305] TORRACO R J. Work design theory: A review and critique with implications for human resource development [J]. Human Resource Development Quarterly, 2005, 16 (1): 85 – 109.

[306] TRIST E L, BAMFORTH K W. Some social and psychological consequences of the Longwall method [J]. Human relations, 1951, 4 (3): 3 – 38.

[307] TSUI A S, PEARCE J L, PORTER L W et al. Alternative approaches to the employee-organization relationship: does investment in employees pay off? [J]. Academy of Management journal, 1997, 40 (5): 1089 – 1121.

[308] TYLER T R, BLADER S L. The group engagement model: Procedural justice, social identity, and cooperative behavior [J]. Personality and social psychology review, 2003, 7 (4): 349 – 361.

[309] VALLAS S P. Rethinking post Fordism: The meaning of workplace flexibility [J]. Sociological Theory, 1999, 17 (1): 68 – 101.

[310] Van MAANEN J, SCHEIN E H. Toward a theory of organizational socialization [J]. Research in Organizational Behavior, 1979, 1: 209 – 298.

[311] Van DER HEIJDEN C M, Van DER HEIJDEN B I J M. A competence-based and multidimensional operationalization and measurement of employability [J]. Human resource management, 2006, 45 (3): 449 – 476.

[312] Van DYNE L, LEPINE J A. Helping and Voice Extra-role Behaviors: Evidence of Construct and Predictive Validity [J]. Academy of Management Journal, 1998, 41 (1): 108 – 119.

[313] VOLBERDA H W. Building flexible organizations for fast-moving markets [J]. Long Range Planning, 1997, 30 (2): 169 – 184.

［314］WANG D, TSUI A S, ZHANG Y et al. Employment relationships and firm performance: Evidence from an emerging economy ［J］. Journal of Organizational Behavior, 2003, 24 (5): 511 – 535.

［315］WANG H, LEE C, HUI C. I want to be included: Sources of perceived insider status and why insider status is important ［C］. Asia Academy of Management Conference, Tokyo, 2006.

［316］WEICK K E. The social psychology of organizing ［M］. Reading, MA: Addison – Wesley, 1979.

［317］WEST M A, FARR J L. Innovation at Work ［M］. M WEST, J FARR. Innovation and Creativity at Work: Psychological and Organizational Strategies. Chichester: Wiley, 1990: 3 – 13

［318］WEST M A, FARR J. Innovation at work: Psychological perspectives ［J］. Social Behavior, 1989, 4: 15 – 30.

［319］WHYMAN P B, PETRESCU A I. Workplace Flexibility Practices in SMEs: Relationship with Performance via Redundancies, Absenteeism, and Financial Turnover ［J］. Journal of Small Business Management, 2015, 53 (4): 1097 – 1126.

［320］WOODMAN R W, SAWYER J E, GRIFFIN R W. Toward a theory of organizational creativity ［J］. Academy of Management Review, 1993, 18: 293 – 321.

［321］WOODRUFFE C. What is Meant by a Competency? ［M］. BOAM R, SPARROW P. Designing and Achieving Competency Maidenhead: McGraw – Hill, 1992: 16 – 29.

［322］WORLINE M C, WRZESNIEWSKI A, RAFAELI A. Courage and work: Breaking routines to improve performance ［M］. Lord R G, Klimoski R J, Kanfer R. Emotions in the workplace: Understanding the structure and role of emotions in organizational behavior. San Francisco: Jossey – Bass, 2002: 295 – 330.

［323］WRIGHT P M, SNELL S A. Toward a unifying framework for exploring fit and flexibility in strategic human resource management ［J］. Academy of Management Review, 1998, 23 (4): 756 – 772.

［324］WRZESNIEWSKI A, DUTTON J E. Crafting a job: Revisioning employees as active crafters of their work ［J］. Academy of Management Review, 2001, 26 (2): 179 – 201.

［325］WRZESNIEWSKI A, LOBUGLIO N, DUTTON J E et al. Job crafting and cultivating positive meaning and identity in work ［J］. Advances in positive organizational psychology, 2013, 1（1）: 281 – 302.

［326］WRZESNIEWSKI A. Finding positive meaning in work ［M］. Cameron K S, Dutton J E, Quinn R E. Positive organizational scholarship, San Francisco: Berrett – Koehler, 2003: 296 – 308.

［327］ZHOU J, GEORGE J M. When job dissatisfaction leads to creativity: Encouraging the expression of voice ［J］. Academy of Management Journal, 2001, 44（4）: 682 – 696.

［328］ZOLIN R, KUCKERTZ A, KAUTONEN T. Human resource flexibility and strong ties in entrepreneurial teams ［J］. Journal of Business Research, 2011（64）: 1097 – 1103.

后　记

时值庚子年夏日闷热的天气和新冠疫情的交织让我只能宅在家中，于是在书房里写下这段思忖已久的文字。

本书是在博士论文的基础上修订而成的，在它即将出版面世之际，内心既激动万分又无限感慨。记忆里那些美好而充实的学生时光又被重新唤起，南开校园中的点点滴滴又历历在目。但人生还能有几回这样的光景？一念至此，不免伤怀。求学之初的欣喜与忐忑恍若昨日，今朝更多的是从容淡定和满心感恩。

我发自肺腑地感谢我的恩师李新建教授，成为李老师的学生实乃我人生中的一大幸事。恩师精深的学术造诣、强大的逻辑思维、与时俱进的学习精神，让我仰之如泰山北斗。当论文写作思路迷茫时，恩师总能"一语惊醒梦中人"，让我醍醐灌顶；每次论文经由恩师修改后，我忍不住会惊叹恩师的妙笔生花、妙手回春；日常的学习中，老师都会将她看到的前沿动态以及与我们研究相关的内容及时告之，让我们去关注了解。恩师对待学术的严肃认真，做事的投入和一丝不苟，都是我一生学习的榜样。犹忆当年申报自科基金时，老师带着我们不断地修改思路、完善框架，本来就睡眠质量不好，还经常会半夜醒来继续思考课题中存在的问题，第二天继续和我们一起讨论。在连续奋战的数十天里，老师都没有午休，吃完盒饭继续整理资料。临近项目提交的几天，一遍遍地修改申报书，对遣词造句、标点符号、文献出处、图表格式反复检查核对。

恩师是大气与细腻完美结合的化身。在生活中，恩师宽厚待人的胸怀让我们敬佩，对学生细致入微的关爱让我们感动。每当遇到纠结或困境，老师总是悉心引导我们放宽心态，打开心结，"拨开云雾见天日"。每每聆听老师畅谈人生，即便生活小事，都如沐春风，受益匪浅，甚至多日不见，就有想找老师聊聊的冲动。尤其在博士论文写作的过程中，老师更是给予我莫大的指导、支持和鼓励。从框架的构建到具体的写作，都得到了老师细致的指导。在我茫然无助又焦虑急躁时，老师的循循善诱，让我沉下心神继续前行。求学期间在老师身上学到的东西太多太多，这都将成为我人生中一笔宝贵的财富，伴我一生，使我受益无穷。本书也是在老师的大力支持与帮助下才得以出版。在此，谨用最直白又深情地语言向老师致以最真诚的谢意：老师，真的谢谢您！一日为师，终身为师！

我永远难忘并深深感谢南开大学商学院人力资源管理系的诸位老师！崔勋教授神采奕奕，充满人格魅力，气场无比强大，严肃又幽默，对我们严格要求却又平易近人。感谢崔老师在小学期学术汇报时对我的论文提出具体的思路切入点和写作方向建议。袁庆宏教授至诚高节，细致入微，对学生和风细雨，总是能用生动鲜活的例子告诉我们研究的问题所在，启发我们从现实中发现研究点。感谢袁老师在学术和生活中给予我和爱人的悉心指导和暖心帮助。杨斌教授儒雅和善，学术内力深厚，辩证思维强大，学者气息神流气鸷，总能言必有中、一针见血地指出研究中存在的问题，开启我们的思维，引导我们寻找可能的完善之路。张立富副教授和蔼可亲、王健友副教授宽容平和、刘俊振副教授严谨细心，感谢他们在学业上的授业解惑和做人做事方面的教导。林伟鹏老师和李圭泉老师，青春帅气，年轻有为，感谢两位老师在研究方法方面给予的指导和帮助，以及在人力系双周论坛上对我博士论文提出的具体意见，为我指明了未来研究的方向，为本书的出版奠定了基础。真诚地感谢南开大学人力资源管理系这个大家庭，让我有机会不断地学习和成长。

感谢同门师兄师弟师姐师妹们，学术上的团队讨论和交流，你们总能给我以引导和启发，思路更加开阔；生活中的每次求助，你们总是给予我极大的支持，让我感动不已。我们缘聚南开，情谊永续。永远感谢你们，祝福你们。

感谢博士期间的同学和朋友。昔日一起上课时的热烈讨论和欢声笑语都会被我珍藏，我们私下探讨人生也让我收获颇多。你们青春活力却又成熟稳重，让我在南开感受到太多的欢乐，同时你们教会我很多，真心地谢谢你们！感谢我的同事及朋友，有你们的陪伴，生活更加丰富多彩。感谢访谈和发放问卷期间为我提供无私帮助的、不愿让我透露姓名的同学、学生和朋友们，你们的鼎力相助，我一生难忘。

家和万事兴。感谢我的爱人，一路走来，你在，真好！感谢我的父母和公婆，感谢我和爱人的兄长姐妹，你们是我强大的后盾。大爱无言，每念及此，感动满满。感谢我的小天使，你的"童言童语"融化着我内心的焦灼与不安。感谢有你，我开始了人生的第二次成长。

感谢经济科学出版社的崔新艳和胡成洁编辑。在本书出版过程中，每一行字句、甚至标点符号的审核与修改都一丝不苟，两位编辑严谨的工作态度和认真负责的工作精神深深感动并激励着我。本书的出版离不开两位编辑的辛苦工作，真心谢谢你们！

　　行文至此，内心仍激动不已。满怀感恩之心，继续前行。未来，期许能更好。

李　珲

2020 年夏